―卑弥呼と海底遺跡の謎を解く―

邪馬台国は沖縄だった！

木村政昭

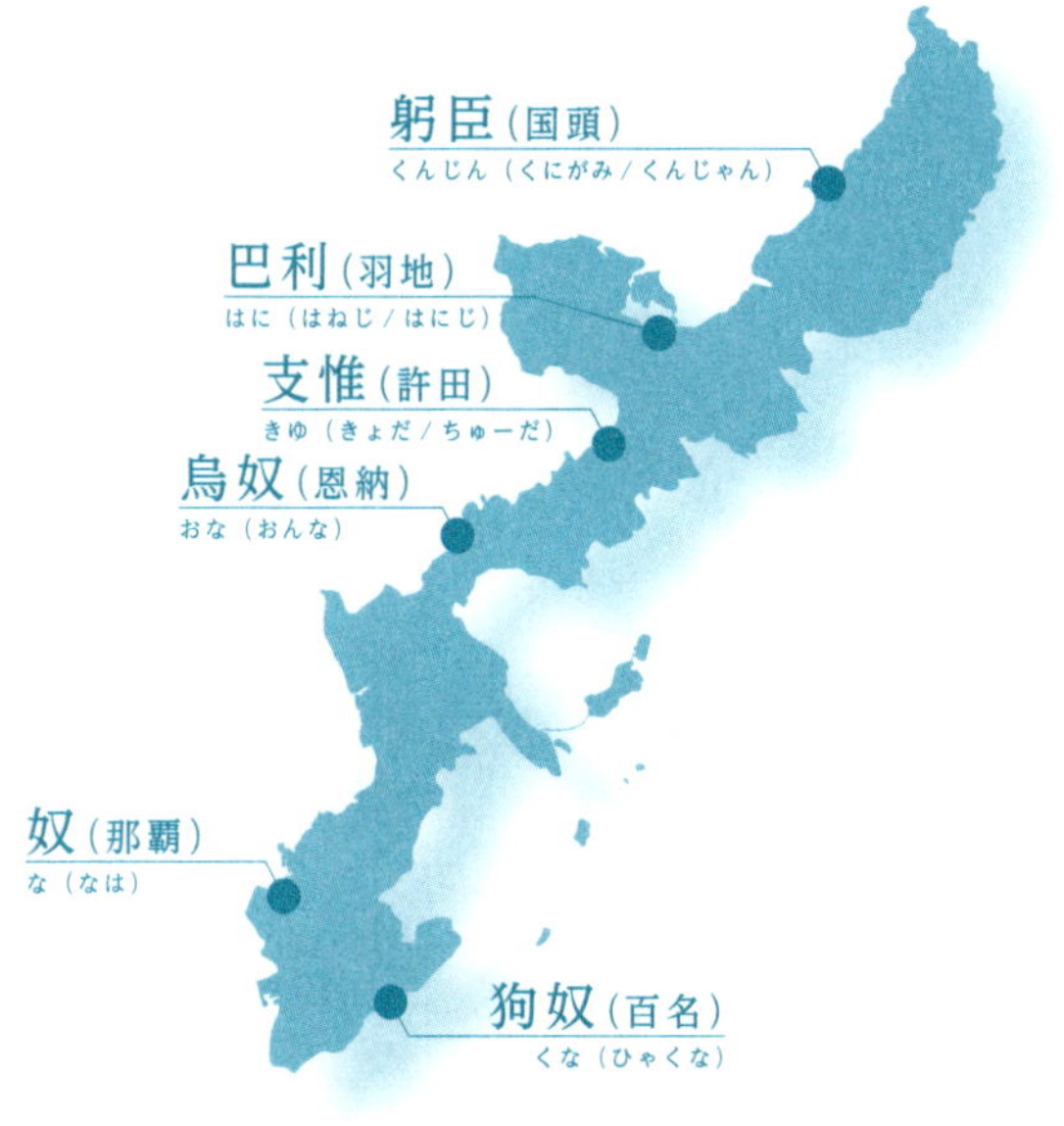

新星出版

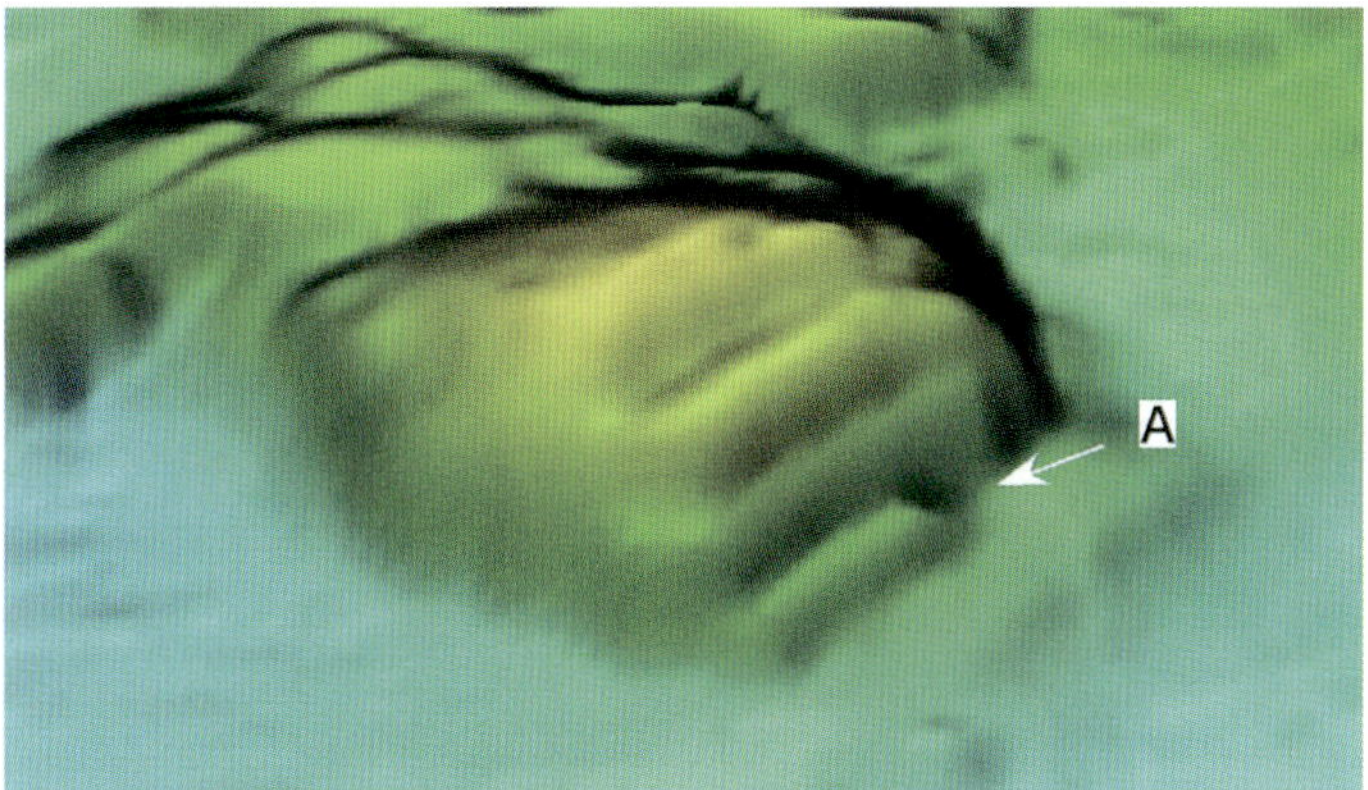

口絵１　上／北谷海底城内の「正殿」復元想定図　下／シーバット（3次元地形探査機）による３次元の海底実測地形図〈第３章〉

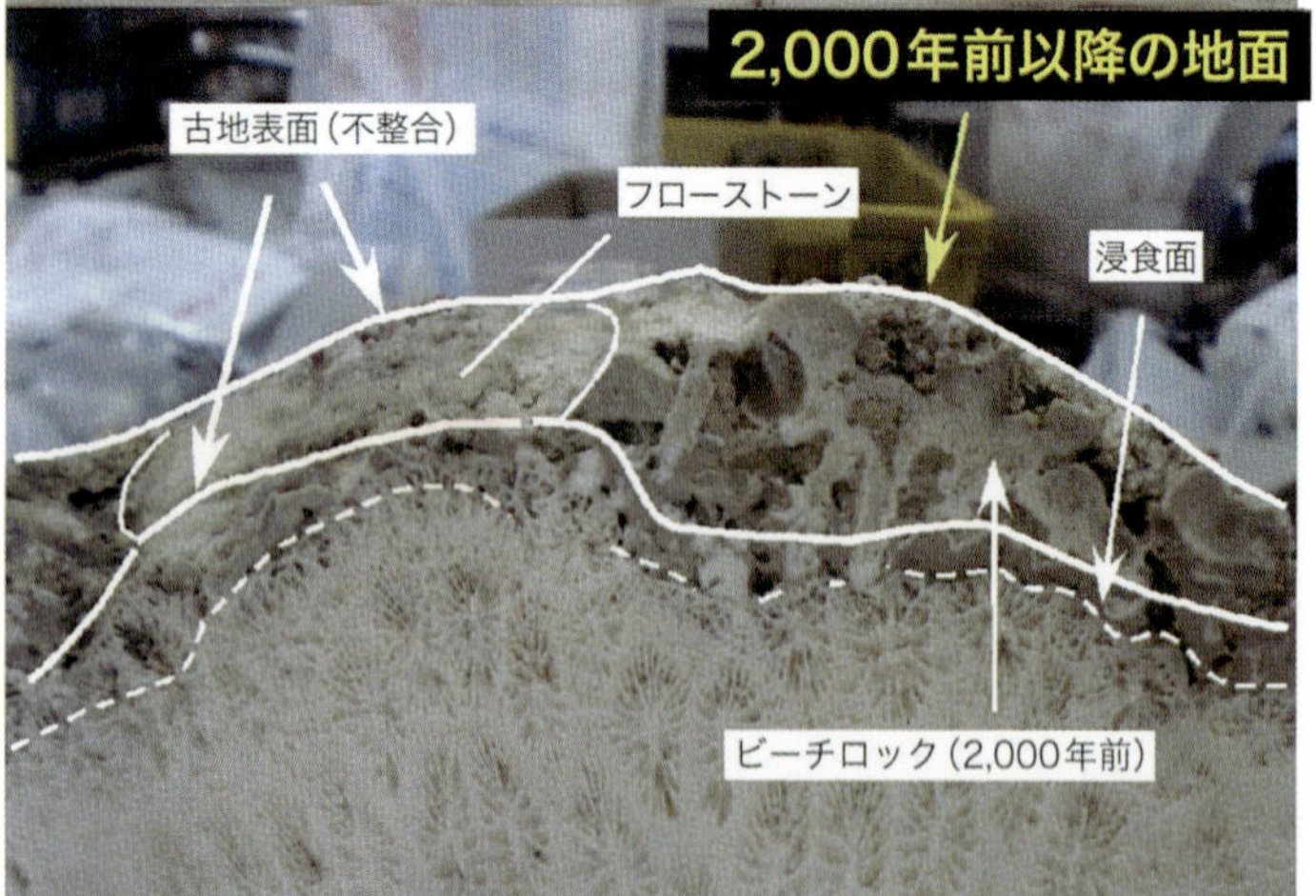

口絵２　上／北谷海底王墓の石棺の石——人工的なものが顕著に認められる　下／石棺石の断面——内部は白色のキクメイシサンゴで、２回の陸化期（不整合）が確認された〈第３章〉

口絵３　上／世界遺産の斎場御嶽　下／三庫裏から出土した金の勾玉
（沖縄県南城市蔵の同市指定文化財）〈第５章〉

口絵４　上／鉛丹（赤色部）が付着したと思われる砂岩片　下／同赤色部の顕微鏡拡大写真〈第５章〉

はじめに

『魏志倭人伝』のねじ曲げを正す

「邪馬台国は沖縄（琉球）にあった」――こう記したとき、おそらく大多数の読者はとまどわれることだろう。特に邪馬台国に興味をお持ちの方のなかには、これまでの邪馬台国の比定地とされてきた畿内・九州を遠く離れ、沖縄だと主張することに眉《まゆ》をひそめられるかもしれない。

しかし、そうした方々にお聞きしたいのだが、いわば唯一の資料であるいわゆる『魏志倭人伝《ぎしわじんでん》』が、ほとんど恣意《しい》的に扱われたうえでの畿内説であり九州説であったことをご存じだったろうか？

おもな問題点を挙げるだけでも、畿内説は里程（距離・日数）を正しいとしながら、方位は誤記だという。対して九州説は方位を正しいとしながら、都合の悪い里程については折々に誤記があるとする。たとえば《水行十日、陸行一月》の部分を、陸行一月はあまりに長くかかりすぎるので一日の誤記だ、といった具合である。

ただし、こう記したからといって私は先人の説をやみくもに否定するものではない。学問的疑問や否定があっても、それらから得たものは大きいからである。そうしたことから、後述する本居宣長《もとおりのりなが》ほかの歴史的人物は別として、近代以降の人々に対しては故人か否かを問わず基本的に敬称を付して謝意を表したいと思う。

そうしたなか私は、一九九二年に『南海の邪馬台国』(徳間書店)を上梓《じょうし》した。それはあとの本文中にふれるが中国の海洋学者の指摘もあり、いわゆる「海上の道」(日本民俗学の父ともされる柳田国男氏が提唱し、のち『海上の道』にまとめられた)を評価しつつ『魏志倭人伝』を素直に読んだ結論だった。

そしてその後、それらを裏づける物証が次々と発見された。なかでもこの圧巻は、沖縄の〝海底遺跡〟をはじめとするものである。じつは、これらは〝水中文化遺産〟に相当する可能性が、ユネスコの関係者により指摘されているものである。

いずれにせよ私はまず、『魏志倭人伝』に敬意をはらい、本書で改めてその記録をできるだけ忠実にたどってみようと考えた。そしてそれが民俗や伝承、遺跡などによって裏づけられればおのずと正しく邪馬台国に至ることになるのではないだろうか。それはまた、ある意味〝手づくり日本史〟の復権ともなる。これまでの歴史は、権力やパワーポリティックスのもとにつくられるか、専門学者がつくってきたものであった。もっと日本人一人一人が納得し、自分で考えようという発想が生まれてきてもいい。

たとえば、柳田国男氏が序をしたためている、大正時代に出された『女人政治考』の中で、著者の佐喜真興英《さきまこうえい》氏は『魏志倭人伝』の記述に「其の類似の著しいのに驚く」と、沖縄の民俗との類似を記している。まさにこうした発想こそが手づくり日本史の復権となるのだ。

計り知れない史料価値を持つ『魏志倭人伝』

ところで、俗に『魏志倭人伝』と称されてきた文献は、じつは独立した書物ではなく、かの『三国志』中の『魏志』、さらにその巻三十「東夷《とうい》伝」中の〝倭人の条《じょう》〟のことを指す。

ついでながら、これは晋《しん》（西晋）の陳寿《ちんじゅ》（二三三〜二九七年）の撰によるもので、もとは当時、魏（二二〇〜二六五年、洛陽《らくよう》を都として江北の地を領有した王朝で、晋に取って代わられる）の出先機関のあった朝鮮半島の帯方郡《たいほう》（現在のソウル北方）の使者が、何回となく倭国に行って、そこの伊都《いと》国に滞在したときの報告がおもな資料であろうとされている。実際の年代は二三九〜二四八年までの九年間で、報告書は帯方郡から洛陽の政庁に送られ、そこの文書部のようなところに保存されていたのであろう。

それを魚豢《ぎょけん》（生没年不詳だが陳寿とほぼ同年とされる）という晋の史官が材料に使って『魏

略』を書いた。その『魏略』をまた『三国志』（二八五年の成立という）の編者・陳寿が『魏志倭人伝』の大半の資料としたのである。なお、魚豢の『魏略』の多くは散逸して現在はみられない。また、『三国志』も現在みることができるものとしていちばん古いものは、筆写を重ねていった南宋《なんそう》の紹興版（十二世紀）といわれるものである。

そして、曹操《そうそう》・孫権《そんけん》・劉備《りゅうび》・諸葛孔明《しょかつこうめい》・関羽《かんう》・張飛《ちょうひ》……、『三国志』でおなじみの英雄たちが中国で活躍していたころ、弥生時代末期となった倭では、邪馬台国の女王・卑弥呼《ひみこ》が君臨していたと『魏志倭人伝』は伝える。つまり、詳しくは［第1章］にゆずるが、いわば邪馬台国との〝同時代文書〟である。さらに外国人の目とはいえ、政治から習俗や風土まで記されており、その史料的価値は計り知れない。

邪馬台国〝発見〟に向けて必要な科学的検証の視点

他方で、折しも本書の執筆中に邪馬台国に関する新たなニュースが話題を呼んだ。一つは二〇〇九年五月二十九日、国立歴史民俗博物館が奈良・箸墓《はしはか》古墳の付近で出土した土器二点の付着物を、炭素14年代測定法（C14法——詳細は37ページに後述）で調べた結果、同古墳の築造年代を二四〇～二六〇年とする発表を行なったことである。かねて箸墓古墳は卑弥呼の墓との説があり、二四八年とされる卑弥呼の死亡時期と重なったことが、邪馬台国＝畿内説を裏づけるものとして、〈卑弥呼の墓か、築造期一致　歴博研究グループ調査〉（『産経新聞』）などと各紙が色めき立った。

しかし、投じられたこの一石には、箸墓古墳そのものからの出土物ではないことや、試料《サンプル》数の少なさなどから反発の声があがり、二〇〇九年六月八日付『毎日新聞』の〈邪馬台国論争〉と題した次の「余録」欄のように、今は多少トーン・ダウンしているようだ。

《科学の目を駆使して、疑惑の核心に迫ったはずなのに、まだ証拠としての決め手に欠ける、ということらしい。冤罪《えんざい》を生んだＤＮＡ型鑑定の話ではない。古代史の謎、邪馬台国の所在地をめぐる論争である▼大和中心の畿内地方にあったとする説で、女王卑弥呼の墓と有力視されてきたのが箸墓古墳（奈良県桜井市）だ。その築造年代を紀元２４０～２６０年と特定した国立歴史民俗博物館（千葉県佐倉市）の研究成果が発表され、話題を呼んだのは記憶に新しい▼築造期の土器に付着した穀物痕などをサンプルに、放射性炭素Ｃ14の崩壊状況から割り出したという。この年代は中国の史料・魏志倭人伝の記述から推定した卑弥呼の死亡時期とぴったり一致する。畿内説には願ってもない援軍だ▼地域によってデータのばらつきが大きいとされる手法だから、年代誤差などの点で疑問や異議の声もある。大きな一石は投じたが、状況証拠で外堀が埋まった段階というところか。箸墓古墳は皇族の墳墓として宮内庁が管理し、直接の証拠集めが困難なのが、いささかもどかしい▼箸墓古墳と同じ纒向《まきむく》遺跡に属する勝山古墳は8年前、出土したヒノキの年輪鑑定で「紀元199年プラス12年以内の築造」と判定された。ヒノキの成長パターンは長年の調査で、紀元前10世紀まで確定されている。放射性炭素年代法も今後データを蓄積して、より信頼性を増すだろう▼かつては文献を読み解き、推理を積み重ねても幻にしか見えなかった邪馬台国が、こういった研究の積み重ねで実像をうかがえるところまで近付いた。科学の力を借りて、卑弥呼の裳裾《もすそ》に手が届く日を楽しみにしたい。》

ここで〝冤罪を生んだDNA型鑑定〟とは一九九〇年に起こった「足利事件」（女児殺害の容疑者・菅家利和さんが当時のDNA型鑑定から有罪とされて無期懲役となったが、同鑑定の技術的進歩から二〇一〇年四月に無罪となった）を指すが、考えてみれば、科学的検証や考察そのものが否定されたわけではない。

箸墓古墳から出土した多数のサンプルをもとにし、さらに他の見地からの検証もなされたかたちならば、反発なども起こらなかったことだろう。

先の〝ニュース〟の二つめは同じく二〇〇九年十一月十日、箸墓古墳の属する纒向遺跡の中心部で大型建物跡が見つかったことから、〈邪馬台国の中枢施設の可能性か？〉（十一月十一日付『朝日新聞』）などと、これまた各紙が色めき立った。この奈良県桜井市教育委員会の発表については、私自身はその発掘された棟の中心軸が東西方向であること等々から疑問を持つ（本文中に詳述するように、本来の邪馬台国の建造物ならば南北方向——子午線の方向に並ぶべきであると考えている）ものだが、邪馬台国が改めて注目されていることは喜ばしいことと思う。

「南海の邪馬台国」への夢想

そして、これらの発見は一部記したように私の唱えるものと決して矛盾するわけではなく、むしろ裏打ちしてくれるものなのだ。このことをいみじくも二〇〇九年十一月十二日付『日本経済新聞』の次の「春秋」欄が語っている。

《▼新井白石も悩んだ。本居宣長も大いに首をひねった。明治になってからは学者たちの議論が一段とかまびすしく、謎解きに憑《つ》かれた郷土史家や考古学ファンは今も数知れない。女王・卑弥呼が治めたという邪馬台国の所在地論争である。▼罪作りなのは古代中国の史書「魏志倭人伝」ではあろう。なにしろその記述は女王の国への道程があやふやだ。南へ南へ「水行十日陸行一月」などと書いてあるから正直にたどると列島のはるか南海上に出てしまう。先人はこれを誤記だ、方角の勘違いだと様々に解釈し、畿内説と九州説の対立に輪をかけてきた。▼雌雄を決する物証なのだろうか。奈良県桜井市の纒向遺跡で3世紀前半の遺構らしい大型建物跡が見つかった。これほど巨大な建物は卑弥呼の宮殿に違いないと畿内派は興奮気味だが、九州派はそもそもの年代を疑ってやっぱり収まらない。ワクワクする発見だが勝負あった、とまでは参らぬところがまた魅力だ。▼「本格政権」とか「首長連合の可能性」とか、発掘をめぐる研究者らの見立ては現実政治を説くように生々しい。なのにそこに果てしないロマンを感じさせるのは茫々《ぼうぼう》たる時間の力だろう。じつは邪馬台国は倭人伝が記したとおり、どこか南の海にぽっかり浮かんでいたのかもしれない。ふとそんな夢想もよぎる。》

傍点は著者による（以下、本書での引用中のものは同様に著者が付している）が、こうした南海には琉球列島が存在し、そこで、二〇一〇年には二万年ほど前の日本最古の新人化石が確認された。それらのいわば素朴な思いを突き詰めていったのが本書である。

私の専門は地球科学、なかでも海洋地質学という分野である。しかし、その枠を取り払って邪馬台国を考えてみるのもまんざら意味がないわけでもないだろう。なお、箸墓古墳に関して述べたように、もとより本書は、必ずしも従来の説を否定するものではない。限定できる史・試料がまだ少ないと思えるからだ。

本書では、琉球＝南西諸島の特殊性が邪馬台国と重なっていく新しい視点をぜひ吟味していただきたいと思う。新しい視点とは、最近になって発見された沖縄の海に眠る〝城郭〟と思われる石造建築物——いわゆる「沖縄の海底遺跡」などの海底の新事実である。そして、それらが注目される要因を語っていきたい。

そのためにも［序章］では〝沖縄邪馬台国説の立つ位置〟を、続く［第1章］と［第2章］に〝沖縄に発見された邪馬台国〟を、次いで［第3章］に〝沖縄海底遺跡の存在〟および〝それらがなぜ海底にあるのか〟を、［第4章］では〝各史書を通しての「沖縄邪馬台国」像の検証、そして［第5章］からは〝沖縄海底遺跡と邪馬台国とのかかわり〟に始まり、〝知られざる沖縄の歴史と文化〟を物語っていこう。

二〇一〇年五月吉日

著者　識

邪馬台国は沖縄だった！――【目次】

第1章 『魏志倭人伝』の行程表に従い邪馬台国をたどる

第2章　海路、邪馬台国ネットワーク圏に入る！

第4章 〝邪馬台国＝沖縄〟像は史書に見え隠れしていた

第5章 「アマミク伝説」と与那国島の海底遺跡が歴史を書き換える⁉

第6章 〝卑弥呼以前の王〟を「徐福伝説」が物語る……215

終章 〝徐福〟は〝太伯〟の跡をたどった⁉……257

おわりに――〝南海の邪馬台国〟再び……279

写真提供――毎日新聞社／共同通信社／読売新聞社／スーパーノヴァ
その他は、写真キャプションに「蔵」として記した。
また、各県・市の観光課よりご協力を得たことをここに感謝します。

本文レイアウト／安藤　聡

序　章

邪馬台国の実像は『魏志倭人伝』を素直に読むと見えてくる

「日本の昔の王様は、沖縄にいたのではないですか」

一九九〇年、中国科学院海洋研究所の誇る海洋調査船「科学1号」に乗船して、私は東シナ海を航海していた。東京大学地震研究所の上田誠也教授（当時）のリーダーシップで、初めて日本と中国の地球科学者が同乗して、東海大陸棚の合同調査が行なわれた記念すべき航海のときのことである。

そしてそのとき、私の脳裏に深く刻まれたのが、調査の合間の休憩時間に、中国側の喩普之《ユープージー》調査員が語った言葉だった。

喩氏は「日本の昔の王様は、沖縄にいたのではないですか」と発言した。「それは何に書かれているのですか」と私が聞くと、「中国の『魏志倭人伝』という本です」と言う。

私は「ああ、わかりました、それは卑弥呼のことですね。卑弥呼は沖縄ではなく本州のどこかにいたらしいですよ。でも、あなたのお持ちの本には沖縄と書いてあるのですか」と問い返すと、「ええ、そうです」という答えが明快に返ってきた。そばにいた中国側の若手研究者らもうなずいていた。これを今になって思い起こして、はっとした。

そのときは、彼らがそう言うのだからと素直にその言葉を受け取っていた。そして琉球大学に戻ってから、私の研究室にいた中国からの留学生の朱珪太氏に、日本で出版された『魏志倭人伝』の漢文の個所を見せて、「倭国の王様はどこにいると書いてあるか教えてください」と頼んだ。

ついでながら、これにちょっとしたエピソードが加わる。彼は「わかりません」とすんなり答えたのだ。現在の中国では、新しい文字を使っているため、漢文を読むことはできなかったのである。

けれども朱氏は「叔父が漢文学者なので、訳してもらいます」と、翻訳を中国の叔父さんに依頼した。私はできた訳を参考にして、朱氏に助けてもらいながら解読した。すると〈邪馬台国の王は確かに沖縄にいた〉という結論になった。

ちなみに、日本において『魏志倭人伝』全体の正しい読みが確立しているかといえば、はなはだあやふやなのが現状である。一例を挙げれば、日本で最も多く引用されて定本扱いされている岩波文庫本の『魏志倭人伝』と、中国本国で一九五九年に出されたいわゆる標点本『三国志』中の『魏志倭人伝』とを比べてみると、本文の句読点の打ち方だけですでに百ヵ所近くの異同がある。そうしたなか、邪馬台国＝沖縄は中国で受け入れられるものになっているようである。

そうしたことがあって、私は邪馬台国の位置に関する考察を行なった。その結果、なんと邪馬台国はたしかに沖縄にプロットされたのである。そこで私は、それらを一九九二年に徳間書店より『南海の邪馬台国』として世に公表した。今、それから十八年たち、あとに述べるように沖縄の海底の弥生期の城郭をはじめ貴重な遺跡・遺物が発見された。

人文的な邪馬台国論争は、これまで多年にわたって続いてきた。なかでも、新井白石《はくせき》（一六五七～一七二五）と本居宣長《もとおりのりなが》（一七三〇～一八〇一）に始まるものは、現在に至る〝流れ〟を決定づけている。

白石は『古史通或問《こしつうわくもん》』で邪馬台国の位置について、方位には考慮をはらわず地名の対比により大和畿内にあるとした。また宣長は『馭戎慨言《からおさめうれたみごと》』において、方位は重視したが『魏志倭人伝』の「水行十日、陸行一月」の一月は一日の誤りとして、邪馬台国＝九州説を出した。

極端に言えば、江戸期からの二説がその後のほぼすべての論争の原型となり三百年ほど続いてきたが、邪馬台国はどこにあったかについて今も解決をみていない。すでに述べたように、有力候補である畿内・九州説とも決定的な遺物は出ていないからである。そこに加わる邪馬台国＝沖縄説は、遺構・遺物がなお少ない。しかし沖縄の場合は、詳しくは［第3章］で述べるように、水没してしまったからと思われるのだ。

したがって、三説をフェアに論ずるには『魏志倭人伝』に基づく場所の特定と、そこに残された遺構・遺物の再検証が二つの柱となろう。遺構・遺物は、それらをサポートするものとして欠かすことのできないものである。それは［第3章］に記すように、ある偶然により発見された遺構だった。

古代日本の雅語が生きていた「ウチナーグチ」(沖縄口)

もう一つ、民俗や伝承なども大きなものがある。たとえば私は、琉球大学に赴任して最初のうちは、「ウチナーグチ」(沖縄方言)がまるでわからなかった。ほとんど外国語を聞いているようで、この狭い日本のなかでも私にわからない言葉が使われているということに、感動さえ覚えたものだった。

沖縄を旅した際などに「うりずん、みやらび、めいんせーびれ」という言葉を仮に聞いたとして、多くの方が何を言っているのかわからないのではないだろうか。また一方で、沖縄の言葉とはいったいどういう成り立ちでできたものなのか、という疑問も脳裏を去らなかった。

そんな折も折、たまたま来沖《らいちゅう》した言語学者の外間守善《ほかましゅぜん》氏にこの疑問をぶつけてみたところ、「沖縄の言葉は、正真正銘の日本語ですよ」との答えが返ってきた。私には意外に思えたが、著名な言語学者がいうのだからまちがいはないはずだ。

もしそうならば……、一見、離れ島にみえる沖縄と日本本土とはどういう関係にあったのだろうか——ということが、今度は気になってきた。

地元でいうウチナーグチとは〝沖縄口〟のことであり、標準語は「ヤマトゥグチ」（大和口）なのだが、そのウチナーグチには、ヤマトゥグチよりも大和らしい古い言葉が残されている。沖縄を旅するときによく耳にする「めんそーれ」という言葉の語源は「参り召しおわれ」であり、さらにていねいな首里の方言になると「入り参り召し侍《はべ》れ」となる。したがって、先ほどの言葉の意味は「熟《う》れ初《そ》むころ（春先の陽気《ようき》のころ）、美童《みやらび》（娘さん）、入り参り召し侍れ」となる。なんと、ウチナーグチには古代日本の雅語《がご》が生き残っていたのだ。

しかしもともと、地理的・習俗的・歴史的環境を背景にしたいくつもの言語変化によって、日本語には多様な方言圏が形成されるが、そのうちの大きな流れが本土方言と沖縄（琉球）方言である、というのが言語学界の通説になっている。特に沖縄方言は、海を隔てた島嶼《とうしょ》群という地理的事情から、比較的荒らされないかたちで古い言葉が残っているといわれている。

ここから、詩人・民芸研究家の柳宗悦《やなぎむねよし》氏などは「日本で現存する各種の地方語のうち、伝統的な和語をもっとも多量に含有するのは、国宝的な沖縄語である」とまで言いきっている。いや、それ以上に明治大学教授の一泉《いちいずみ》知永《ちえい》氏などは「むしろウチナーグチがヤマトゥグチの母語であったのでは……」と主張されているほどだ。

沖縄には過去と現在を結ぶ秘められたものがある。それはきっと未来をも照らしだすものにちがいない。そう私は確信を持った。

またそのとき、この言語は本州のほうから来たのか、それとも島のほうから本州へ伝わったのか疑問を持った。

そして、沖縄のさまざまなことを知っていくにつれ、ここは日本のなかの大きな謎なのだ、と思われてきた。よく、〈沖縄の歴史は一千年史〉あるいは〈六百年史〉といわれている。一六五〇年にまとめられた沖縄最初の歴史書『中山世鑑《ちゅうざんせいかん》』をはじめとする史料によって、初代琉球国王・舜天《しゅんてん》の即位（一一八七年）以後の歴史はほぼ明らかにされている。けれども初期から先史時代にかけては、わずかに六〇七年に「流求」（琉球）の名が中国史（『隋書《ずいしょ》』）に出現し、七七九年に「阿児奈波」（沖縄）の名が日本史（『唐大和上東征伝《とうだいわじょうとうせいでん》』）に登場したりといった断片的記録のみで、往時を想像するしかないからである。

さらに、いつごろから沖縄の島々に人が住むようになったのか、どこから来たのかについては、いまだにはっきりしない。とはいえ、考古学や言語学、民族学などによる先史文化の研究から、とにかく、沖縄は日本民族の一源流であり、ある時代には相互の文化交流が盛んになったり、またある時代には辺境の離島として交流が途絶えたり……という歴史を持っていたことが想定されている。

浮上し、沈んだ南西諸島

一九七七年二月、私は琉球大学に赴任した。理学部海洋学科で教壇に立つかたわら、海洋地質を専門とする一学者としてその後、三十年以上にわたって沖縄本島や南西諸島で海底地質の調査や研究を進めてきた。それらを通して、沖縄本島や南西諸島が科学的にも歴史的にもきわめて特異な状況にあることがわかってきた。ここで〝科学的〟といったのは、地殻変動と海面変動により、南西諸島では〝大陸や島弧の急激な上昇と沈降〟が繰り返されていることがわかったからだ。そういった地殻変動は、史書に残されていいはずの〝歴史的事実〟すらも消し去っているように思える。

実際、沖縄本島と先島《さきしま》諸島はいまだに世界有数の激しい地殻変動が継続して起こっているところである。一九九一年に大噴火して火砕流を引き起こした雲仙《うんぜん》・普賢《ふげん》岳も、じつは［第3章］に詳述する地殻の裂け目である「沖縄トラフ」の北方延長部分である（図1）。そしてこの沖縄トラフという海盆《かいぼん》中に熱水鉱床《ねっすいこうしょう》が発見されている。

さらに重要なことは、沖縄を中心とする南西諸島は、何回となく、中国大陸や台湾とつながったり、切り離されたりを繰り返していることだ。そして地質時代でいう〝つい最近〟にあ

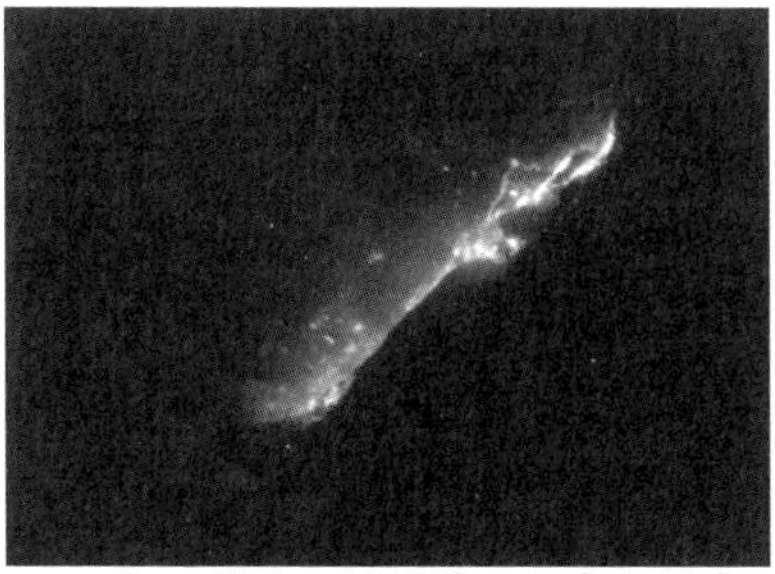

1991年の雲仙・普賢岳の大噴火（右）、同噴火では夜空を彩るかのような火砕流も見られた（左）

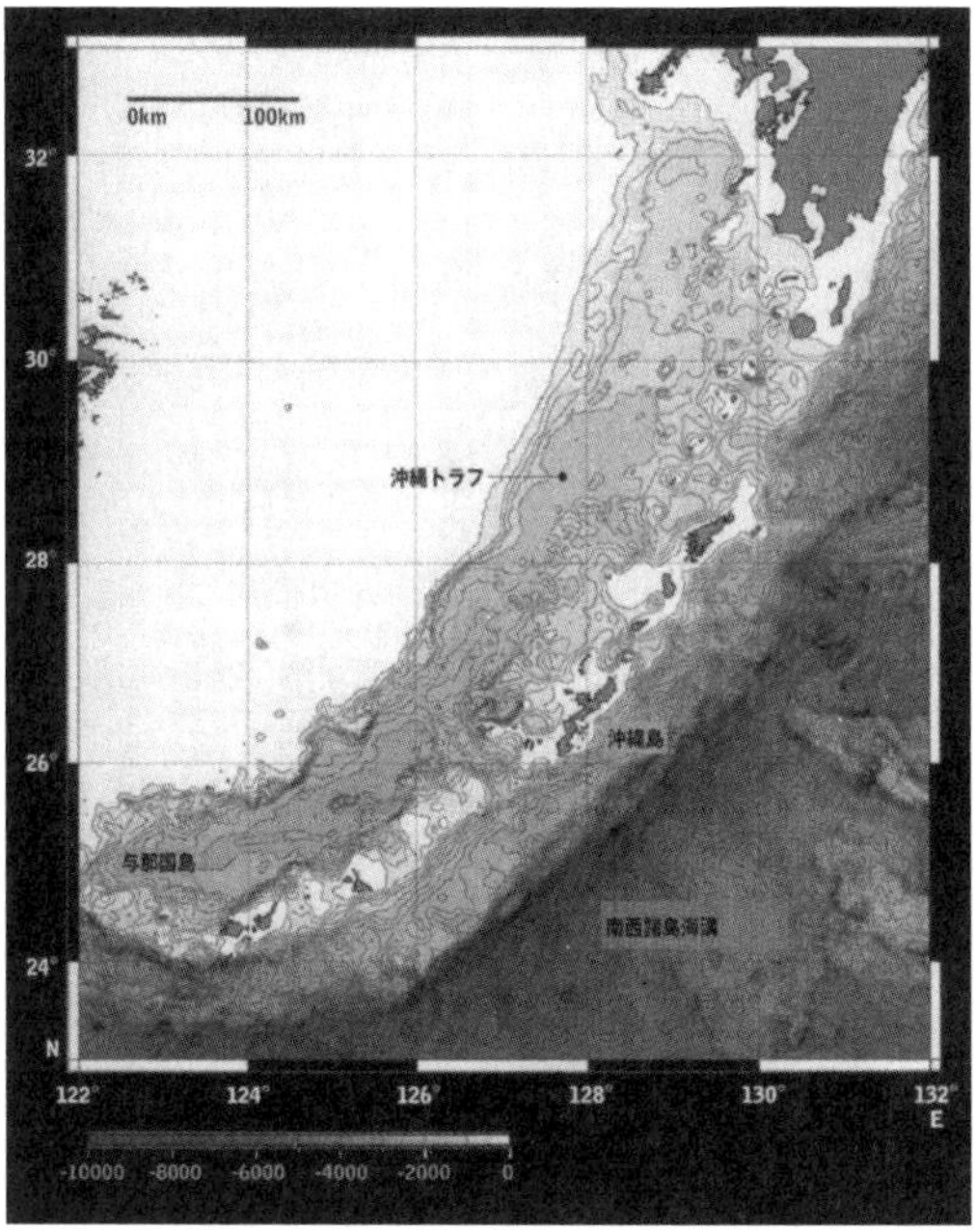

図1
沖縄トラフの概念図と雲仙の噴火
（縦軸のNは北緯を示し、横軸のEは東経を示す。以下、同様に縦・横軸の数値は緯度と経度を示す）

たる二十万年～一万五千年前までは、南西諸島と台湾・中国を結ぶ〝最後の陸橋〟が存在していた科学的証拠も、すでに多く見つかっている。その原因の多くは、沖縄トラフの活動にある。

そのため、ここで特筆しておきたいのは、現在の南西諸島の海底地形については、一般に行なわれているように、氷期の海面変動から過去の陸橋や水・陸分布図を描こうとしてもできないということだ。かつての陸が復元できない部分は、明らかに断層によってずり落ちるなどして地殻変動で沈んでいったのである。

これらを強調するのはあとで述べる沖縄の海底遺跡にかかわるからである。私の取り組んでいる海底遺跡の研究からも、五千年ほど前から徐々に海底の隆起（上昇）が始まり、三千年～二千年ほど前にピークに達していることが読み取れる。しかもそのときの相対的な隆起は、三十～四十メートルにも達している。その後、今から二千年前よりあとは地殻が沈み始めるという大地殻変動があったことが読み取れた。数千年前以降のこのような大地殻変動は、今まで地学的には知られていなかったものだ。

次々と発見される海底遺跡や海底鍾乳洞

沖縄をはじめ南西諸島一帯は、地球全体の気候の温暖化や寒冷化に伴って海水面が下がったり上昇したりした。それだけでなく、地中のマグマが上昇したり沈み込む影響で火山・地震活動が激しいため、断層で地殻が急激に沈んだり逆に上昇したりしている。このことについては［第3章］で詳しく述べていくが、海水面や地表の高さは時間がたつとともに、この二つの変動によってたいへん複雑な動きを見せることになる。

そのため、かつて南西諸島・先島諸島の地上にあった数多くの遺跡などが水没し、今日、海底遺跡として相次いで発見されている。それらは、まだ行政的には〝遺跡〟として認知されるに至っていないが、科学的に十分な根拠があるため、本書ではそう呼ばせていただく。そればかりでなく、陸上でしか形成されないはずの鍾乳洞《しょうにゅうどう》も海底から数多く見つかっている。これらのことが、邪馬台国＝沖縄説を強く裏づける証拠となる、と私は確信している。

今や世界的にも注目されている沖縄の〝海底遺跡〟は、与那国《よなぐに》島や沖縄本島北谷《ちゃたん》沖などに点在している。それらはなぜ現在、海底に沈んでいるのか。そこで俄然《がぜん》注目を集めているのが、この〝海底鍾乳洞〟の存在だ。鍾乳洞は、石灰岩の隙間に弱酸性の雨水や河川の水が入ってきてすこしずつ洞窟の空間が広がったもので、まさに〝陸上でできた造形物〟である。

したがって、もし鍾乳洞が海底にあれば、かつてはそこが陸地だったことの決定的な証拠となる。太古の人たちはしばしば洞窟を住居として利用していた。そのため、この海底鍾乳洞からも原住民の遺物が発見されてもいる。そう推定していくならば、確実に陸であった場所が沈んだとしか考えられない。それゆえ、沖縄県内で見つかったおびただしい海底鍾乳洞が持つ意味は、きわめて重大なものとなってくる。

海底遺跡では目下のところ、与那国島南岸沖百メートルを中心とする「与那国海底遺跡」と、沖縄本島北谷沖にある「北谷海底遺跡」が、規模の点では群を抜いている。

「与那国海底遺跡」の中心的構造物は、巨大な階段ピラミッドのようである。このピラミッドは、東西二百七十メートル、南北百二十メートルで、海底から二十六メートルの高さにそびえており、これはまるで上部をカットした階段ピラミッドを真下から見上げているようで、圧倒的な威圧感があるため「与那国海底ピラミッド」と通称されている。この周辺ではあたかも古代遺跡にあるような円形広場やスタジアム、水源地と思《おぼ》しき跡などが、一万年前の海岸線より内陸部にあたるところに散見される。平坦なテラスやループ道路もある。

与那国島の海底遺跡は、およそ三千年～二千年前にできたと考えられる。遺跡に付着したサンゴやサンゴ藻《も》を炭素14年代測定法とベリリウム10年代測定法（ともに後述）の併用で調べた年代から推定した結果だ。サンニヌ台（陸上部）や海底遺跡ポイント（海中の城郭部分）など測定する場所によって多少の変動はあるものの、二千年前には造られており、しかもそのあと一千年もの間、陸上に露出していたことがわかった。

一方の「北谷海底遺跡」のほうは、沖縄本島南部、嘉手納《かでな》町の南に位置する北谷町の沖にある。潜水調査の結果、海底遺跡は陸上にある首里城《しゅりじょう》などのグスク（城）によく似ていたため、「北谷海底城郭」と呼ばれているが、それは当然のことである。この遺跡は、長径が九百メートル、幅は二百メートルほどあり、水深二十メートルほどの海底から立ち上がっている。陸上にある中城城《なかぐすくじょう》の長径が二百メートルほどであることからみると、数倍の大きさがある。

ちなみに、与那国海底ピラミッドの場合、長径が三百メートル弱、幅は百五十メートル。首里城の長軸はほぼ三百メートルだから、北谷沖海底城郭は長径にしてそれらの約三倍ほどもある大きさだ。

「北谷海底城郭」は炭素年代の測定から、今から二千年～一千年前の間に陸上で造られ、千年前以降に水没していったという結果が出ている。つまり、北谷沖海底遺跡は弥生時代中期～後期の間のものであることが明らかになった。詳しくは後述するが、その時代と『魏志倭人伝』の位置との合致から、この北谷海底城郭が邪馬台国の王宮ではなかったかと私は推定したい。

このころのよく知られた城としては、日本最古と国に指定されている吉野ケ里《よしのがり》遺跡の城郭がある。これはかつて〝邪馬台国の城か〟として注目されたものである。吉野ケ里遺跡の環濠《かんごう》集落と北谷海底城郭とを比較してみると、北谷沖の海底城郭の長径は九百メートルほどであり、吉野ケ里の城郭構造は一キロメートルほどであるから、城郭としてはほぼ同じような規模といえよう。

そしてまた驚いたことに、平面的にみると、城柵《じょうさく》内が四つほどに分かれている吉野ケ里の構造は、北谷海底城郭とそっくりなのである（後述）。

これまで、畿内で挙げられている卑弥呼の墓の候補はいずれも、木郭《もっかく》や石郭の中に棺が収められている構造になっているが、これでは、『魏志倭人伝』でいう《棺あれども郭なし》という記述と合わない。それに対して、北谷沖の海底城郭内で見つかった墓と思われるものはドルメン（支石墓）で郭を持たない。そうした事実、そして年代からいって当然、卑弥呼の墓の有力な候補となりうる。

一九八六年からの発掘調査により吉野ケ里が発見されたときは、「邪馬台国が姿を現した」と騒然となった。『魏志倭人伝』に記された《宮室・楼観・城柵、厳《おごそ》かに設け》が合致したからである。現在は時代的に邪馬台国より前にあったとしてその比定地からはずれたものの、棺なども『魏志倭人伝』の記述と一致し、同文献の信憑《しんぴょう》性を裏づけている。

日本史の「空白の四世紀」に符合した、地殻変動の起こった時期

他方、海底鍾乳洞は沖縄本島だけでなく久米《くめ》島・与論《よろん》島沖などでも見つかっている。前述したように、これらの発見は海底遺跡が形成された時代を挟んで、その前後に大地殻変動があっ

たということを意味している。大きな鍾乳洞は決して海底ではつくられることがないので、海底鍾乳洞のある水深はそのまま、当時起きた地殻変動による陥没の落差を示している。その結果、琉球弧（南西諸島）全体にわたる四千年前以降の大地殻変動の姿が浮かび上がる。それはまた世界規模で起こった〝地球大変動〟によるものであることもわかってきた。しかもこの地殻変動は、プレート境界と海面変動という両方の要因をもつものであった。

ところで、地球は一万二千年ほど前に、最後の氷河期が終わった。このあと温暖期となって海面は上昇し始めるが、海水が増したため地殻への圧力が強まってマグマだまりを押し上げ、火山活動が活発になる。そしてまた、寒冷期に向かうと、地殻は陥没する。温暖期を迎えると火山・地震活動は活発になり、これまで思いもつかなかったような激しい地殻の運動によって、台湾と南西諸島・九州を結ぶ琉球弧の〝最後の陸橋〟や、台湾や中国とつながっていたいわゆる「琉球古陸」上で栄えた〝古代文明〟も、沈んでいった可能性が強い。

その後さらに沖縄本島北谷沖の海底城郭の調査を進めていったところ、この城郭は紀元前二世紀ごろから造られ始めて紀元三世紀ころには存在していたが、それ以降十世紀までの間に水没してしまったことがわかってきた。

となると、この北谷沖海底遺跡は、四世紀以降の地殻変動で水没してしまったことになる。これは、北谷沖だけでなく、少なくとも沖縄本島から与那国島までに認められる、共通した地殻変動である。

この時期は、内外の文書すべてにおいて日本についての歴史的記載のない「空白の四世紀」と、みごとに一致するようにみえる。この事実はちょうど、三世紀半ばの台与《とよ》（壱与《いよ》）の朝貢を最後に、義熙《ぎき》九年（四一三年）の倭王讃による朝貢（「倭の五王」の記述）までの百五十年近くにわたって、中国の史書から倭国に関する記録がいっさいなくなっている時期ときれいに符合している。もともと、邪馬台国の文献は、極端にいえば『魏志倭人伝』ただ一つだけなのである。

北谷付近は四世紀から地殻変動が激しくなり、水没を開始した可能性がある。三世紀の倭国の首都は、邪馬台国とされていた。北谷沖海底城郭がその邪馬台国の王城だと仮定すると、そのため、邪馬台国からは中国に朝貢ができなくなった。これまでは、朝貢すると先方から必ず使者も送られてきて、交流が可能であった。しかし四世紀に入って、そのような交流が途絶えたために、中国の史書では空白にせざるをえなかった……。

やがて五世紀に入って、政権が大和朝廷に移り、そこでまた使者を中国に送ったことにより、国交が復活したと考えられる。ただし中国から見た場合、同じ倭国でも、首都は沖縄から大和に移り、中身は変わっていたということではないか——と大胆に推察することができる。

《倭の地は温暖、冬夏生菜を食す》という記述は何を意味するのか？

もとより私は、歴史学の専門家ではない。しかし、私の専門とする地質学も地層や気象の歴史を明らかにするという点では〝歴史学〟に通じるところがある。邪馬台国を考えるうえでもう一つ、邪馬台国の存在した弥生時代は、いったいどのような気候であったのか、以前から非常に気になっていた。弥生時代、とりわけ卑弥呼が在位したとされる弥生のこの時代は、全世界的にみてもいわゆる寒冷期にあたっていたはず……。当時の海面の上がり・下がりを表した海面変動曲線も、寒冷期にあったことをはっきり示している。

この時期の寒冷化が気になるのも、弥生時代のまさしく卑弥呼が活躍したとされるころについて『魏志倭人伝』には、《倭の地は温暖、冬夏生菜を食す》という習慣があったと記載されているからだ。そのうえ、《今の倭人、好んで沈没して魚蛤《ぎょこう》を捕え、文身《ぶんしん》しまた以《もっ》て大魚・水禽《すいきん》を厭《はら》う》という文言さえある。

六千年前以降、海面上昇はピークに達し（この時期の海水面の上昇を、海が陸地に向かって進んでいたことから〝縄文海進〟と呼ぶ）、その後上昇が穏やかになったあと、次の火山活動のピークに入っている。そして、今から三千年〜二千年前には寒冷期を迎え（海が後退し陸が広がったという意味で、この時期の海水面の下降を〝弥生海退〟と呼ぶ）、そのあと一千年前前後から温暖期に入り、現在に至っている。

弥生時代の気候については、花粉などを分析することにより、どのように推移したかを知ることができる。その分析結果によれば、卑弥呼がいたとされる時代は、現在よりも平均気温が1℃ほど低かったことがわかっている。また資料によっては、弥生時代の海水温は今より平均して2℃ほど低かったという。あとでふれるが、この温度条件は、邪馬台国の位置決定にとって重要な規制条件となることをご記憶願いたい。

仮にそのような気候だったとすれば、九州も含めて、日本のほぼすべてにわたって、『魏志倭人伝』に記されているような、冬でも裸足で活動しているとか、生野菜を食べるといった習俗や服装は成り立たないはずである。

寒冷な気候であるとされる当時では、そのような習俗・服装が成り立つのは、吐噶喇《とから》（以下「トカラ」と記）列島以南にあたる、今でいう亜熱帯性気候の南西諸島だけではないかと思われる。ちょうどトカラ列島には、生物学でいう「渡瀬線《わたせ》」という境界線が走っており、その南と北では明らかに生物相が違う。

先ほど述べた花粉の分析によると、この南西諸島、とりわけ沖縄本島あたりでは、二万年前の大氷河期でさえ、現在よりも乾燥した状態にあったが、温度は今とさほど変わらない、という結果が出ている。

したがって、当時の先住民の習慣も、この線の南と北で大きく変わっていた可能性があるのだ。極言すれば、トカラ列島より南側こそ、『魏志倭人伝』が語る気候・風土の条件に合うのではないか。

炭素14（C14）を用いた科学的年代測定の導入

ここで、以降にも頻出するため年代測定法としての「炭素14（C14）年代測定法」を簡単に説明しておこう。この手法は、最も普通に存在する炭素12（C12）に比べて、放射性同位体＝C14（半減期＝五千七百三十年）がどれだけ存在するか、その割合を知ることによって年代を測定する方法で、多少の誤差はあるものの、今日では最も確実な年代測定法とされる。

一九五〇年、シカゴ大学のW・F・リビーらが、古代の有機遺物中に含まれている放射性炭素を測定すれば、その年代が逆算できるという画期的な方法を開発した。

大気中に飛来する宇宙線は、炭素の同位元素である放射性炭素（C14）をつくりだす。C14の一部は光合成によって植物の体内に吸収され、さらに植物を食べる動物の体内に移り、これがまた肉食動物の体内へと循環する。動植物の生存中には体内のC14は一定であるが、いったんそれが死んだ場合には、C14は放射能を出しながら減少していって、五千七百三十年目にはちょうど半分になる（半減期）。こういったC14の生成の仕組みを応用したのが、炭素14年代測定法（C14法）と呼ばれるものである。

さらに、近年では「ベリリウム10年代測定法」も用いられてきた。これも放射性同位体を利用するもので、岩石表面が宇宙線にさらされてベリリウム10を生成することから、岩石が海面上に露出していたり、加工されて露出してからの年代がわかるとしたものである。C14法に比べ一千万年前までという長期の測定が可能なため、海底・湖底堆積物などに主として使われている。

ところで、これら放射年代測定法が「どこまで信頼できるか？」とされる方もおられるかもしれないが、①半減期の測定の正確さ、②計測方法が適切に選択されたか——などがクリアされれば、むしろ絶対的とさえいえるものである。放射年代測定法も進歩し続けており、今後はさらに精度の高いものとなっていくことだろう。

C14法では年代のずれを補正する〝歴年代較正《れきねんだいこうせい》〟も行なわれている。たとえば一九九八年に得た北谷沖の海底城郭のサンプルでは、構造表面の新しく見えた石灰岩の測定値は１１００±《プラスマイナス》70年前となるが、これを較正した歴年代では７３６〜６１０yr BPのものとなり、かなりの差があるが、これが現実の年代に近いことがわかった。内部の緻密な石灰岩は５０３０

±70年前、較正歴年代は5300〜5456yr BP のものであることもわかった。

なお、このBPという表記は、〝Before Present〟の略で、正確には西暦一九五〇年を基準として何年前であるかを指す。

想像以上に頻繁だった古代人の交流のなかに顔を出す「倭人」

さて、中国の歴史書に現れた日本は、時代ごとに統一されていく。たとえば後漢時代（五七年に倭の奴国の使いが後漢の都・洛陽に朝貢して《光武帝より印綬を受く》とあるのが、日本が国際舞台に登場する最初の記事といってよいであろう）のほうが、卑弥呼の遣使（二三九年）のときの時代より倭国内の国の数は三倍以上多い。

国家の統一は時代の流れであることはもちろんだが、初期弥生時代の人々の行動範囲が予想以上に広かったことを示しているのではないか。

いずれにせよ、縄文から弥生にかけての人々の行動範囲の広さについては改めて検討する余地があろう。弥生時代にも沖縄の貝が北海道で使われていたことから、船での行動範囲の広さはばかにならない。この沖縄の貝は後章の邪馬台国＝沖縄説でも重要になってくるが、京都大学の上田正昭教授が指摘されたように「弥生時代の前後ごろより古墳時代の前期に及ぶ西南日本の遺跡五十あまりから、南海産のゴホウラ貝を用いた巻貝腕輪が出土している」ことは、人の移動についても重要だ。つまり、弥生時代以降も南西諸島との深いまじわりのあったことを物語っているからである。

第二に、移動・交流のダイナミズムは当然、当時の先進国＝中国との関係を深めるはずであり、その証拠、特に中国の歴史書を大事に扱うことが必要になってくる。先に私は『魏志倭人伝』の読み替えに異を唱えたが、同様に『隋書』などについても読み替えることなく解釈すべきなのである。

たとえば、聖徳太子が小野妹子《おののいもこ》を用いて行なった遣隋使の記事で有名な『隋書』がある。そのなかで日本について述べたくだりは、〝**もとは邪馬台国と言った**〟と書かれているのである。素直に読むかぎり、邪馬台国から大和王権への過程で、少なくともなんらかの系譜があることは疑いえないのである。

しかし、『日本書紀』ではわずかに神功皇后《じんぐう》が卑弥呼であるように思わせる記述のほかは、いっさい邪馬台国は無視されている。『古事記』にいたってはなんと一行もないのだ。

現在、「この地こそが邪馬台国」とする地は、日本全土では約六十ヵ所ある。ほとんどが畿内と九州だが、なかには一瞬ギョッとするにちがいない青森県の地もある。しかし、私はこれについてはさほど意外とは思わない。前述したように、プレ倭人である縄文人は、朝鮮半島からの新渡来人によって北と南（沖縄＝琉球）に分断されたが、いかに引き裂かれようとも、その同じ血が引き合うだろうと思うからだ。「トカラ」など沖縄の地名に残るアイヌ語も数多い。

縄文人は平均身長百六十センチメートル（男）で、比較的彫りの深い丸顔とよくいわれる。対して弥生人は、平均百六十三センチの身長に細面《ほそおもて》ののっぺりした顔を持つ。現代の日本人は混血によってあまり明確な差はなくなったが、東北と沖縄の人々には、縄文人の特徴がより色濃く残っているとされている。

実際、現代の沖縄の人も一般に身長が低く、短頭。しかも聴骨腫《ちょうこつしゅ》が存在するなど、総合的にみても、日本本土とは異なる身体的要素を持つ比率が高いとされている。つまり、港川人《みなとがわ》（沖縄で発見された一万七千年前の人骨化石、出土地から命名された）の時代から現代の沖縄人にそのまま受け継がれた血があるということである。

私自身は沖縄に生まれたのではないが、私の血の奥深い部分で強くひかれるものを感じる。これはむしろ、すべての日本人に共通なものではないかとさえ思う。だから、邪馬台国への旅（邪馬台国探し）は日本人みなに興味深いものとなるのだろう。

最古の字が彫られた〝貝符〟は邪馬台国をほのめかす

さて、琉球列島からは縄文時代から弥生・古墳時代相当期までの〝蝶形貝細工《ちょうけいかいざいく》〟などがたくさん出てくる。私はその多くが「山」の字を象徴化していることに気づいた。これは、じつに「山」の字そのものなのだが、同じように「山」に関連するものはこの列島を結ぶシンボルのようにみえる。

そうしたことの詳細は［第6章］にふれるが、種子島の貝符に、はっきりと「山」の字が隷書《れいしょ》で書かれているほどである。しかもこの字は、日本で書かれた最古の文字ともされている。ある面ではこれら「山（ヤマ）」の字の謎解きが、邪馬（ヤマ）台国の謎に迫ることになっていったのである。

邪馬台国――中国の史書に二三〇～二五〇年ごろ日本にあったと記述されるこの存在は、先に一部ふれたように、日本の史書では『日本書紀』「神功皇后条」に《魏志倭人伝によると、明帝の景初三年（二三九年）六月に倭の女王は大夫難斗米《たいふなしめ》らを遣わして帯方郡に至り》とあるのみで、ほかにはいっさいふれられていない。

こうして極端にいえば唯一の手がかりの『魏志倭人伝』においても、帯方郡から邪馬台国までのコース・距離・日程の記述のうち、帯方郡→狗邪韓国《くやかん》→対海国《つしま》→一大国《いき》→末盧国《まつら》までは『魏志倭人伝』の記事との対応関係、地名の類似、関連遺物・遺構などの裏づけからほぼ判明しているものの、それ以降はほとんど比定できず、同文献の解釈によって邪馬台国とされる場所は、さまざまに揺れ動く。

『魏志倭人伝』には、不弥《ふや》国のあとに《南、投馬《つま》国に至る水行二十日。南、邪馬台国に至る水行十日、陸行一月》と記されている（以上の読みは通例に従っており、後述の著者の読みとは異同がある）。江戸時代以来、邪馬台国の所在をめぐって果てしなく続けられている論争の根源は、すべてこの部分にあるといっても過言ではない。

これを文面どおりに読むなら《邪馬台国は九州北部沿海地方から南へ船で二十日の投馬国を経て、さらに船ではるか南に行った地点にあった》ということになる。そうなると、九州のはるか南方海上に出、沖縄へと至ることになる（図2-(3)〔次ページ掲載〕）。

そこで「南とあるのは東の書き誤り」と考え、九州北部沿海地方から瀬戸内海または日本海を「東に船で二十日」の投馬国を経て、さらに「東へ船で十日、陸路を一ヵ月旅したところ」として、畿内大和（現在の奈良地方）を想定したものが畿内説となる（図2-(1)）。

これに対し、あくまで《南》を信ずるのが九州説である。「北部九州沿海地方から南」ということなら、大和に向かうことはありえないからだ。そこで「水行二十日」「水行十日、陸行

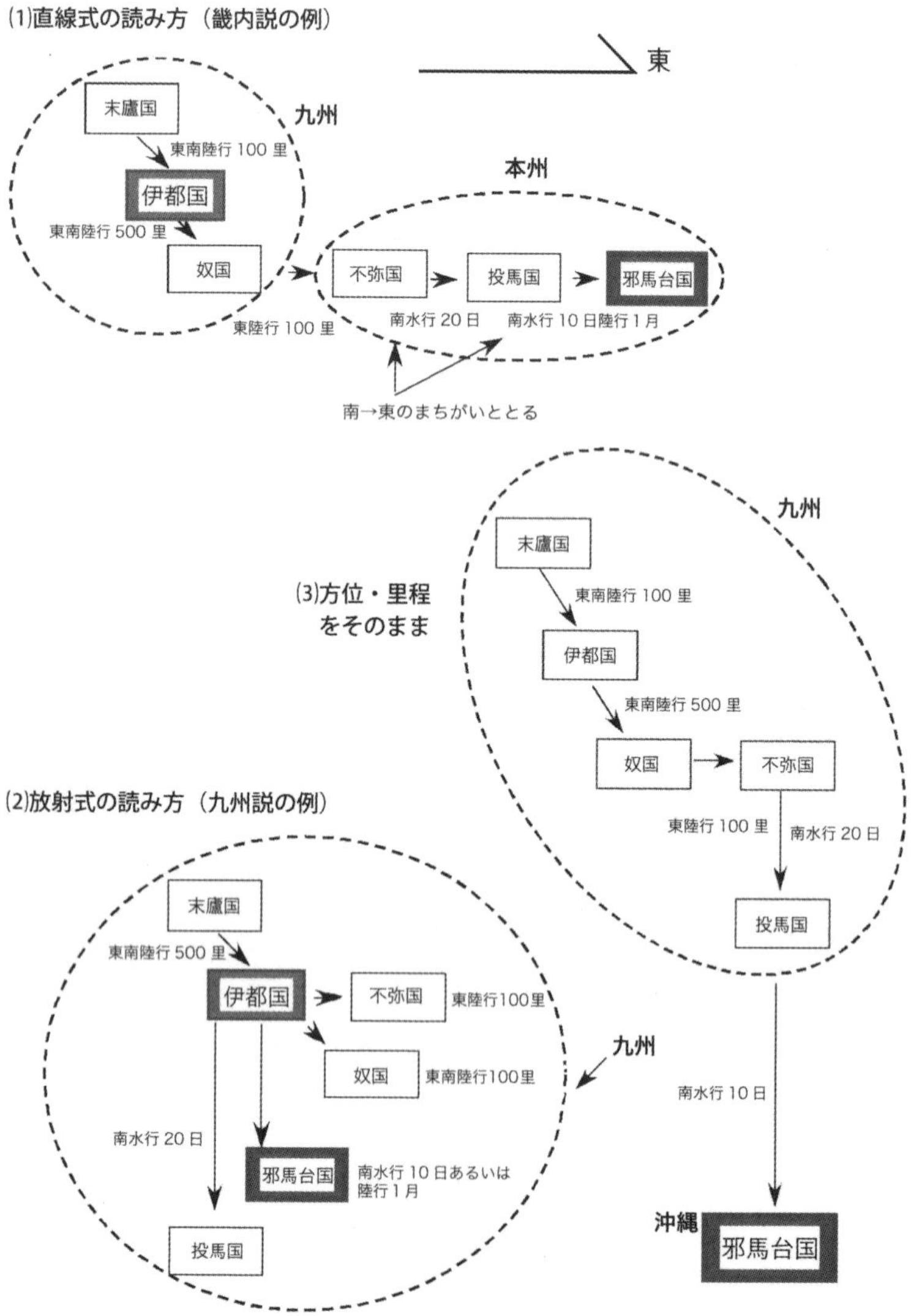

図２　邪馬台国への２つの里程

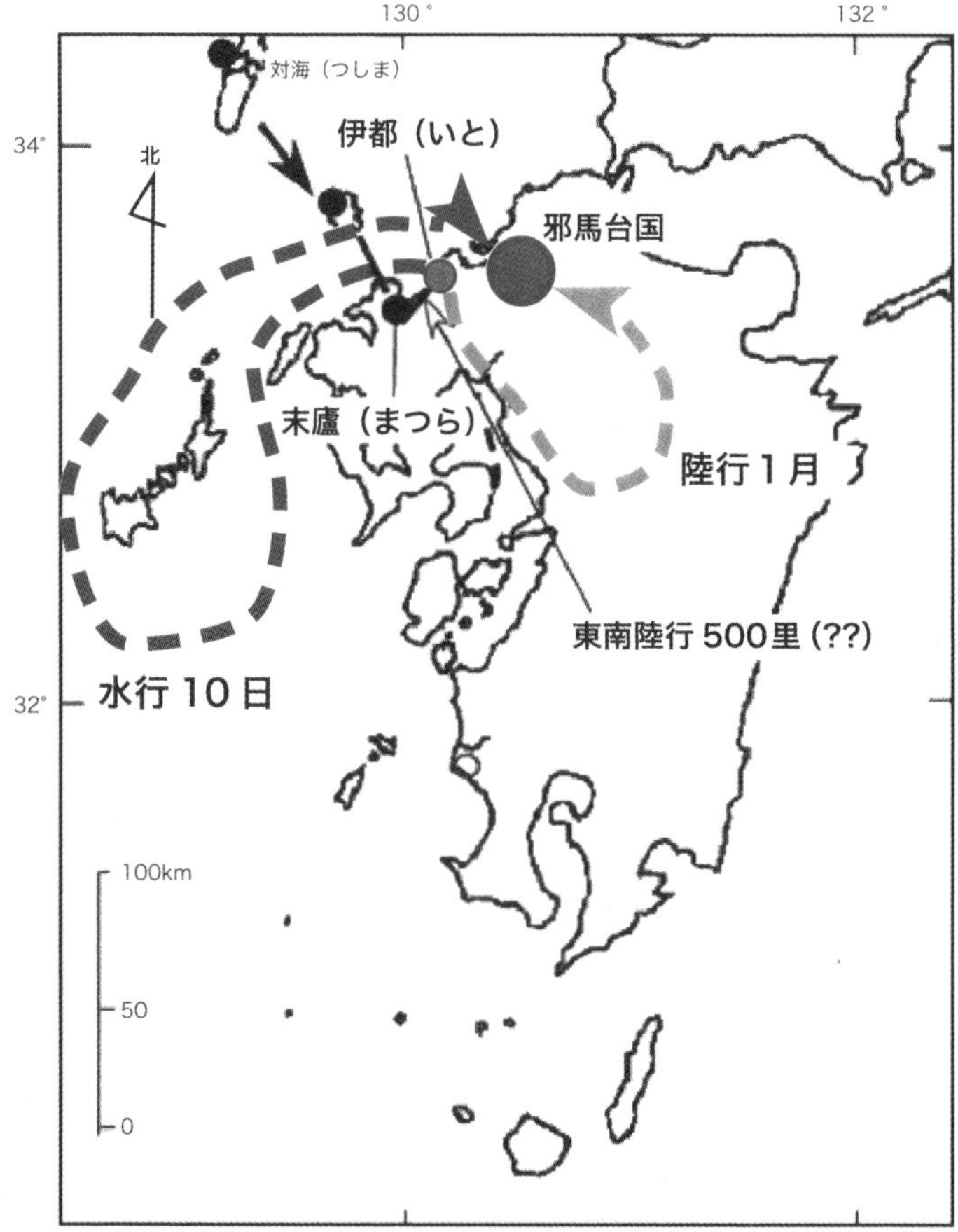

図３　伊都国より南へ水行すれば10 日、陸行すれば１月の邪馬台国へのルートの例

一月」の解釈をさまざまにつじつまを合わせて九州内に収めてしまおうとする。たとえば北部九州沿海地方から邪馬台国へ向かう道の起点を不弥国でなく奴国や伊都国、末盧国と考えたり「水行一月」を「水行一日」の誤記ととったりして、九州各地に〝邪馬台国〟が氾濫《はんらん》していった（図2-⑵）。

これは、たとえば「水行十日、陸行一月」というのは、伊都国から水行すれば十日かかり、陸を行けば一ヵ月かかるという解釈が最近の有力な説のようだ。しかし、もし博多付近を邪馬台国とすると、図3（前ページ掲載）のようになってしまう。どうしたら南へ行くことになるのだろうか。

私はこうした恣意《しい》的な扱いをすべきでないとしていることはすでに述べた。もちろん、筆写を重ねた『魏志倭人伝』にまったく写しまちがいがないとはいえないが、それは同文献中の《景初二年》を先の『日本書紀』からの《景初三年》ととるといったように、他文献と比較したうえで変えうるかたちでの校訂のみに限るべきだろう。

そうしたうえで、次章からは『魏志倭人伝』に表記されたままの行程表に従って邪馬台国への道をたどってみたい。

第1章　『魏志倭人伝』の行程表に従い邪馬台国をたどる

迷走する各種〝邪馬台国説〟を検証する

いわゆる〝邪馬台国探し〟については、江戸時代以来、百ヵ所以上にわたってその推定がなされている。

それは一つには、日本の古代国家成立を考える重要なポイントとなるからだ。現在有力な二説のうち畿内説をとるとすれば、すでに近畿から九州に及ぶ広域の政治連合が成立していたこととなり、のちの大和政権と直接つながる。一方、九州説をとれば、九州北部を中心とする比較的小範囲のものとなり、大和政権はそれとは別に東方で形成されて九州邪馬台国を統合したか、逆に邪馬台国が東遷したことになる。

しかし、すでに述べたように記紀にはふれられておらず、大和政権との直接的な関係のみを念頭において考えることが、すでに限界をもたらしているのではないだろうか。これが前述した『魏志倭人伝』の解釈をめぐる〝迷走〟となり、百ヵ所以上という現状になっているように思う。

そこで私は、これは後述する徐福伝説に関してもいえることだが、のちの大和政権が把握しえなかったところ、そして『魏志倭人伝』とまったくかけ離れてしまわないところを可視域に入れていく必要があろうと考えた。

「沖縄邪馬台国説」は、ここに登場する。かねて『魏志倭人伝』の記述を素直にたどっていくと「沖縄のほうに行ってしまう」とよく言われてきた。だが、「そんなはずはないから『魏志倭人伝』の記載にまちがいがある」として恣意《しい》的に扱われてもきたのである。

ともあれ、畿内説・九州説をそれぞれ検討してみよう。

同時代文書『魏志倭人伝』は強く沖縄を指し示す

［はじめに］でもふれたように、『魏志倭人伝』の特筆すべき点は、なんといっても、外国人の目とはいえ、政治や習俗、風土まで語られていることである。弥生時代末期、つまり三世紀半ばといえば、そのあと四十〜五十年くらいして古墳時代に入るのだが、そのころの日本のことは遺跡や遺物でしか知ることはできないのだ。遺物や遺跡を通じて当時の生活をある程度推測することはできるが、とても完全とはいえない。

ことに三世紀半ばの邪馬台国から、五世紀の「倭の五王」までおよそ百五十年間、日本についての記事が中国の史書から消えることもあって、「謎の四世紀」と呼ばれる歴史の空白が生まれたため『魏志倭人伝』がより重要なものとなっているのだ（近年ではさらに、考古学資料の限界から邪馬台国時代を含め「空白の三～四世紀」ともされる）。

一方、最も古い日本の史書はいうまでもなく、八世紀の初めにできた『古事記』と『日本書紀』である。

しかし、成立は記（古事記）が七一二年、紀（日本書紀）が七二〇年とされており、とうてい二～六世紀のことが正しく伝えられているとはいえまい。しかも、記紀は朝廷でつくられたものである以上、天皇家や中央政府に都合のいいように書かれている。前述した〃権力やパワーポリティックスのもとにつくられた歴史〃だからである。

太安万侶《おおのやすまろ》による「記序」（『古事記』の上表文で、序文にあたるためこう通称される）がいうように、「諸家が持っているところの家系書や伝記の類には、もうすでにまちがいや混乱がありうる。その偽の部分は削り、真実を定めるようにとの天武天皇のお言葉に従って、この『古事記』は書かれた。その目的は国家行政の基礎、天皇政治の根本を打ち立てること」にある。

したがって、時の〃政府〃に気に入らない記録は、改変あるいは削除されているはずである。つまり、そのままでは〃正しいもの〃として受け入れるわけにはいかないのだ。対して『魏志倭人伝』にかかわる魚豢も陳寿も同時代人であり、それだけに信憑性の高いものとして、その千九百三十七字の記述は貴重なものとなる。

私は『魏志倭人伝』の記述を基本的には正しいものとし、いわば邪馬台国への旅のガイドブックのようにして素直にその案内どおりにたどっていった。加えて、私なりの先の〝手づくり日本史〟として海洋地質学の知見ほかから検証を行ない、本書がまとめられた。邪馬台国＝沖縄説は、現時点ではとほうもない妄言と受け取られるかもしれない。しかし、読み進められるうちに必ずや納得していただけるものと信じている。

たとえば『魏志倭人伝』の記述のうち、《身分の区別なくみな入れ墨をする》《その道里を計ってみると、ちょうど会稽《かいけい》の東冶《とうや》（現在の中国福建省閩侯《びんこう》）の東にあたる》《風俗・習慣・産物等は儋耳《たんじ》・朱崖《しゅがい》（ともに今の海南島）と同じ》《倭の地は温暖で、冬も夏も生野菜を食べる》といった部分は、これまで本当に日本のことなのだろうかと疑問符をつけられてきたが、沖縄であれば謎でもなんでもない、とうなずかれることだろう。

会稽の東冶から地図を東にたどったところにあるのは、まさに沖縄なのだ。いったい、この『魏志倭人伝』の記述と沖縄との符合は何を意味しているのだろうか？　私は猛然と興味をかきたてられた。未知なるもの！――それはいつも私を強くひきつける。

また、琉球＝南西諸島に関するさまざまな問題は、一つの専門領域だけでなく、総合的な学問分野ではないかと私は考えている。そうした延長線上に本書の邪馬台国もあるのだが、いずれにしてもこれからは、歴史・考古学の分野ばかりでなく、伝説・伝承についても、自然科学を含め、特定の〝専門〟という枠を取り払った総合的な検討をすることで新たな発見が生まれるはずだ。

ところで〝会稽の東治〟は、じつは『後漢書』を編纂した五世紀の歴史家・范曄《はんよう》が〝東治〟とすべきところを誤って記したことから来ているとする古田武彦氏の説がある。詳しくは「第2章」に述べていくが、古田氏のいう〝東治《とうち》〟から東にたどっても沖縄に行き着くことは変わりないのである。

帯方郡より邪馬台国までは「万二千余里」

畿内説での邪馬台国の位置

さて、畿内には初期の前方後円墳が多くあり、広く大和地方が邪馬台国の比定地にされている。なかでも畿内説の最有力候補は、纒向《まきむく》遺跡である。また、京都府の椿井《つばい》大塚山古墳および奈良県の黒塚古墳も候補に挙げられている。

他方で畿内説は、『魏志倭人伝』には卑弥呼が死んで「径百余歩（一歩＝約一・五メートル）」の冢《ちょう》（墓）を造ったとあるが、これは奈良盆地にある箸墓《はしはか》古墳の後円部に符合するとし、当時の九州にはこうした大規模な墓はないと主張する。

しかし、方角に難点がある。投馬《つま》国から《南》に「水行十日、陸行一月」行くところを、実

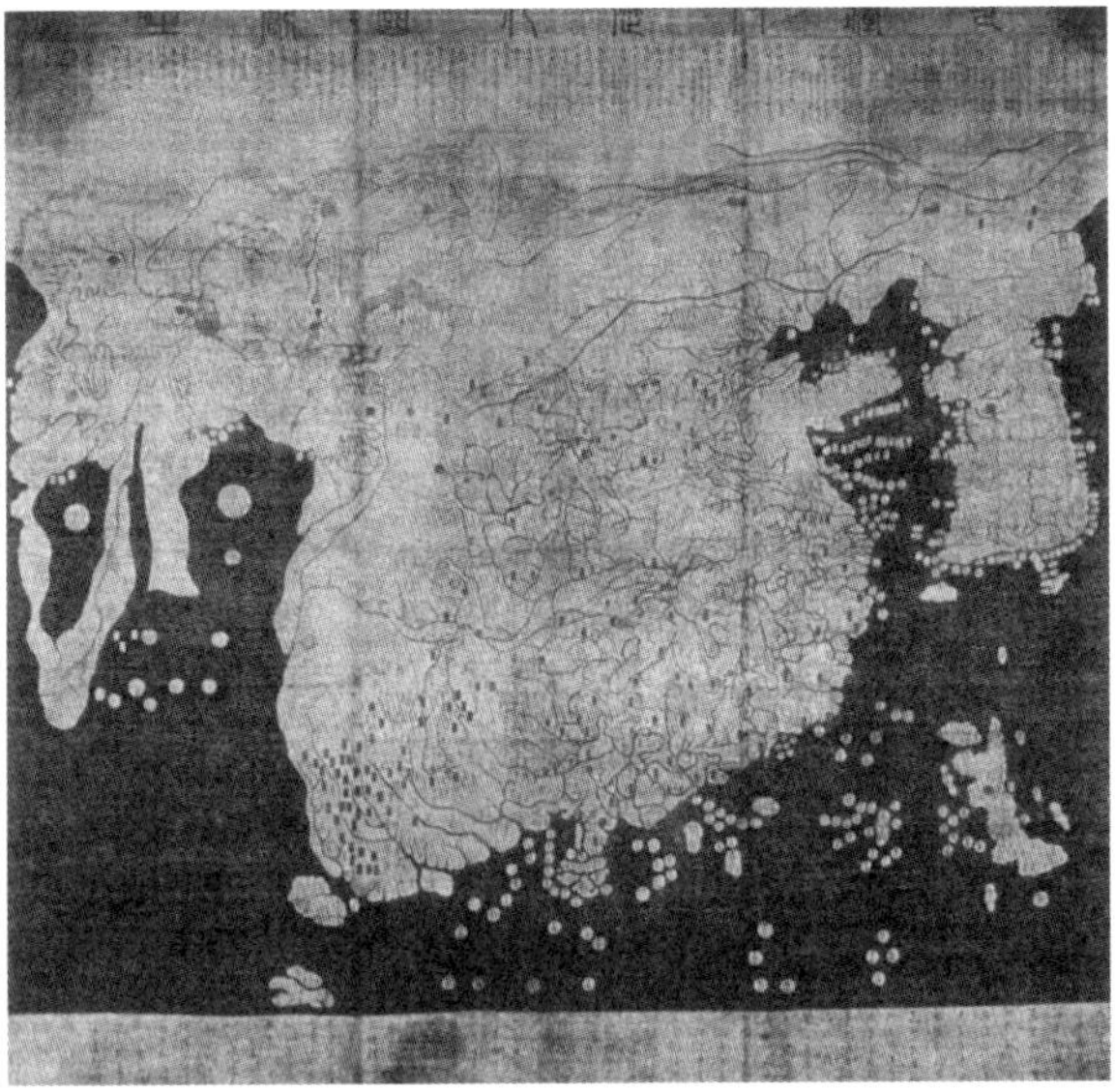

図４『混一疆理歴代国都図』（龍谷大学図書館蔵）——元代の『声教広被図』と『混一疆理図』を合したものだが、同様に日本は南北に長い国として描かれている

際にはほぼ真東に向かわなければならない。そもそも当時の中国人は東も南もわからないとした論調が多いが、ここで言うように南はすべて東と考えなくてはならないのなら、『魏志倭人伝』中の対馬から一大（支）国へ移動するのに、本当に東へ行くつもりで〝南〟へ行ったのだろうか。彼らは字句どおり南の海を渡ったのだから一大国に到達したのではないのか。

宋《そう》代の「輿地図《よちず》」や元《げん》代の「声教広被図《せいきょうこうひず》」、元末〜明《みん》代初めの「混一疆理図《こんいつきょうりず》」などには日本列島の位置がいわば南北逆に描かれ、全体としては現在の福建省より南に配置されている（図４）。

畿内説ではこれらの記述から〝南〟は〝東〟という説は妥当であるとする。また、後述する福岡県にあったとされる奴国《な》を「極南界」であるとするが、前記の地図はみな畿内の大和政権成立後に作られたものであり、畿内の位置を前提に『魏志倭人伝』の記述を重ね合わせれば南北逆に描かれることになる。つまり、これらの地図をもって三世紀の中国人の倭国に対する認識とすることは危険であろう。

そもそも、仮に地図上で北に見えても、実際にそこに行っている中国の使者たちは、現実に船で走ったり、徒歩で歩いた者なのだからおかしいとわかるはずである。

ただ、私はここで〝里数〟に注意をうながしておきたい。それは『魏志倭人伝』に出てくる里数の合計は、〝一万七百里〟で、《郡より邪馬壱（台）国に至る万二千余里》に千三百里不足している。言い換えれば、この一万七百里に各国間の里数にある「余里」と、里数で表現されない「水行・陸行」を合わせることで、初めて「万二千余里」に達するといえる。ちなみに、邪馬台国を地図上で〝沖縄〟ととると帯方郡から約千二百キロ、後述する〝短里〟ではどんぴしゃり「万二千余里」となる。

実際、方位というネックがありながらも畿内説が継承されてきたのは、考古学的な面などに加えて、「万二千余里」の距離が対応するからなのである。といっても方位の問題は大きい。現在の畿内説を代表する山尾幸久《やまおゆきひさ》氏も、自説の展開とは別に、「倭人伝の記述どおりにたどれば、これは沖縄とか、どこかあちらのほうになってしまうわけです」と述べている。

畿内説での遺物

邪馬台国を示す遺物について、議論・検証が多くなされてきたが、つまるところ鏡をどう評価するかに落ち着いたようだ。『魏志倭人伝』によると景初三年（二三九年）に邪馬台国の女王・卑弥呼は《親魏倭王》金印とともに《銅鏡百枚》を授かったとされている。そして日本では、弥生時代から古墳時代に至る遺跡から多くの銅鏡が発掘され、それらは大陸からの舶載《はくさい》鏡《きょう》と、それを模した国産の和製鏡（和鏡）に分類される。銅鏡は銅と錫の合金製で、今日でいう化粧用としてではなく、主として祭祀用具に用いられた。

また、畿内では「三角縁神獣鏡《さんかくえん（ぶち）しんじゅうきょう》」（図5〔次ページに神原古墳出土のものを掲載〕）が多く出土している。このうち邪馬台国の研究に重要とされているのは年号の入った紀年鏡である。なかでも大阪府和泉市・黄金塚古墳出土の魏の年号である景初三年の銘が入ったものが挙げられるが、現在ではこれら紀年鏡は和製鏡であるとするのが定説になっている。

じつは三角縁神獣鏡は、中国本土ではただの一面も出土していない。また、日本でも卑弥呼の時代より百年もあとの古墳からしか出土していないという。さらに、こうした銅鏡は原料もデザインも魏ではなく、呉の江南地方からのものとされている。

そもそも神獣鏡は、魏ではなく呉で受け入れられていたとされる鏡であり、当時の魏と呉は

立岩遺跡出土の内行花文鏡（左上ともに飯塚市歴史資料館蔵）

立岩遺跡出土の重圏文前漢鏡

「景初三年銘」のある三角縁神獣鏡（島根県立古代出雲歴史博物館蔵）

図5　各種銅鏡――いずれも船載鏡とされる

敵どうしであって、魏がわざわざ呉人に鏡を作らせるといったことは絶対にないとみるべきだろう。

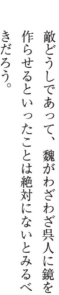

こうしたことは畿内出土の「方格規矩鏡《ほうかくきく》」についてもいえる。特に大阪高槻市・安満《あま》宮山《みややま》古墳からのものは、同様に魏の年号である青龍三年（二三五年）の銘があるため、初めは中国製（船載鏡）と考えられたが、方格規矩鏡は一世紀前半の製作であって、仮に中国製であるなら未来の三世紀の年号を入れたという珍妙なものになる。

しかも、これらの鏡は「倭・呉合作鏡」ともいわれている。というのは、二三〇年に呉の孫権が将軍の衛温《えいおん》と諸葛直《しょかつちょく》とを派遣し、夷《い》洲《しゅう》と亶洲《たんしゅう》（後述するように文献によっては「澶洲《せんしゅう》（たんしゅう）」とするものもあり、引用元によって澶洲としているところもあるが、226ページに記すことから本書においては亶洲《たんしゅう》を基準として表記している）を探索させたうえ、夷洲から数千人を連れ帰る途中、丹波に上陸した者の多くが亡命して合作者に加わったとされるからである。これは福永栄信氏の推測による。

かくして、畿内説は遺物についても決定的なものを出せずにいるというのが、事実なのである。

隠されていた〝短里〟

九州説での邪馬台国の位置

現在、九州説は「伊都《いと》国までは方位・里（日）数・国名の順で記し、それ以降は方位・国名・里数の順になっていて記述方法が違う」などとし、伊都国から邪馬台国までは連続した行程ではなく、すべて伊都国からの距離を記した放射式の行程で読むべきだとする。これは、榎《えのき》一雄氏の提唱によっている（44ページ図2-(2)参照）。

放射式説では、一定の目的地（すなわち一定期間滞在する地）に到着時は「到」、単なる通過地には「至」が使われているとする。また、魏の使者は伊都国に常駐することになっており、ここから先へは実際には行っていないともしている。さらに「水行十日、陸行一月」は、水行すれば十日間、陸を行けば一ヵ月という意味であり、伊都国から邪馬台国まで一千五百里とされていることから、陸行一ヵ月の矛盾もなくなるというわけである。

これにより『魏志倭人伝』に記された距離も一致するとされている。しかしこの放射式説については、納得がいかない点がある。「狗邪韓《くやかん》国に到る」としたのち、次からは「対海《つしま》国に至る。……一大《いき》国に至る。……末盧《まつら》国に至る。……伊都国に到る」とあるが、この際の狗邪韓国から末盧国や伊都国への距離の記述は、どう見ても放射式ではないことは、誰もが認めるところであろう。

また、そのように読むべきであるという当時の中国語の決まりがなければならないが、『魏志倭人伝』の内容をほぼ引き写している『梁書《りょうじょ》』では、そうした使い分けはされておらず、「到」と「至」に特別な意味合いがあったとは思えないとの指摘がある。また、伊都国より南についても、現地に実際に行っていなければわからないとみられる記載が多い。そのため、「至る」とされている場所はすべて行っていないとの見解は、受け入れがたい。

さらに、仮に放射式の読み方を受け入れるとしても、それでも比較的支持者の多い北九州内に邪馬台国が収まらないことについて多くの指摘がある。現に、いずれの邪馬台国候補地も、投馬国から水行して十日間もかけて行くようなところにはみえない。

だが私は、ここでは九州説において白鳥庫吉《しらとりくらきち》氏が提唱した〝短里〟への注意をうながしておきたいと思う。

これまで九州説では、里程について『魏志倭人伝』に誤記があるとしてつじつまを合わせようとしてきた。まず、白鳥氏が「陸行〝一月〟はあまりにも長くかかりすぎるので〝一日〟の誤記であろう。水行三十日、陸行一日で合わせて三十一日の日数行程は、里数に直して、短尺の千三百余里になる」とした。その後、前述の榎氏による伊都国からの放射式理解は、この誤記という勝手な前提を排除しようとした九州説になるわけだが、先の私の反論はともあれ、白鳥説で出された〝短尺〟、いわゆる短里の考え方は、その後の九州説ではほとんどが採用するものとなった。

というのも『魏志』を含む『三国志』中、「東夷伝」〝倭人条〟以外については漢代の標準里程（これは一般に「長里」といわれ、この一里は四百〜四百五十メートルの範囲内で定められている）を用いているが、帯方郡から邪馬台国に至る里程のみは短里を用いていることが定説化されてきたからである。

短里の由来については、安本美典氏ほかは「朝鮮半島南部から日本列島にかけて特殊な里制が行なわれていて、それがそのまま『三国志』に採録された」とし、古田武彦氏などは『三国志』に表れる里単位はすべて短里（一里約七十五メートル）であり、魏・晋《しん》（西晋）朝は漢代の長里ではなく、周代に淵源をもつ短里を採用しているという（『邪馬台国はなかった』（角川書店刊〕より)。

いずれにしても特殊な里程であるわけだが、現実に照らしてみて、『魏志倭人伝』ではこの短里が使われていることはまちがいないとみる。

これは私の見立てであるが、短里というのは歩数で距離を測るのに都合がよい。私たちが地質調査を学ぶときに、最初に教わるのは歩測である。一般的に足を二歩踏み出したものを一歩と数える。平均は一・五メートルとされるが、個人差があるので、自分の歩幅は一歩(実際には二歩)何メートルか平均値を測って決めてから、歩測を開始させられる。

実際この方法だと、歩測用の五十歩が平均七十五メートルとなり、これを一里とすれば、記憶しやすいという利点がある。おそらく、周代の短里もこの原理から、歩測を中心とする場合に用いられたのであろう。私の歩幅はたまたまきっちり一・五メートルであり、この方法を知って以降、ウォーキングの際に便利などと喜んで使っている。また、不便な山道などでは、後述する「記里鼓車《きりこしゃ》」を引っ張って歩くよりはよほど歩測のほうが能率がよいと思われる。

これまでの研究では、いわゆる短里の一里は七十五~百メートルの幅内に計算されている。私としては細かな議論はさておいて、現実的な見地から『魏志倭人伝』が伝える里程と実際の地図上での距離を、すべての研究者の意見が一致している帯方郡から壱岐(一大国)までの距離と比べると、平均一里(短里)が九十五~百メートルとなることから、便宜的に短里の一里

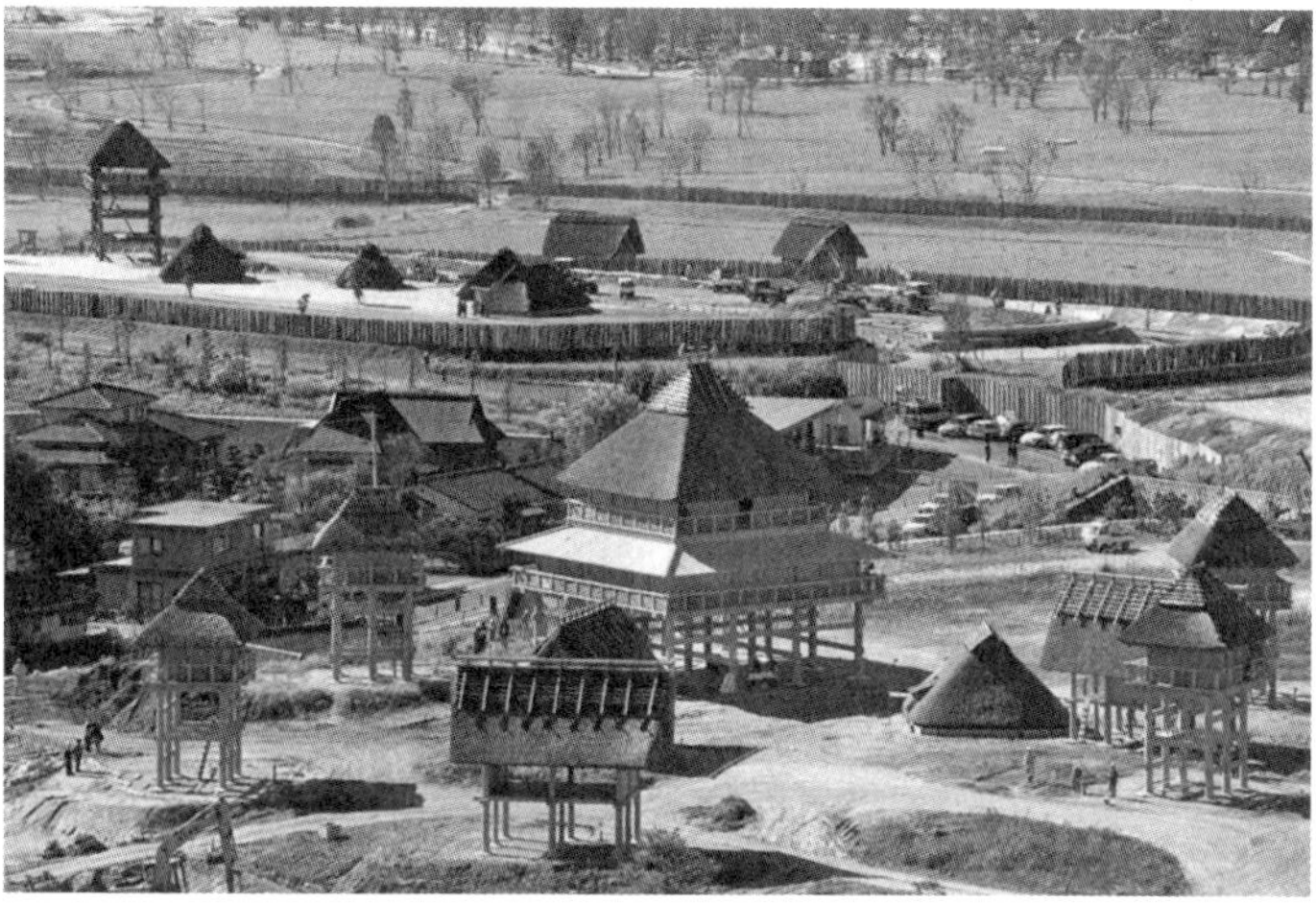

図6　吉野ケ里遺跡――2000年段階で主祭殿など11棟が復元され、現在は吉野ケ里歴史公園となっている

を百メートルとして話を進めたいと思う。

距離と方角を知るための「記里鼓車」と「司南之杓」

私が〝現実的な短里〟を提唱するのも、一人一人が納得しうる〝手づくり日本史〟にしていきたいからにほかならない。それは、実証に基づいて歴史を見てみたいということでもある。南ではなく東の誤記、一月ではなく一日の誤記……。これらは、本当に〝現場〟を無視していないといえるだろうか。

もちろん、『魏志倭人伝』も完全に無謬《むびゅう》だとはいえない。なんらかの誤記があっても決しておかしくない。しかし、だからといって自説に都合のいいように読み替えるのは実証的な態度ではなかろう。

一九八九年の各紙「吉野ケ里《よしのがり》」(図6)報道は、これまでの考古学史上に類をみない話題を呼んだが、これも邪馬台国が国民的関心事となっていたからだろうし、邪馬台国と結びつけられたのは「宮室・楼観・城柵、厳かに設け」などと符合する部分があったからである。

と同時に、このことは『魏志倭人伝』の記述が総体としてまちがっていないことも証明した。私は思うのだが、この吉野ケ里のように『魏志倭人伝』の細部が正しいのであれば、方位・里程など、より重要な部分はさらにまちがいが少ないとみるべきではないだろうか。現在、吉野ケ里自体は邪馬台国そのものではないとされ、その点ではかつてほどの関心を集めてはいないようだが、『魏志倭人伝』の記述をある部分、確実にしたことは特筆されていいだろう。

さらに、方位・里数に関して、当時の人々の測地技術や方位を知るレベルがいかに高かったかを示す、次のような事実があることを念頭に入れておく必要がある。

中国では二六〇年代後半、晋の裴秀《はいしゅう》(二二四〜二七一年)が軍事的必要のために、今ならば世界地図ともいうべき中国大陸全土の地図を他に先駆けて完成させており、その地図作成にあたって、距離の計測に歩数だけでなく、二世紀前半の馬鈞《ばきん》の発明とされる「記里鼓車」が使われた。これは、一定円周の車輪の回転数により実距離を出すというものである。

また、天測によらずに方位を明らかにするには磁石が必要であるが、磁石自体は前三世紀の秦《しん》の始皇帝の時代にすでにある。さらに、磁針が常に極北を指す事実が突きとめられたのは、二世紀終わりごろと考えられているが、この指極性は中国人が世界に先駆けて初めて発見したものである。後漢の王充《おうじゅう》が著した『論衡《ろんこう》』には、磁石の指極性を知り、それを利用した器具である「司南之杓《しなんのしゃく》」のことがふれられている。

そして魏の明帝（在位二二六〜二三八年）は、当の馬鈞に司南之杓を用いた「指南車」を作らせたという。これは、水平器を取り付けた調整装置が自動的に動く仕掛けで、坂道でも船の上でも、人形の指が正確に南を指す。のちには、磁針を木製の魚の腹に入れ水に浮かべて方位を知る「指南魚」が考案され、一一〇〇年ごろには船に備えられており、ヨーロッパで改良された羅針盤の先駆けとなったとされている。

以上の点からみると、魏代にはすでにコンパスがあり、倭国へ渡来した者が持っていてもおかしくない。遠征中に、所要日数や刻数から行程里数を概算したり、磁針のほかに星や太陽により、方位をチェックしたはずである。

したがって、方向をまちがえっぱなしで十日も二十日も航行したり、歩いたりするとは考えにくい。また、何回もいろいろな時期にいろいろな人々が行き来しているのであるから、九州と畿内とをまちがえるようなことをするとは考えにくい。要するに、『魏志倭人伝』中の方位や距離を無視すべきではないということになる。

九州説での遺物

九州説の場所としては、大規模かつ中国製の青銅器を数多く副葬した王墓がある吉野ケ里遺跡が見つかったことから、福岡県や佐賀県を中心とした九州北部がおもな候補地とされる。具体的には①平原《ひらばる》遺跡の弥生古墳、②福岡県の太宰府天満宮、③大分県の宇佐神宮、④宮崎県の西都原《さいとばる》古墳群――などが挙げられている。現在では、吉野ケ里の墳丘墓は紀元前一世紀前半から紀元後一世紀初頭にかけて造られたものとされている。とはいえ、卑弥呼が亡くなったのは三世紀半ば、西暦二四八年ごろと推定されるため、年代的に合わない。結局、畿内説における纒向遺跡のような有力候補地はいまだないようだ。

しかし、九州では漢代（前漢および後漢）の鏡の〝漢鏡〟がさまざまに出土する。種類としては、北部九州の弥生遺跡から出土する方格規矩鏡や内行花文鏡《ないこうかもん》が主であり、弥生時代中期、北部九州では甕棺墓《かめかんぼ》に前漢鏡が副葬されている。後期には後漢鏡が副葬されており、その後漢鏡には不老長寿への祈りを込めた文が刻まれていた。当然、この所持者は有力者や司祭者などに限られていたろうが、玄界灘沿岸の須玖・岡本遺跡や三雲遺跡などでは二十～三十枚の大量の後漢鏡が甕棺に副葬されている。

九州では、卑弥呼の墓を平原遺跡とする説がある。たしかに、平原遺跡の弥生古墳とされるところからは後漢鏡の方格規矩四神鏡《しじん》が出ている。だが、同遺跡は二世紀前半(一〇〇~一五〇年)ころの築造だと推定されており、時代が合わないとの指摘がある。

なお、『魏志倭人伝』に描かれた「望楼(物見櫓《ものみやぐら》)」「城柵」「宮室」「邸郭」などに相当する遺構がセットで発見されているのは、吉野ケ里遺跡を除くと現在までのところ、後述する北谷海底城郭だけと思われる。

卑弥呼の鏡はどんな鏡か?

それではいったい、卑弥呼の鏡とはどういったものが妥当なのだろうか? この究明には、まず第一に邪馬台国の使者が魏に派遣された当時、魏都・洛陽にどのような鏡があったかを知る必要があるだろう。そしてまた、関連してそれらの魏・晋鏡が三世紀の倭国のどの地域から出土しているかも、明らかにしていく必要がある。

北九州市立考古博物館編・刊『弥生古鏡を掘る――北九州の国々と文化』によると、魏代の銅鏡の様式には、後漢以来の鏡式である方格規矩鏡、内行花文鏡、獣首鏡《じゅうしゅ》、獣帯鏡《じゅうたい》、盤竜鏡《ばんりゅう》、虁鳳鏡《きほう》、双頭竜鳳文鏡《そうとうりゅうほうもん》、位至三公鏡《いしさんこう》、画文帯神獣鏡《がもんたい》、画像鏡などがあるとされている。これらの中国鏡が倭国に搬入された概況をみると、九州北部の弥生中期のものとされる甕棺には前漢鏡が副葬されている。弥生後期から終末期には箱式石棺墓・土溝墓・木棺墓などに後漢鏡、次いで後漢式鏡（魏・晋鏡）が副葬されている。

また、平原方形周溝墓（割竹式木棺）などでは多数の後漢式鏡が副葬されているが、同地では大型国産鏡（直径四十六・五センチ）五面が後漢式の内行花文鏡をモデルに作られたこともわかっている。この鏡は、その後の古墳時代の国産鏡製作のモデルになった。九州北部の弥生後期～終末期の墳墓では、一九八〇年代の初めに後漢式鏡の副葬例が八十五面に達している。このほか九州では、同じく弥生後期～終末期の墳墓と遺跡から発掘された後漢式鏡の破片が九十三面も出土している。

そうしたなかで古田武彦氏が注目したのは、前漢鏡である。それは『魏志倭人伝』に卑弥呼は《鬼道《きどう》に事《つか》え、能《よ》く衆を惑わす》として鏡を愛好したことが記され、なぜ魏が《銅鏡百枚》を与えたかがうかがわれるからである。つまり、呪術的用途を考えれば前述したように「古く貴いもの」でなければならず、したがって漢鏡、それも前漢鏡こそが卑弥呼への授与にふさわしいものがあるというのである。ただし、もしそうであればさらにそれ以前の、たとえば周代であればなお古くて貴いものとなるかもしれないが、それらについては日本からの出土はない。

なぜ、どのようにして銅鏡のコピーが日本で作られたか

一方、ここからは和鏡の存在も見えてくる。和鏡の謎は、いわば模造品をなぜ日本で作る必要があったのかということである。先にも一部ふれたように、①三角縁神獣鏡は中国では一枚も見つかっていない。②紀年入りの鏡は魏では作られていない。③魏の年号ではないもの、さらには中国にない年号の入った三角縁神獣鏡もある。④中国の考古学者たちが検討した結果、それらは呉の職人が作ったとの判断がされている――。ようするに、日本だけのドメスティックな鏡を作ったことになる。

三角縁神獣鏡は、畿内の古墳中に多く見いだされ、これまでに四百枚近くになる。したがって、卑弥呼が授与された百枚のうちからの移動ということは考えられず、まったく別なものとしてみなければならない。また常識的に考えて、のちの三種の神器と同様に、卑弥呼が死んだからといって、国のステータスであり存亡にかかわるような魏からの鏡をすぐ他へ移してしまうだろうか。これは受け取った各王にもいえ、そう簡単に王墓へ副葬してしまうだろうか。代々の王なりがそれを保管しておくべきもののはずだ。

もちろん、予期せざる移動もあったろう。一例には志賀島《しかのしま》の《漢委奴国王《かんのわのなのこくおう》》の金印が挙げら

図7
「漢委奴国王」金印

福岡県志賀島から出土した金印――上右／印の全体の形、同左／印面（福岡市美術館蔵）下は同島の公園内に置かれた印面を拡大した記念碑を見る著者

れる（図7）。それは今でいえば簡単にポケットに入れて持ち運ばれ、本来の場所ではないところから出土したと思われるのである。

そのようにして、邪馬台国以前の遺跡に、あとから前漢鏡が埋められて出土するということもあるだろう。鏡も金印と同じく移動できるものだからである。もっともそうしたことをいっていると、それこそ不可知論に陥ってしまうが、ここではそれらをひとまずおき、倭三十ヵ国のネットワークが重要であることを指摘しておきたい。

そして和鏡、特に前述した倭呉合作の三角縁神獣鏡は、ポスト邪馬台国のもので、いわゆる空白の四世紀を経て立ち現れた大和王朝が、権威を引き継いだ証しとして製作したものであろうと推測する。

鍵は「極南界」の〝奴〟（那覇）がにぎっている！

ここまでに見てきたことから、三角縁神獣鏡を中心とする畿内出の和鏡の謎は解決しえた。また、遺跡・遺物については、畿内・九州のどちらにも検討の余地が残されているようである。そして肝心な地理的位置はいずれの説も正確さを欠き、結局のところ結論を出しかねているのが現状である。そこで私が〝倭三十国のネットワーク〟を提唱するのは、邪馬台国の全体像を浮かび上がらせねばならないと考えるからである。

全体像ということでは、まず『魏志倭人伝』には〝奴〟は二つ出てくる。《漢奴委国王》金印発見から、倭国は、前述した志賀島から南へ九州を含んだ地域全体を指すことまでは読み取れる。そして邪馬台国であるが、〝奴国〟は博多湾付近にあり、その王に金印が与えられたとみる説が最も有力である。しかしこの奴がそうなら、『魏志倭人伝』はその南に投馬国や邪馬台国があるとするため、『後漢書』の「極南界」の記述がおかしくなる。

『後漢書』「東夷伝」〝倭条〟は八百字足らずで『魏志倭人伝』の三分の一ほどでしかないが、倭（倭人・倭国）伝を初めて中国正史に載せたものとして重要性は高い。そしてここに《建武中元二年、倭の奴国、奉貢朝賀す。使人、自ら大夫と称す。倭国の極南界なり。光武、賜うに印綬を以てす》とある。

したがってこれは、女王国の最も南にあるもう一つの奴（私は那覇にあてているが）である可能性はないであろうか？　金印は異民族の総王（各部族の長ではなく全体の長）に与えられるものであったといわれることから、西暦五七年の建武中元二年における倭の国の中心地は、もう一つの奴にあったことになる。

これには、金印の出土地があまりにも遠すぎるという批判も出ようが、金印の出土は隠されたものが発見されたようなかたちであり、先にもふれたようにむしろ移動された可能性が考えられる。ちなみに、邪馬台国も金印を受けている。

また、〝総王〟ということであれば、邪馬台国が《女王の都する所》である以上、極南の奴に総王がいては矛盾するという声が出るかもしれない。そうしたなかで注目されるのは孫栄建氏の説だ。『魏志倭人伝』での邪馬台国の総戸数《七万》に基づいて、当時の人口を類推し、倭国＝邪馬台国とするもので、邪馬台国とは倭国全体（三十ヵ国連合）の名称であるという。

私は、倭国の総戸数は十五万戸としている『魏志倭人伝』の記述から、孫氏の説には無理があると考えるが、その考え方自体はうなずかせるものがある。というのは、卑弥呼は総王だからだ。

加えて、九州説での〝放射式〟の項で記した「至る」と「到る」の使い分けを行政区分と考えてみることができる。つまり《狗邪韓国に到る》とあるのは、倭三十国のネットワークのうち朝鮮半島における部分を示し、対して《伊都国に到る》は九州に入ってからの部分を示すとすれば、同国の《世々王有るも、皆女王国に統属す》の記述がよくわかる。そうした関係のなかで、より強固なかたちで邪馬台国と極南界の奴があったのではないだろうか。

そして、邪馬台国の名称は中国側がつけたともみなしうる。なぜなら〝邪馬〟は〝山＝蓬莱《ほうらい》山〟を示し、〝台〟は『漢和大辞典』（角川書店刊）によると、「うてな」ともいい「高い土台や物を乗せる高い台」や「見晴らしのきく高い台」等から転じて「中央」という意味を持つとされている。

つまり、女王の居住するところとして「邪馬台国＝蓬莱国」の呼称をとったと想像できるのである。〝中央〟が政府機能を持つかどうかは、また別なことだろう。その意味では、後述するように邪馬《やま》〝壱《い》〟国――〝壱《いち》〟番《ばん》重要な国ということから「邪馬壱国」という使われ方も正しい可能性があろう。

『魏志倭人伝』中の〝国〟の規模を矮小化してはいけない

全体像ということでいけば、倭三十ヵ国の〝国名〟や〝国域〟なども検討の必要がある。たとえば邪馬台国そのものも、『魏志倭人伝』の記述を基本的に信じるというのが私の態度だが、同様な方向をとる古田武彦氏は「〝邪馬台国〟はなかった」と打ち出した。

これは先にもすこしふれたが、現行刊本では「邪馬壹（壱、一）国」とされている。つまり、通例〝臺〟、新字で〝台〟とする邪馬台国はなく、邪馬一国があったのだというわけだ。たしかに、紹興版（前出）ではそのとおりなのである。しかし、別版では一も台もあり、専門家の間でも統一された見解ではない。

そこで私は『三国志』に先行する『後漢書』や『梁書』『隋書』『通典』『太平御覧』などの古版本はみな「臺」としていることから、従来の通説に従い「邪馬台国」としておく。

しかし、私はむしろ〝国〟そのもののほうに不思議を感じる。たとえば、奴国は二万ばかりの家があると『魏志倭人伝』に書かれている。約二万の竪穴住居というのは、だいたいどのくらいの規模であるのか。

というのは、吉野ケ里は「一つの国」とされているが、今の三田川町と神埼町の一部の地域を一つの国と考えてよいのだろうかという疑問である。あるいはもっとずっとつながって広がっており、たとえば〝吉野ケ里から博多までが奴国の一部分を占めているような国〟というのも考えうるのではないか。

畿内説にしても九州説にしても、これまで、国とされるところの単位があまりにも小さいように思える。一つの国が現在の一つの町や市程度にしか相当しない。しかし、沖縄＝邪馬台国説なら、南西諸島の一つの島が一つの国になっている。後述するように、沖縄本島のみ八つの国に分かれているが、それでもかなり広い。

逆にいえば、九州でも奴国は博多であるといった単位で分ける必要はない。奴は博多から佐賀まで平野そのままにつながっていてもかまわないのではないかと想像する。伊都国も糸島半島から和泉を経て佐世保のほうまでつながっていて、そこで北方民族の南下、有明海への侵入をチェックしていたのではないか。したがって、博多も中原も奴国に属していたとみてさしつかえないように想像される。

伊都国については、特に《一大率《いちだいそつ》を置き……諸国之《これ》を畏憚《いたん》す。常に伊都国に治す》《皆津に臨みて捜露《そうろ》し、文書・賜遺の物を伝送して女王に詣《まい》らしめ、差錯《ささく》するを得ず》とある。

この津は唐津あたりで、異人の入って来るのをここでチェックするのであろう。その裏は山地であるため、ここで食い止めるということは、敵を海へ追い落とすことになる。外国人はチェックを受けたうえで玄関を通らせて、奴（佐賀）のほうへ向かうということになろう。そうすれば、沖縄＝邪馬台国までは害が及ばないはずであるからだ。そういうことから、わざわざ末盧《まつら》から陸行させるのではなかったろうか。

これは沖縄に残る〝ヒンプン〟（魔よけ）にも似ている。門と母屋との間にある目隠しの塀のようなものだ。つまり、ここで外からの魔をよけておいて、直接、邪馬台国に危害が及ばぬようにとの配慮があったのかもしれない。

したがって、末盧は北岸一帯、伊都も一点ではなく糸島から佐世保、福岡の主要港に接する帯状域全体を指すとしたらどうだろう。次章に詳述するが、九州にある厳木《きゅうらぎ》の地も伊都国に属するのだろう。同様に大和《だいな》の地は奴国に属するのであろうか。現在の佐賀の中心といってもよいだろう。奴国は戸数二万以上であったという、当時の九州北部の大都市である。

明らかになった〝倭国〟の全体像

こうしてこれらの国の配置を見直すと、伊都がなぜ末盧から離れたところにあるかが理解できる。九州の大陸に面したところから内陸に向かってくると、当時の築紫平野（奴国）との間に筑紫山系があり、これが有明海側の佐賀平野と北側の海岸地域との境界をなしている。当時、松浦半島に大陸から渡って来た人々が、唐津方面から有明海へ抜けようとすると、厳木が分水嶺となる。ここでチェックすれば佐賀平野へは入れないことになる。したがって、ここからは伊都でここが武の中心地ともなり、また外国からの来訪者が一時とどまるところとなってよい。ちょうど、税関を通るようなものである。

そして、筑紫山系という関門を通り抜けると南に広大な築紫平野が開け、そこには大都市・奴国があったのである。この一部、あるいは中心が今の吉野ケ里にあたるはずだ。ここは、福岡方面から侵入してくる者を見張るところにもあたる。が、なんといっても大きな役目をしたのは、筑後川を経て有明海へ抜ける要所ということであろう。したがってまた、有明海から来る賊をここで防がねばならないという役目もあったのだろう。そして、不弥はまさに、有明海への玄関なのだ。

つまり、倭の国々は広域的な連なり、少なくとも女王の治める三十ヵ国はネットワークを持っていたことになる。

実際、『隋書』「倭国伝」に、邪馬台国時代の倭国の国境は《東西五月行、南北は三月行にして、各々海に至る》とある。ここでの東西五月、南北三月の行程というのは、相当広範囲であるということを示している。そして、倭国の周辺が海に囲まれているということも重要である。

この南北三月というのは、以下のように算出されたと思われる。不弥国–投馬国の水行二十日に、投馬国–邪馬台国までの水行十日と陸行一月をプラスすると二ヵ月になる。それに末盧国から不弥国までの七百余里に狗邪韓国から末盧までの日程を加えてほぼ三ヵ月になる。これが、南北三月であろうと思われる。

一方、東西五月というのはどういうことであろうか。たぶん、裸《ら》国までの一年行から算出されたものではあるまいか。

以上の範囲は、九州内に倭国が収まるにしては大きすぎる。畿内説ではぐるりを海で囲まれているという記載とは合わない。ところが沖縄説では、98ページの図9に示すように、広い面積でしかも国境が海で取り囲まれていることとすこしも矛盾しない。

また、九州や畿内に邪馬台国があるとすると『魏志倭人伝』の《女王国の東、海を渡る千余里、また国有り、皆倭種なり》の記述と矛盾が生じる。

つまり、邪馬台国としたところから東は、すぐに海になるということを示しているからである。さらに、前述した《(帯方)郡より女王国に至る万二千余里》とあることも、沖縄＝邪馬台国説に立てば、図9に示されるような帯方郡から邪馬台国までの直線距離＝一万二千里ととることができるのである。

《周旋五千余里》にみる、キーとしての沖縄

ほかに、同じく『魏志倭人伝』の《倭の地を参問するに、海中洲島の上に絶在し、あるいは絶えあるいは連なり、周旋五千余里ばかりなり》という記述もうなずけるものとなる。

この「周旋」は、『漢和大事典』には「周りめぐること」とある。この場合、島をまわりめ

ぐったととると、先人の指摘にもあるように、うねうねと続くという意味で列島の長さが表現されているととれる。

ちなみに、図8において短里で、沖縄本島の北端から九州の南端までほぼ五千里となる。この周旋五千余里というのは、使者がたまたま参問できた倭国の主要部についての状景とみられないであろうか。そうだとすれば、このことは、海上に島が点々としている琉球列島に都城があることと矛盾しない。

ところが、従来説に以下のような計算がある。この五千余里を狗邪韓国までの一万余里に機械的に足して万二千余里とし、したがって、九州北部から邪馬台国までの距離は、万二千余里から帯方郡より末廬国までの距離一万余里を引いた二千余里となる。それを短里でとると、邪馬台国は九州内にあるという見方がある。しかし、それでは『隋書』の東西五月、南北三月の行程に比べるとあまりにも短距離になり、スケールが合わないのである。

ところで、魏の使者は邪馬台国まで少なくとも二人は行っているはずだと私は考えている。その一人は梯儁《ていしゅん》であり、『魏志倭人伝』に正始元年（二四〇年）《倭王に拝仮し》とあることから、梯儁が邪馬台国まで行って卑弥呼に会っている可能性は高い。そのため、日程のみの記事は梯儁によるという推定があるくらいなのだ。

次いで正始八年（二四七年）、《張政《ちょうせい》等を難升米《なしめ》に拝仮せしめ》とある。したがって、張政も邪馬台国まで行っているはずである。

なかでも張政は卑弥呼に拝復したあと、卑弥呼の葬儀を見、台与の立つのを確認して中国に帰っている。どう少なくみても二～三年、あるいはそれ以上にわたり、かなり長期間、倭国に滞在していたようである。そのため《周旋五千余里》というのは、実際に張政が女王国までの往復に際して、海上から五千里ほどの列島の連なりを記した可能性がある。これは後出（88ページ）の白崎昭一郎氏が指摘するものだ。

それを、倭に来なかった陳寿が編集した。しかし、そのときはすでに用意されている中国の地図上に、これまでの報告から倭国をプロットしながらまとめたものと想像できる。

このような〝海上の道〟、ひいては沖縄の存在が、これまであまりにもないがしろにされてはこなかっただろうか。沖縄は遠い、文献や遺物が少ない、といったことに拘泥《こうでい》せず、ありのままにみることも必要ではないだかろうか。倭の連なり、ネットワークをふまえれば、当然、東アジアのネットワークが見えてくるはずだ。そのとき、沖縄はまさにキーとなる。

第2章　海路、邪馬台国ネットワーク圏に入る！

まさに会稽の東冶の東にあるべし

東アジアのネットワークのなかで邪馬台国を考えていくとき、私は［第1章］に一部示した『魏志倭人伝』中の次の一節「夏后小康《かこうしょうこう》の子、会稽《かいけい》に封ぜられ、断髪文身《だんぱつぶんしん》、以《もっ》て蛟龍《こうりゅう》の害を避く。（中略）其の道里を計るに、当《まさ》に会稽の東冶《とうや》の東に在るべし」を重視したいと思う。

会稽の東冶――つまり、現在の中国福建省の閩侯《びんこう》の地の東にあるというのである。そこから素直に東にたどったところの日本は、沖縄なのだ。閩侯はほぼ北緯二十六度にあり、沖縄県の県庁所在地である那覇市は北緯二十六度十分にある。

ここですこし紛らわしい話になるが、前章にふれた〝東治〟ではなく〝東冶〟が正しいとする古田武彦氏の説を検討しておこう。

古田氏はこれも前章に述べた「邪馬壱《やまい》（一）国」など、原典の精査に基づく新たな提唱をもって知られる。そして、氏によるとまず秦《しん》代の紀元前二二一年、全国に三十六郡（「五十郡」ともされる）が設置された。そのうち会稽郡は、現在の江蘇《こうそ》州長江南岸・安徽《あんき》省南東部・浙江《せっこう》省北部および上海市西部に相当した地域となる。また、「会稽は、夏王朝の始祖・禹帝《うてい》が諸侯を集めて『五服の制』を定めたところであり、その地は夏の都より見て東の地ゆえに『会稽の東治《とうち》』という。かつまた、夏后少康の子が統治した地でもある。倭人のいるところは、まさに中国にとって由緒ある会稽郡東治県の東にある」とする。

ついでながら、秦による郡県制は現在の日本の行政区分の制度と逆で、郡のほうが広域である。また、その名の変更もたびたびあり、『三国志』中の『呉志』に〈(永安三年)会稽郡を以て建安郡と為す〉と記され、今の福建省は初め会稽郡に属していたが、永安三年(西暦二六〇年)に東治を含む会稽郡の南部が分けられて建安郡となっている。しかし、前章でふれた五世紀の『後漢書』の編者・范曄《はんよう》の時代にはすでに建安郡は廃され、東治は再び会稽郡に属していた。

范曄はこの史実を調べないまま彼の生きた時代から類推し、三世紀後半の地理を「会稽東治は、東治の誤り……」としてしまったようなのだ。

だが、この范曄の歴史家としてのミスは、結論として「夏が統治していた会稽の東側の地域の東方に倭人の国=邪馬台国がある」という図式に変更をもたらすものではない。やはり、51ページでふれたように風俗・習慣・産物等は儋耳《たんじ》・朱崖、すなわち今の海南島と同じという『魏志倭人伝』の指摘を重んじると、「琉球列島=沖縄に邪馬台国があった」とするのが妥当なものであることに変わりはない。

では、なぜこの事例を取り上げたのか。それは「会稽の東治(東冶)」がどのような意味を持つのかにかかわってくるのであり、倭人のいるところは「夏の少康の子が統治した地＝中国にとって由緒ある地の東にある」ことが重要であることを言いたいがためである。それはまた、詳しくは［第3章］からに述べる〝邪馬台国の成立〟を物語る海底遺跡、さらには［終章］に述べる〝邪馬台国の成立以前〟を物語るミッシングリンク（失われた連鎖）ともつながっていく。

ここでは、沖縄（琉球）には日本史の秘められた鍵が存在しているとだけ記し、［第6章］において《夏后小康の子……》の一節の全文を掲げ、具体的に明らかにしていこう。

ともあれ、こうしたこともふまえてか、佐久田繁氏も『カラー沖縄／ニライの海』の中で、「倭人の国は、素直に考えれば琉球列島にあたります」としている。

それではなぜ、沖縄が邪馬台国の比定地として、これまでまともに取り上げられることがなかったのだろうか？　ひと言でいえば［序章］でもふれたが、文献や遺跡の不在がおもな要因である。しかし、拙著の『南海の邪馬台国』でも記した（また、同じく徳間書店刊の『ムー大陸は琉球にあった！』に記した）ように、決してそれに見合う文化がなかったわけではない。いや、むしろ日本本土に先行する文化圏が存在したはずなのである。

さらに今、海底遺跡やその他の遺構・遺物も次々と発見されてきている。沖縄＝邪馬台国説は、十分に考証するに値するのである。いや、むしろ本格的な調査の目を一刻も早く向けるべきなのである。

じつは、これまでにも一九七五年には倭人伝研究会などによって復元された古代船「野性号」が、当時の状態のままで韓国西海岸を航走して、邪馬台国への探査を行なった。また、一九八七年には琉球大学の学生たちが木崎甲子郎教授（当時）の構想に基づき、加藤祐三氏や私も協力して帆を使ったドラム缶イカダ「ニライ・カナイ号」で沖縄の那覇から鹿児島への漂流実験を行なうなど、実証的な探査が行なわれてきている。そこで、私も二〇一〇年、確かな裏づけをもって邪馬台国へと向かう〝紙上探索〟の帆を上げることにした。

古代の〝船〟を考える

〝帆を上げる〟としたが、実際にも古代の交通幹線に船の果たした役割は大きい。一般にいわれるように、旧石器時代には船らしい舟はなかったと考えるのが順当であろうが、やや下った縄文時代になれば、丸木舟のようなものかどうかはともかく、船は確実に存在していた。

玦状耳飾《けつじょうみみかざり》という遺物がある。石川、富山、新潟県など日本海沿岸にたくさん出てくるものだが、それと非常によく似たものが中国の江南地方にも出ていて、両方ともほぼ年代が一緒である。縄文の早い段階でも、海上を船を使って移動していたことが考えられるのだ。

これを証明するかのように、中国の広州で、秦かあるいは前漢のころの造船所が発掘されており、かなり大きな船が造られていたことが確認されている。沖縄に土器が伝わった時代には、想像以上に船が発達していたことだろう。

日本でも、縄文中期～晩期には長さ八メートルもの丸木舟があったことが、滋賀県や千葉県からの出土品でわかっている。

ついでながら、国分直一氏の『東シナ海の道』（法政大学出版局刊）ほかによると、丸木舟、つまり単材刳舟《たんざいくりぶね》には鰹節《かつおぶし》形と割竹形の二型式が知られているが、日本の縄文時代においては鰹節形が圧倒的に多く、弥生時代から古墳時代にかけては割竹形の刳舟がきわめて多くなる。現在でも、琉球から種子島にかけての刳舟には割竹形が見られるほどだ。

記録によれば中世の初めごろから幕末まで、同じ割竹舟が使われていたといわれる。ただし幕末以降のそれは、板を張り合わせた構造舟になっている。今も沖縄地方の伝統漁業に使われる「サバニ」が、これだ。

さらに思いをはせれば、南方越人の軽舸《けいか》（船首の切りたった舟）、ベトナムのドンソン文化時代の舟や日本の弥生時代の鳥形舟のようなものは、どのような舟形であったろうか。『八重山由来記』には、三日月形の船を造ったという記述もある。

いずれにしても、沖縄本島をはじめとする南西諸島では、九州と共通する爪形文土器が出土することから、少なくともほぼ六千年前から航海が行なわれていたことが推定できる。

沖縄の考古学者である多和田真淳《しんじゅん》氏が明らかにしたことだが、沖縄には三千二百年くらい前に、華南方面から宮古馬に似た小型馬が入ってきている。また、沖縄最古の沖縄市の八重島貝塚や中城の荻堂貝塚からは、同じく華南からと思われるブタを先祖とする琉球イノシシの骨や牙がたくさん出ている。

こういった縄文晩期のころの家畜の運搬については、サバニを二隻ないしは三隻並べて緊縛し、場所を広くして安定度を高くしたようだ。

帆の登場が、海上のネットワークを可能にした

そして、当然、帆が考えられてくる。東海大学教授であった茂在寅男氏は『日本書紀』中に「帆」という字が出てくることを指摘するが、中国やフェニキア、アラビア、ギリシアでは紀元前一〇〇〇年ごろから帆が用いられている。

実際、今の私たちが想像する以上に、古代の航海術と造船技術には優れたものがあったようだ。このことはまた、前述した行動範囲の広さを十二分に裏づけている。ことに古代中国のそれはすばらしく、山田慶児氏の『日本の古代史』（集英社刊）をみると次のような例が挙げられている。

〈中国の航海技術を発展させたのは、むしろ南方の異民族（海洋民族）であった。

これら海洋民族によって、既に紀元前六世紀中葉、揚子江の中・下流域には強力な水軍が成長し、前五世紀初頭には、呉の「舟師《しゅうし》」が海路から斉（山東）を攻撃した。

呉はその後、南（会稽地方）の越に滅ぼされるが、この呉・越の地方はその後、長く海軍と海上貿易の中心となった。

前四〇〇年代の戦国時代末になると、擢《かい》と舵《かじ》を備えた楼船（二階建て船）が登場する。

同・戦国時代。山東にあった斉の水軍は、渤海《ぼっかい》湾の沿岸航路を使って戦っていた。

前二一九年。秦の「始皇帝」は、楼船の士を派遣して百越（広東）を攻めた。

不老長寿の神薬を捜すべく、始皇帝の命を受けた斉の方士――医者・呪術師の徐市《じょふつ》は、神仙郷を目指して、三千人の男女他を伴って楼船で東海に向かって出発した。

前漢・武帝の紀元前一一二年。江淮以南の楼船艦隊十万人が南越（広東）を撃ち、同・一〇九年には、兵力・五万の楼船艦隊が斉から潮海湾を経て王険（平壌）に向かい、朝鮮王を撃った。

紀元後四二年。後漢の光武帝の楼船艦隊は、交趾《こうし》（ベトナム）まで遠征した。〉

つまり、中国では『魏志倭人伝』が書かれるはるか以前から巨大な楼船を所有しており、相当進んだ航海技術を持っていたのである。

当然ながら、卑弥呼の登場する三世紀までには、彼らの海洋知識・技術は、後述するようにさらに進んでいたものと考えなければならない。

このことはつまり、『魏志倭人伝』の方角・里程の記述の信憑性《しんぴょう》がきわめて高いものであることも示している。なお、ここに出てくる医者・呪術師の徐市は、日本では徐福と呼ばれる人物であり、徐福の渡来伝説はのちほど詳しく紹介しよう。

「水行一月」で百二十短里のスピードが出た

ここで、『魏志倭人伝』のいう「水行」を考えてみよう。七～八世紀の唐の宮人の公務での旅行の規定（『唐六典《とうりくてん》』）や、九～十世紀の日本の調庸物運脚《ちょうようぶつうんきゃく》の所要日数の規定（『延喜式《えんぎしき》』）などからの類推では、黄河・揚子江以外の河川を重船（荷を積んだ船）でさかのぼるのが一日四十五里、下るのが七十里とされている。

ちなみに、山尾幸久氏は「三世紀ごろの沿岸海上交通では人力のみによる場合、徒歩とあまり大きな違いはなく、平均すれば一日四十里（長里）程度」と想像している。仮にこれに従い、一里＝四百二十メートルで計算すると狗邪韓《くやかん》国から末盧《まつら》までは船で走りづめで十八日、陸の分を加えると移動しっぱなしで二十二日かかるということになる。

この計算を、投馬国から邪馬台国までの「水行十日」にあてはめると四百長里、短里にすると一千七百二十短里となる（59ページ参照）。どうもあまりバランスがよいとは思えない。実際の船のスピードはもっと出たのであろう。

それでは、白崎昭一郎氏が研究誌『邪馬台国』十二号に発表した「水行は一日九十里」説をとるとどうなるか。約四千短里となり、だいぶバランスがとれてきた。しかし、私は実際には、一日百二十短里以上のスピードで走ったと考えている。このスピードは、帆を使用すれば可能である。

ついでながら、「水行」は沿岸航海で、渡海とは区別すべきであるとの説がある。「邪馬台国＝沖縄」説には一見ネックとなりそうだが、『隋書』「東夷列伝」や『文献通考』「四裔考」に、〝琉求〟国には「水行五日」とあり、「水行」を沖合航海に使った例があることを指摘しておこう。

「水行」の方程式が解けた――島伝いに目標を目指しての航海

水行＝沿岸航海説は「乍《あるい》は南し乍は東し」といった記述からきているものだが、具体的な航行にかかわる論はあまりみうけられない。実際のところはどうなのだろうか。

先の茂在氏は、陸を見ながらの航海でどれほどの視界が得られるかについて、次のようにいう。

〈標高hメートルの物標を、海面上の眼高Hメートルから認められる最大距離K海里を求めるには、

$$K = 2.078(\sqrt{h} + \sqrt{H})$$

となる。もし、眼高四メートルとすると、目標の山の標高が九百メートルあれば、六十六・五海里《カイリ》、すなわち二百十三キロまで見えることになる〉

ここから眼高四メートルの仮定では、たとえば対馬の矢立山は六百四十九メートルあるので、五十五海里（百二キロ）以上の距離からこれを十分認めることができる。次の壱岐の山は最高二百十三メートルと低いが、それでも三十海里（五十六キロ）以上の距離から見える。したがって、朝鮮海峡も対馬海峡も三十海里前後の幅しかないので、晴天でさえあれば、だいたい目標を失わずに航行できたといえるわけだ。また、烽《ほう》（のろし台）も使用していた可能性がある。たとえば沖縄を例にとると、伊是名《いぜな》島に飛脚森、火立ワンタと呼ばれるところがある。ここは古くから、唐通いの唐船、薩摩通いの楷船の見張り所で、船が見えるとのろしをあげ、伊平《いへ》屋《や》島からの通報を今帰仁《なきじん》または伊江《いえ》島へ通報する場所であった。

じつは琉球の島と島の間は久米島から九州本土まですべて五十キロ以内で、ましてや倭国の

時代は島々の面積はそれぞれ何倍も大きかったのだ（図8上）。島を見ながらいわゆる沿岸航海のできるところなのである。そうしてみると、沖縄から狗邪韓国、その逆へもすべて前述した〝水行〟でよいわけだ。

伊平屋島から北方薩摩航路の沿線に碁石のように並ぶ列島は「道の島」と称される。北から南へ鹿児島の山川《やまがわ》―硫黄島《いおうじま》―口永良部《くちのえらぶ》島―中之島―諏訪之瀬《すわのせ》島―悪石《あくせき》島―宝島―大島西古見《にしこみ》―徳之島―沖之永良部《おきのえらぶ》島―沖縄の伊平屋島と連なるのだ。そして、これはまさに《女王旁国》の連なりである。琉球の古謡を集めた『上り口説き』に、「立つる烟《けむり》は硫黄ケ島《いおうがしま》」とあるが硫黄島は火山島であるのでよい目印となったであろう。

一方、先島と総称される宮古・八重山の二群島についてはどうだろうか。後述する「東鯷《とうてい》」とされた地と比定したこの二群島は、そこにある標高二百三十一メートルの宇良部《うらぶ》山（与那国《よなぐに》島）が眼高を三メートルとしても三十五海里の距離からは見えることになる。日本最西端にある与那国島が台湾からはだいたい六十八海里であり、台湾を視界内に保っている間にこの宇良部山を発見できる計算となる。したがって東進してきた船は、宮古島までは目標を失うことはない。

しかし、これより先の距離は約百八十海里もある。宮古島と沖縄本島の間では目標を完全に失う。航海の三分の二ほどは目標なしで進まねばならない。さすがに古代船としては、これだ

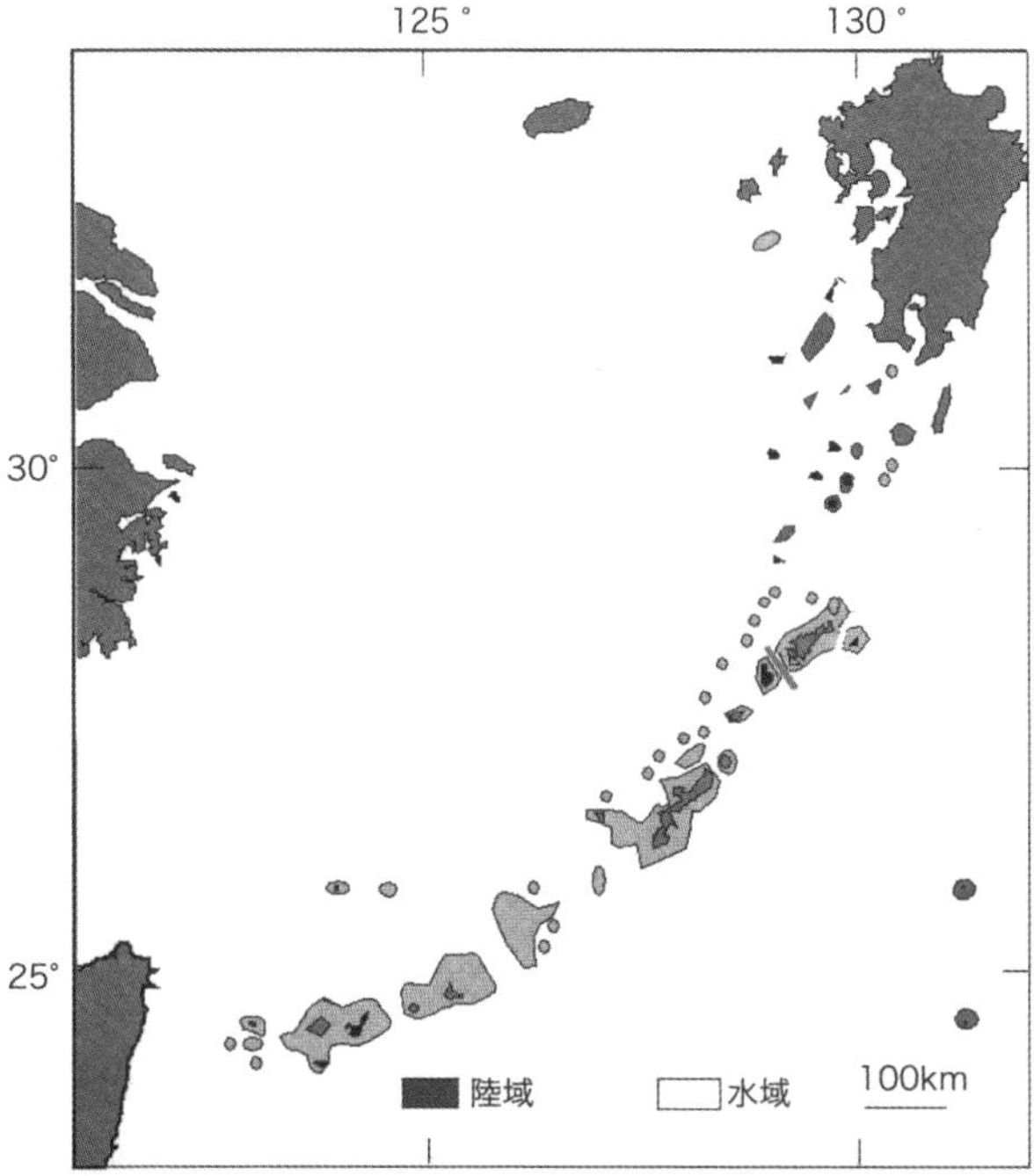

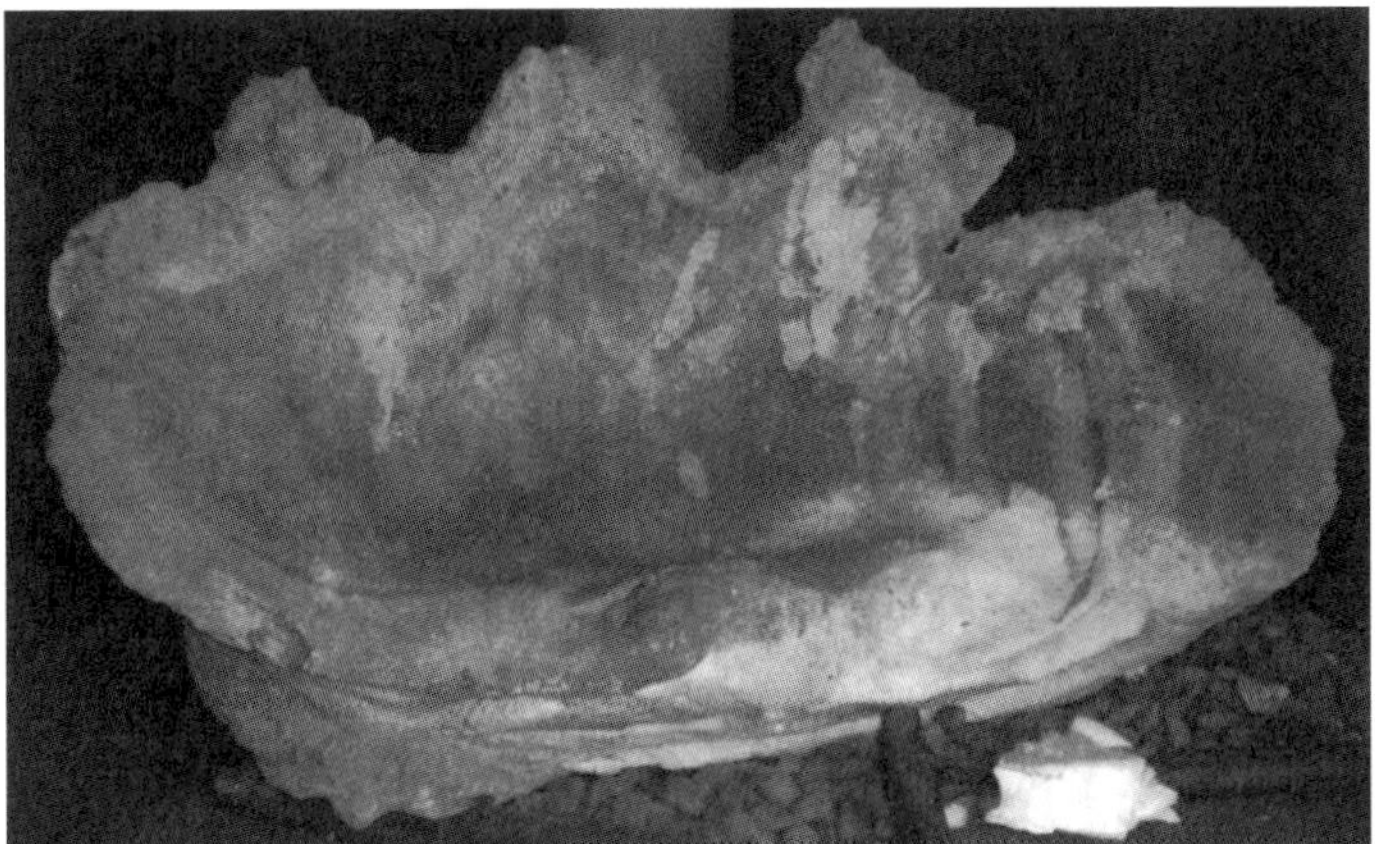

図８　五千年〜一千年前の九州—南西諸島の古地理図とそれを証明する六千年前に生存したオオシャコガイ化石（下の写真）（仲本勝男氏蔵）

けの距離はたいへんであったと思われ、宮古・八重山と奄美・沖縄とは今でも文化圏が異なる。私が後述する東鯷を先島諸島にあてたゆえんがここにある。

沖縄への『魏志倭人伝』の道しるべ

こうして、邪馬台国＝沖縄へと向かうにあたり、安本美典氏が『卑弥呼は日本語を話したか』（PHP研究所刊）において、「暫定的《ざんてい》」としながらもうなずける通則を示していることを挙げたい。

①地名は、三世紀から八世紀に至るまでほとんど変化していない。

②それは、八世紀の「万葉仮名《まんようがな》の訓み方《よ》」によってかなりの程度読める。

というものだ。①については、万葉仮名の読み方そのものが、漢字の上古音に基づくものと中古音に基づくものとの混ざりがあるからだという。なお、上代特殊仮名遣いの甲類、乙類の区別については、これに対応する中国語の音が系統的に異なっているため、これも検討に加えたい。これらをベースとして私なりに考えていった。

まず『魏志倭人伝』の国名・地名対比表を作成して94～95ページにあげた。琉球の地名については、東恩納寛惇《ひがしおんなかんじゅん》氏の『南島風土記』（第一書房刊）が信頼に足るものとされており、私も

利用させていただいた。これらから、

①94～95ページの表1を見て初めに思うことは、奴（ナ）が基本となったものが多いことではないだろうか。倭人伝の特徴であるそれは、琉球列島に認められる地名の特徴ともなっているのである。南から北へざっと見てもカナ、ナ、オナ、チナ、カナサキナ、タカナ、ミナ、ナとある。このほか『魏志倭人伝』から離れても、奄美大島の名瀬などがある。おそらく「ナ」というのは陸地を表し、新陸地を見つけるとよくナの名を冠したのであろう。その意味では、奴国は倭の国々の実質的中心地であることが考えられる。

②二字が基本となっている。

③アーとかオーが基本となった国名もある。したがって、前述した（23ページ）外間氏の指摘するアマミクによる地名とも関連しているかもしれない。やはり海人によって付された可能性があろう。ただし、外間氏の推定するアマミク渡来は四世紀以降とされる。このことはあとに詳述する。

④「山《やま》（さん）」という名・意味も基本のうちの一つである。徳之島の古名には「さん」のつくものが多数ある。竿之花《そんのはな》の竿（一般にはさお、琉球方言ではソー）は高貴なものを表すそうだが、これは「山《さん》」からきたものとは違うだろうか。これについてもあとで詳述しよう。

⑤よく似かよった音の地名が近くに集中する傾向がある。これも地名比定上、役に立つかも

	倭人伝記載の国名／読み		現在地（読み・解釈）
女王に非統属の倭国	狗奴	くな	百名（ひゃくな）、久米島（くめじま）：沖縄島南部
	拘奴	くな	北大東島
	侏儒	しゅじゅ	南大東島
	裸	ら	マリアナ諸島のいずれかの島（ないしエクアドル？）
	黒歯	こくし	〃
会稽（かいけい）の海外	東鯷（とうてい）人の20余国——先島・尖閣諸島 ①宮古島、②池間島、③伊良部島、④来間島、⑤多良間島、⑥水納島、⑦石垣島、⑧竹富島、⑨小浜島、⑩西表島、⑪黒島、⑫新城島、⑬中御神島、⑭波照間島、⑮与那国島、⑯魚釣島、⑰下地島、⑱北小島、⑲南小島、⑳久場島（黄尾島）、㉑大正島（赤尾嶼）		
	亶州	たんしゅう	沖縄本島／中心として北谷
	夷州	いしゅう	八重山諸島

（注）『魏志倭人伝』の各国の読みは筆者による。＊は解釈を施したもの。
また、＊＊は方言・古語・琉球音によるものを示す。

表1　倭国とその周辺地名対比

	倭人伝記載の国名／読み		現在地（読み・解釈）［関連］「遺跡等」
女王の統属する倭の三十ヵ国	狗邪韓	くやか	韓国・釜山付近
	対海	つしま	対馬（つしま）
	一大（支）	いき	壱岐（いき）
	末盧	まつら	松浦（まつうら）
	伊都	いと	厳木［伊都岐木］（きゅうらぎ）［*いとききぎ］
	奴	な	神崎（かんざき、かなさき）「吉野ケ里遺跡」
	不弥	ふめ	久留米（くるめ）
	投馬	つま	薩摩（さつま）：鹿児島
	斯馬	しま	島原（しまばら）
	己百支	いはき、いわき	樋脇（ひわき）
	伊邪	いや	屋久［夷邪久］島（やく［**いやく］しま）
	都支	たけ	竹崎（たけさき）：種子島「広田遺跡」
	弥奴	みな	水垂ノ瀬（*みなたるのせ、みったるのせ）：口之島
	好古都	こうこと	高元崎（こうもとさき）：中之島
	不呼	ふわ	諏訪之瀬島（すわのせじま）
	姐奴	たかな	トクノヲ崎（とくのおざき）
	対蘇	たいさ	大瀬崎（*たいせざき、おおせざき）：宝島「長洗遺跡」ほか
	蘇奴	さん、さな	佐仁（さん）：奄美大島「マツノト遺跡」
	呼邑	おお（をを）	大島（おおしま）：奄美大島
	華奴蘇奴	かなさきな	金見崎（かなみさき）：徳之島「ウスクバテ遺跡」
	鬼	き	喜界島（きかいじま）
	為吾	わか	赤崎（あかざき）：与論島
	鬼奴	きな、**ちな	知名（ちな）：沖永良部島
	邪馬台（壱）	やまたい	沖縄島
	邪馬	やま	山原（やんばる）他＝沖縄島の総称でもある
	躬臣	くんじん	喜如嘉（きじょか、**きざは）
	巴利	**はに、はり	羽地（**はにじ、はねじ）
	支惟	きゆ、ちゆ	許田（きょだ、**ちゅーだ）
	烏奴	おな	恩納（おんな、**うな）
	奴	な	那覇（*なー、なは）

しれない。

たとえば、九州のナ……中原《なかばる》、大和《だいな》、那珂《なか》

沖縄のナ……那覇《なは》、我那覇《がなは》、小那覇《こなは》

クナ・クメ…百名《ひゃくな》、久米《くめ》島

といった具合である。

⑥『魏志倭人伝』の各国の紹介は、ほぼ北から南へ述べられている。これはまた、前述した『海上の道』にいう「道の島」の順序である。

⑦邪馬台国＝沖縄説を仮定したとき、当然ながら連なりのある九州にも現在の地名の呼び方に沖縄と共通するものがなくてはならない。これはたとえば、九州の奴国の中原《なかばる》のように「原」を「ばる」と読むのは、沖縄の山原《やんばる》や千原《せんばる》とよく似ている。言葉の文化の共通性が見いだせる。

『魏志倭人伝』の行程を素直にたどる

これらの要素も、邪馬台国＝沖縄へと進む準備の一つととらえてほしい。紙上探索の〝船〟の行程については、『魏志倭人伝』に素直に従って（前出図2-(1)のとおりに）南下していく。『魏志倭人伝』には次のように記されている。なお、この読み下し文は石原道博氏編訳の『新

訂　魏志倭人伝』（岩波書店刊）をベースとし、地名の読みとともに著者の見解を加えた。

《郡より倭に至るには、海岸に循《したがっ》て水行し、韓国を歴《へ》て、乍《あるい》は南し乍は東し、その北岸狗邪《くや》韓《か》国に到る七千余里。始めて一海を度る千余里、対馬《つしま》国に至る。（中略）居る所絶島、方四有余里可《ばか》り。（中略）千余戸有り。（中略）又南一海を渡る千余里、名づけて瀚海《かんかい》という。一《い》大《き》国に至る。（中略）方三百里可り。（中略）三千許《ばか》りの家有り。また一海を渡る千余里、末《まつ》盧《ら》国に至る。四千余戸有り。山海に浜《そ》うて居る。草木茂盛し、行くに前人を見ず。（中略）東南陸行五百里にして、伊《い》都《と》国に到る。（中略）千余戸有り。世々王有るも、皆女王国に統属す。郡使の往来常に駐《とど》まる所なり。東南奴《な》国に至る百里。（中略）二万余戸有り。東行不《ふ》弥《め》国に至る百里。（中略）千余家有り。南、投《つ》馬《ま》国に至る水行二十日。（中略）五万余戸可り。南、邪《や》馬《ま》壱《い》（台《たい》）国に至る。女王の都する所は水行十日陸行一月。（中略）七万余戸可り》

理解しやすくするため、次ページに図９を掲げた。なお、同図は後述する〝邪馬台国ネットワーク〟の全体像を兼ねたため、ここで邪馬台国＝沖縄として図化されていることに反発を感じられる向きもあるかもしれないが、ともあれ読み進めていただきたいと思う。

さて、帯方郡（今のソウル付近）を船出して、壱《い》岐《き》に至るまでは誰でも一致する。次に壱岐から「末《まつ》盧《ら》国」へ着く。一般に、唐津付近とされている。これも誰もが松浦とする。ここでは特に壱岐から最短距離の呼《よ》子《こ》に着いたとした。

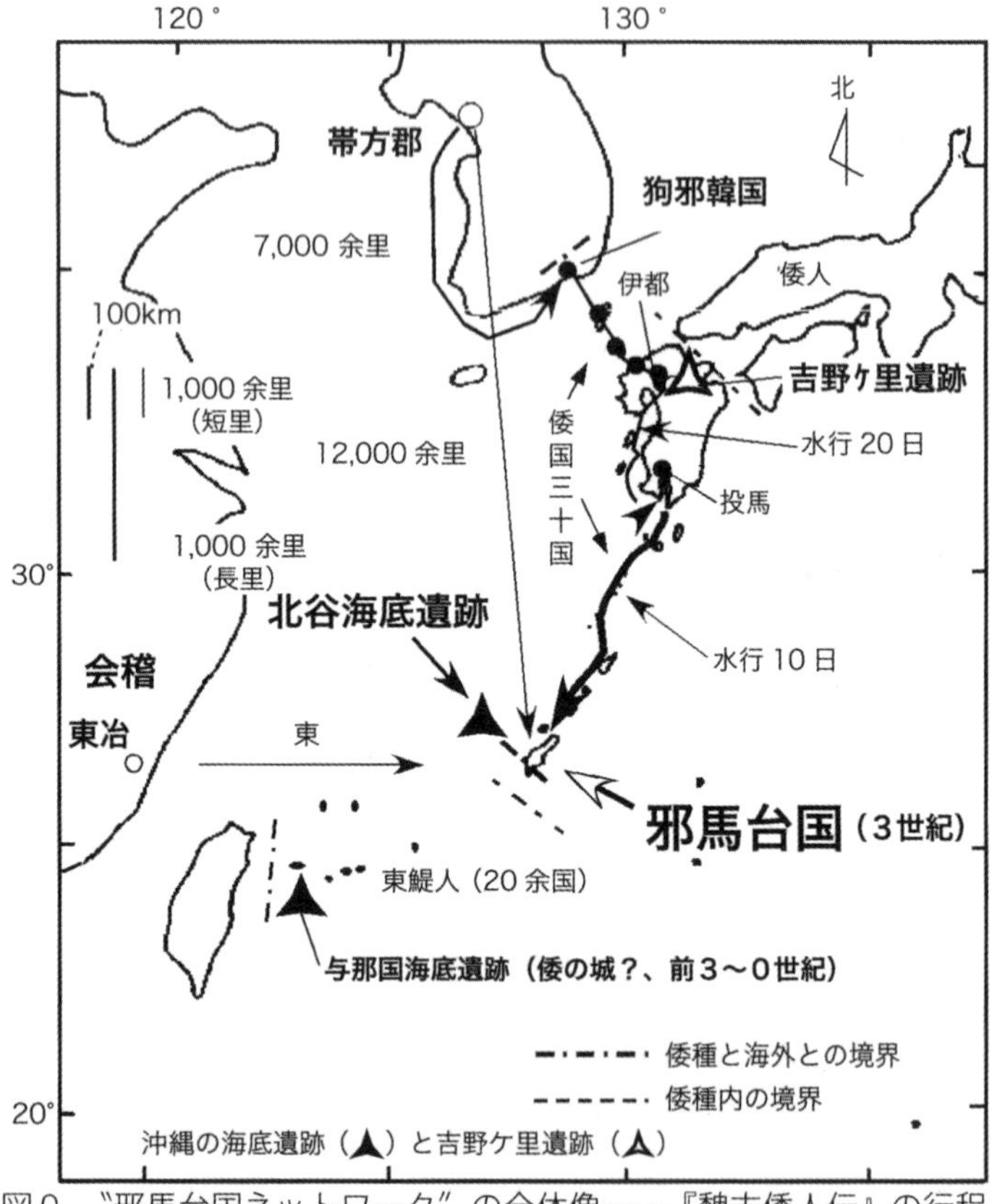

図９　“邪馬台国ネットワーク”の全体像――『魏志倭人伝』の行程を素直にたどったときに見えてくるもの

続いて、それより東南五百余里に「伊都国《いと》」がある。従来の説では恰土郡《いと》、現在の糸島郡深江付近というのが通説である。しかし、そこは距離的には悪くないが、東ないし東北となってしまう。そこで短里で東南に行くと、直線距離でおよそ三百里ほどのところに厳木《きゅうらぎ》がある。広島県に厳島《いつくしま》があるが、それは「伊都岐木《いときぎ》島」とも書く。そのため、厳木は伊都岐木と書けることから、この付近から始まる地域を伊都国にあてたい。また、ここより東南二百里ほど、すなわち呼子から東南にほぼ五百里のところには上和泉《かみいずみ》、下和泉《しもいずみ》と和泉とつく地名がある。時代が下れば、伊都を「いず」と読めるので、これが伊都にあたる可能性がある。したがって、厳木からこの付近までを伊都国と考える（図10〔次ページに掲載〕）。

伊都国は武（軍事）の中心で、見張り人もいたという。その東南百余里に「奴国《な》」があるとされる。これは従来は博多付近とされているが、これでは北に片寄りすぎる。一方、上和泉からほぼ東方に百里のところに中原がある。『魏志倭人伝』には東南とあるが、厳木からであれば一部、途中で東南方向にたどるコースができる。この付近を奴国に比定する。これは今の吉《よし》野ケ里《のがり》遺跡のある場所が中心であった可能性も、否定できない。

この遺跡の地は、新井白石の言を受けて《女王旁国》の「弥奴国《みな》」ではないか、という見方がある。ただし、白石は弥奴国を三根《みね》郡にあてはめているだけで、吉野ケ里の地域を弥奴国と述べたわけではない。しかし、ほかに史家の吉田東伍氏や井上通泰氏らの説を合わせると、吉

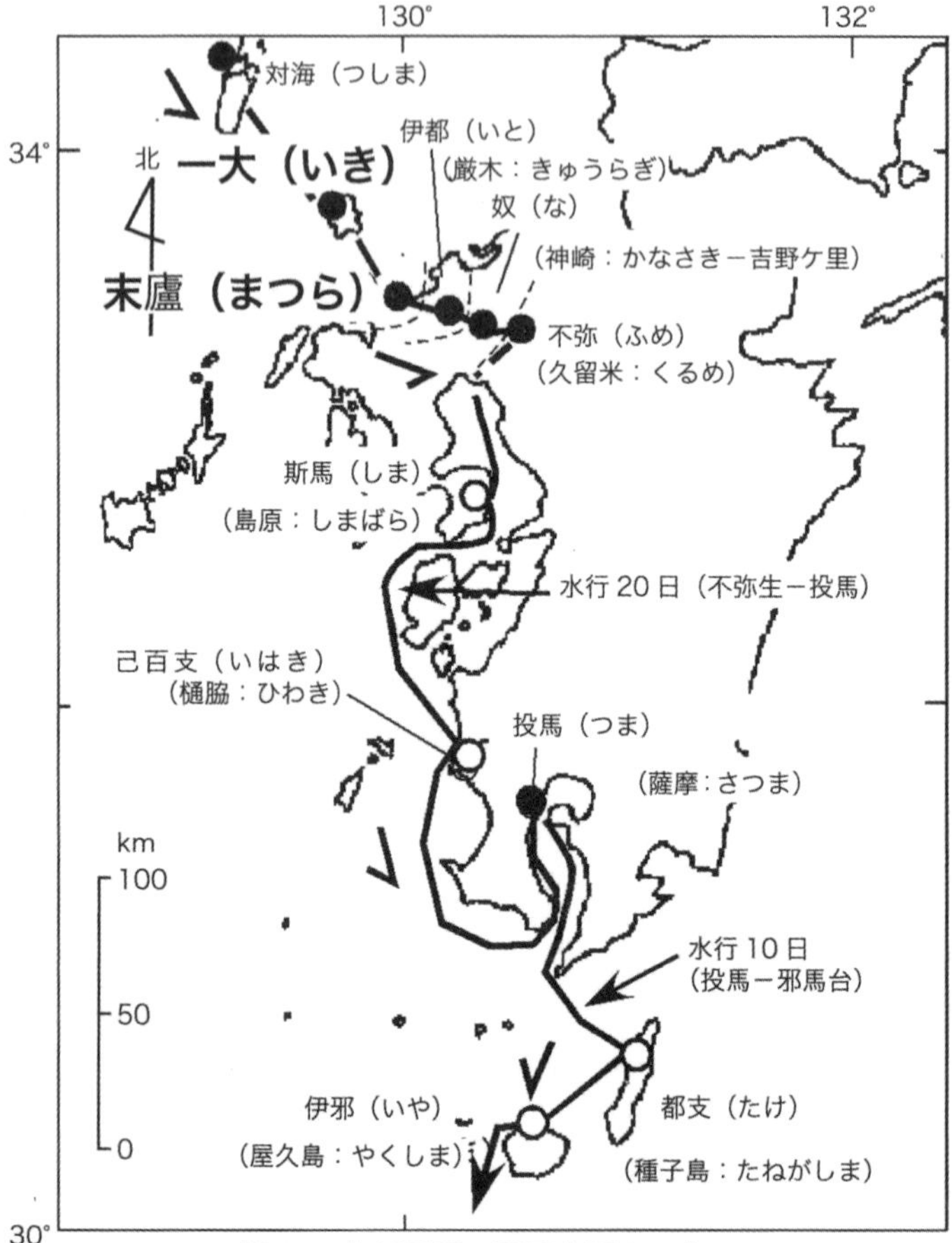

図 10　九州倭国－邪馬台国ルート

野ケ里の地イコール弥奴国説が成り立つようだ。また、安本美典氏は吉野ケ里を「華奴蘇奴国《かなさな》」にあてた。それは〝かなさきな〟と読め、それを神崎郡にあてたのである。

次に東方へ百余里行ったところに「不弥国《ふめ》」がある。地図上では、中原よりほぼ東方百里の方面には久留米がある。不弥は、一般には「ふみ」と読まれているが、ほかに古音で「ふめ」という読み方が可能であり、久留米の音はそれに近い。ここより筑後川から有明海に出て、水行に入ったと思われる。

投馬国から邪馬台国へ

これより《南、投馬国《つま》に至る水行二十日》とある。ここから南の地名については、「投馬国」の次の「邪馬台国」についても、南という字が重出してくるので、これは直線行路であるという白崎氏の見解に従い、さらに有明海を南下することにする。白鳥庫吉《しらとりくらきち》氏も、不弥国より女王国に至るには有明海の内海を航行することを原則としている。

有明海を水行二十日で南下するとどのくらいの距離に達するかは定かではないが、九州南方で従来より投馬に比定されている薩摩がある。戸数が《五万余》ということから、当域で最も人口の多い鹿児島にあてると、久留米から鹿児島まではおよそ四百キロほどの距離になる。内湾ないし沿岸航法にあたるので、時速一～二ノットで進むとすると、どこにも寄らなければ十日ほどで到着することになる。実際にはその間、何ヵ所かに寄りながら行くであろうから、二十日はちょうどよい時間であろう。したがって、これを投馬国にあてる。

そこから南へ《水行十日陸行一月》のところに「邪馬台国」があるとされるが、この部分について私は次のような解釈をしてみた。「南へ行くと邪馬台国に着く。女王の都する所はそこから十日の所」と区切るのだ。すなわち、薩摩から水行十日の距離にあり、上陸してから一ヵ月歩いていけるところにある。とすると、邪馬台国は必然的に奄美大島か沖縄島となろう。

ここにはもう一つ制約条件が加わる。『魏志倭人伝』中には「その道里を計るに、当に会稽の東冶の東に在るべし」と出てくる。前述したとおり、会稽の東冶とは、今の中国福建省福州の閩侯《びんこう》の河口にある都市とされている。その東方にあるということである。するとそれは、沖縄本島がより条件にかなっていることになる。ここでは、沖縄本島としておく（前掲の図9）。

鹿児島から沖縄本島まで約六百キロとして十日間で走るには一・四ノットの速度で航走すればいい。この速度が可能なことはすでに述べているが、一六〇九年の薩摩の琉球侵攻の際に「水行七日間」の例があることを付言しておこう。邪馬台国時代のスピードを二～三ノットで計算すると、鹿児島から沖縄本島まで五～七日で着く。したがって、水行十日というのは途中いくつかの島へ寄っても余裕をもって行ける時間となる。

　また、沖縄に着いて陸行一月かかるということは、南北百キロほどの沖縄本島では、邪馬台国はその南端近くにあることが望ましい。ここで、「邪馬壱」といわれていた例を尊重すると、邪馬台＝邪馬壱（一）とし、「一番大きな邪馬」あるいは「貴い邪馬」ととってよいだろう。すなわち「邪馬貴国」である。この邪馬台国の比定については、あとにおいてさらに検討を加えていく。

　さて、次に《旁国》についての記述を見ていこう。

《女王国より以北、其の戸数道里は略載す可きも、其の余の旁国は遠絶にして得て詳《つまびら》かにす可《べ》からず。次に斯馬《しま》国有り、次に己百支《いはき》国有り、次に伊邪《いや》国有り、次に都支《たけ》国有り、次に弥《み》奴《な》国有り、次に好古都《こうこと》国有り、次に不呼《ふわ》国有り、次に姐奴《たかな》国有り、次に対蘇《たいさ》国有り、次に蘇《さ》奴《ん》国有り、次に呼邑《おお》国有り、次に華奴蘇奴《かなさきな》国有り、次に鬼《き》国有り、次に為吾《わか》国有り、次に鬼《ち》奴《な》国有り、次に邪馬《やま》国有り、次に躬臣《くんじん》国有り、次に巴利《はに》国有り、次に支惟《きゆ》国有り、次に烏奴《おな》国有り、次に奴《な》国有り。これ女王の境界の尽くる所なり》

　この文章の意味は「女王国より以北の国について、戸数や距離のわかるものは簡単にそれらを記した。その他の旁国については、遠絶で詳しいことは不明であるが、次にその国の名を挙げる……」というものとなる。おそらく「水行」に入ってから通り過ぎた女王国に属する国を改めて北から挙げているために、こういう文脈になったのだろう。

すると、有明海に出て最初に突き当たる島原が「斯馬国《しま》」であろう（前掲の図10）。次に「已《い》百支国《はき》」は「いわき」とも読める。これはそのままの発音はないが、非常に近いと思われるものに鹿児島県の樋脇町《ひわき》がある。「ひ」は「い」に聞き違えやすい。この近くには南西諸島からも出土する市来《いちき》式土器で有名な市来があり、入来《いりき》などの似た地名がかたまっている。これらはすべて共通したもので地名からきたもの――という可能性があろう。

「伊邪国《いや》」は屋久島であろう。隋の大業三年（七〇七年）、小野妹子らが現在の屋久島以南の諸島の人々に対し「夷邪久人《いやく》」という言葉を使っている。

それから順に南に下る島々が以下のように当てはまるようにみえる（図11）。すなわち「都《た》支《け》」は、竹崎のある種子島にあてる。「弥奴《みな》」は水垂《みつたれ》ノ瀬《がせ》の水垂《みなたる》のある口之島、「好古都《こうこと》」は高《こう》元《げん》（たかもと）崎のある中之島、「不呼《ふわ》」は諏訪之瀬島、「姐奴《たかな》」はトクノヲ崎のある悪石島となる。

「対蘇《たいさ》」はむずかしいが、大瀬《おおせ》崎が「たいせ」崎と読め、宝島にあてる。「蘇奴《さん》（さな）」は奄美大島の北部に佐仁《さん》がある。また笠利《かさり》が何山《かさん》とも呼ばれ、よく似ている。したがって奄美大島北部にあてた。「呼邑《おお》」は大島で、奄美大島であろう。実際には奄美大島南部があてられよう。「華奴蘇奴《かなさきな》」は金見崎《かなみさき》のある徳之島であろう。

また「鬼《き》」は、喜界島となる。徳之島郷土研究会会長の徳富重成氏によると、喜界島の墓石

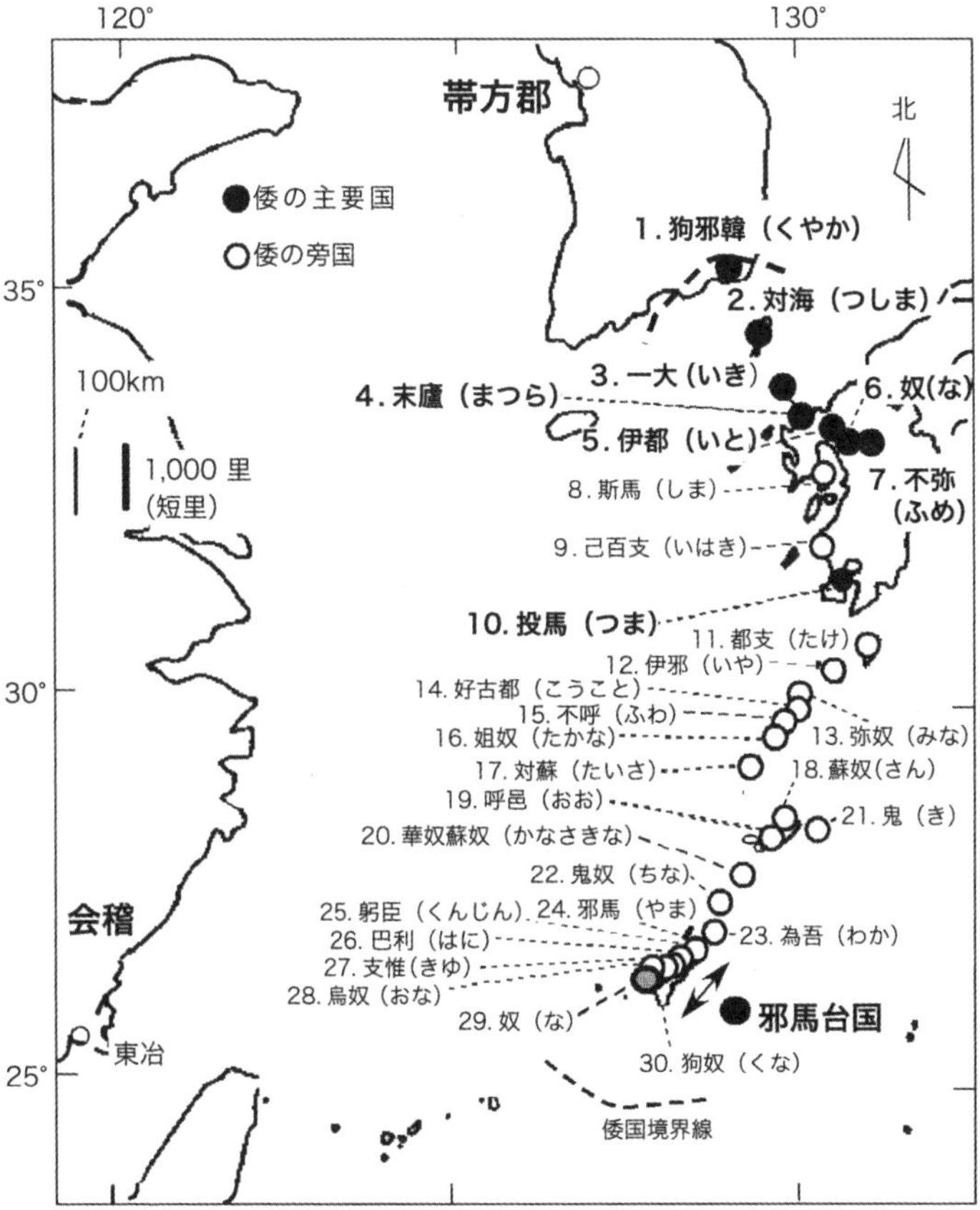

図 11　邪馬台国への南西諸島ルート

には「鬼ケ島」と彫り込まれているものがあるそうだ。まさに、鬼国であろう。次の「為吾《わか》」は、付近で近い音は赤崎《あかさき》であり、それは与論島にある。したがって、これは与論島にあてることができる。そして「鬼奴《ちな》」は、琉球方言からの読みとなる。そして、知名《ちな》のある沖之永良部島に比定できる。

とうとう沖縄本島に入る！

そして「邪馬《やま》国」に着く。この邪馬を、私は「邪馬台国」内の最北端の国を指すものととる(図12-(1))。この〝邪馬国〟を代表させて沖縄島を〝邪馬台国〟だとしたのではないか。沖縄本島北部は現在でも山原《やんばる》（やまばる）と総称されるが、これからとった可能性があろう。この山原は、かつても本島のかなり広い範囲を指し、のちに本島北部の呼称として山原と呼ばれるようになったと思われる。また、ここは伝説上のアマミクが上陸したところといわれ、宇佐浜遺跡がある。

ところで、『魏志倭人伝』には馬はいないと書かれている。この場合の馬はいわゆる軍馬を指すのであろうが、その軍馬のいないはずの国に「邪馬」と「馬」がついているということは、『魏志倭人伝』における倭国の各地名は音をあてたにすぎない、ということを意味していよう。

図 12

(1) 邪馬台国内の国名

(2) 近世沖縄の間切と現代沖縄の主要地名

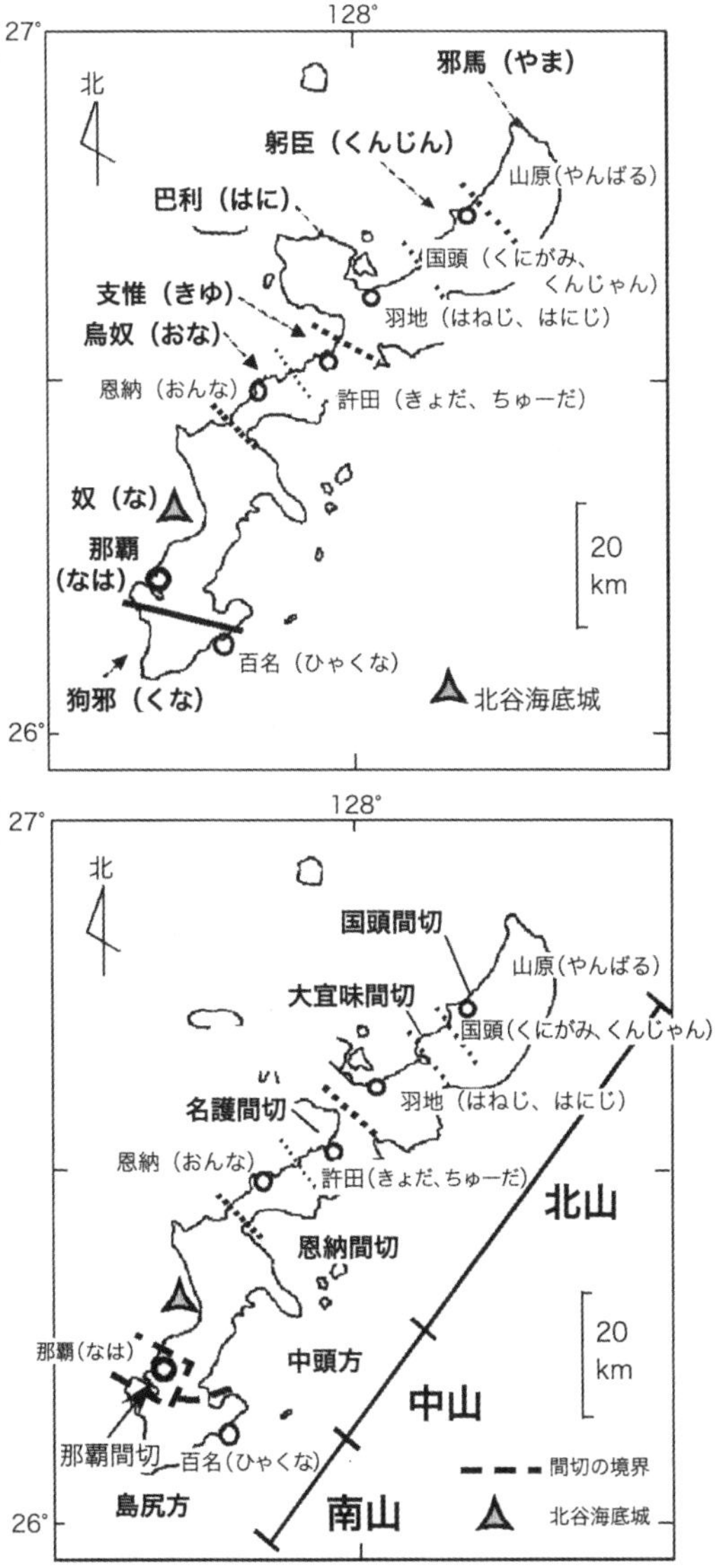

邪馬というのは山に通じ、邪馬国とは山深い聖山のあるところということであろう。

その次に「躬臣国《くんじん》」がある。おそらくは、これ以降が邪馬台国内の国名ととれる。するとこれは、沖縄本島最北端の国頭《くにがみ》（くんじゃん）に比定できる。それはまた「きじょ」あるいは「きぜ」とも読め、現在の喜如嘉《きじょか》の音にもあてられよう。地元では「きざは」という。切り立った場所とでもいう意味であろうか。

その南にある「巴利《はに》」は「はり」と読めるが、その読みが、琉球方言では「リ」は「ニ」に発音され「はに」となる。これは羽地《はねじ》（はにじ＝方言）であろう。普通は「はねじ」と呼ばれているところであるが、方言では「はにじ」あるいは「ぱにじ」という。この近くに、今帰仁《なきじん》按司《あじ》の伯尼芝《はにし》がいたという史実がある。

「支惟《きゆ》」はまた「ちゆ」とも読める。これは羽地の南にある許田《きょだ》が近い音を持つ。「きゅだ」が「きょだ」になったのではないか。この地の方言では「ちゅーだ」である。

「烏奴」は、中古音の読みで「おな」あるいは「うな」と読む。これに近い恩納《おんな》村に比定されよう。方言では「うんな」といい、『ペリー訪問記』にもウンナとかウナとみえている。ここでは現代の地名に近い「おな」としておく。

そして「極南界」の「奴《な》」は那覇《なは》であろう。古くから那波と書かれた。東恩納寛惇氏によると、「なは」の読みには島を意味する「なー」とか「にゃー」に通じるものもあるのだ。那覇市は現在においても、人口三十万人、県下第一の都市である。

以上の地名は、一部を除きほぼ北から南へ順序よく配列している。なかでも沖縄島に入ってからの地名は、現在の地名に非常によく対応するように思える。また、白鳥庫吉氏は「女王の都するところに行くのに陸行一月の間、国名を一つも記していないのは理に合わない」と指摘していたが、本解釈では邪馬台国＝邪馬国であり、それから女王の都する所まではクンジャン、ハニ、キユ、オナ、ナと五つの国があることになる。つまり、これも邪馬台国＝沖縄説にたてば、疑問が解消されたことになる。

琉球方言で地名を探る

ここで琉球（沖縄）語についてふれておこう。琉球語の最も特徴的な音韻変化は五母音から三母音への変化である。現代の沖縄語では、a・i・u・e・oの五母音のうち、eはiに、oはuに移行しているので、五十音図中のエ列はイ列に、オ列はウ列に重なることになる。たとえば米は、クミとなるわけだ。

子音の変化もある。なかでも母音iの影響を受ける子音の変化は目立ち、「キ」は「チ」になる。たとえばキヌ（着物）はチンとなり、「リ」は「ニ」に発音される。

ここで、『魏志倭人伝』による国名と現在の地名の比定が正しいとすると、現在の地名は中国音そのものよりも、『魏志倭人伝』中の漢字の日本語読みの音により近い発音、およびその方言化したものととれる。

ただし、沖縄本島では中国音に近いものがあることをここにふれておこう。しかしいずれにせよ、当時から琉球の人々は倭語＝日本語を用いていたわけであり、単純な言語の南下説は、ここでも否定されることになる。

卑弥呼の都城は〝中山〟と一致!?

さて、琉球王朝時代から明治四十年まで存続した沖縄独自の行政単位に〝間切《まぎり》〟というものがある（107ページ掲載の図12―(2)）。この間切は先史時代から、単位集団がつくられていくなかで生まれたもので、「クニ」とも称されて按司に主導される小政治圏をなしていたとみられている。本島西海岸を北から南へ国頭《くにがみ》間切、大宜味《おおぎみ》間切、羽地《はねじ》間切、名護《なご》間切、恩納《おんな》間切、中頭《なかがみ》方《ほう》（複数の間切の総称）、那覇《なは》、島尻方《しまじりほう》と並ぶものだ。

そして、これらはほぼそのまま、正確に邪馬台国時代の本島内の国の配列に一致する。すなわち、北から南へ邪馬《やま》（山原＝国頭間切）、躬臣《くんじん》（喜如嘉＝大宜味間切）、巴利《はに》（羽地＝羽地間切）、支惟《きゆ》（許田＝名護間切）、烏納《おな》（恩納＝恩納間切）に当てはまるのである。なお、奴に比定された那覇は、中頭方とは独立した間切となっているが、ここは女王以前の〝奴〟国であったことを物語っているのではないか。すると、ここが大勢としては女王の都するところになるはずである。

以上に加えて、十四世紀に三つの勢力分野である北山《ほくざん》・中山《ちゅうざん》・南山《なんざん》が確立する。北山が国頭から恩納間切の主要部までを含み、中山が中頭方、南山がほぼ島尻方に対応する。

しかし、それらの境界は間切の境界と完全には一致しない。三山の区分では山田が中山に入り、那覇も入る。したがって、これによって区分すると烏奴以北は北山、奴《な》は中山、狗奴《くな》（かな）国が南山にほぼ対応することになる。

この「中山」、あるいは古来の「中頭方」に北谷や那覇（奴）が位置し、ここがまさに「女王の都する所」でなければならない。とうとう、邪馬台国の全容が見えた。

たしかに、陸行一月のところに女王がいるという点では、都城は邪馬台国の南部にあることが望ましいわけだし、そこに漢王が金印を与えた《極南界の奴》が入っているのであれば、大いなる伝統も持っていることになる。それは魏王が卑弥呼に金印を与えることにも寄与したはずである。

となれば、卑弥呼の塚《ちょう》（墓）がどこにあるかが問題である。可能性の面からは、古くから天の岩戸とされている伊平屋島の「クマヤー（洞穴）」も候補地になるだろう。しかし、巴利国のほうになってしまう。ここで、近年まさに中山域で発見された北谷《ちゃたん》海底遺跡（「第3章」に詳述）が最有力候補としてクローズアップされる。

ところで「第1章」で検討した「陸行」の算出からは、沖縄本島北端から首里まではおよそ九十キロであり、一日十八キロで歩いたとして五日ほどで着いてしまう。沖縄に上陸してから北谷まで陸行一ヵ月というのはかかりすぎととられよう。

しかしこれは、一行が上陸してから女王の都するところに行くまでに、郎臣をはじめ四ヵ国をそれぞれ何泊かしていき、目的地への到着までに実際にかかった日数を記したのであろう。おそらくその間、大歓迎を受けながらゆっくりと行列の旅をしたのではあるまいか。それは、それほど日々がかかるほど総王の都までは遠いということを印象づけるためではなかっただろうか。

以上、地名の比定を行なってみたが、すべての比定に確信がもてるわけではない。むしろ、これは叩き台として、これから地元の人々と協力して検証を加えてゆくことにより、明らかにされることが期待される。

三世紀の沖縄の人口は「戸数七万」？

ついでながら、魏使への歓迎は邪馬台国ではどんなものであったろう？　なにしろ、邪馬台国は倭国最大の七万余戸があったとされるところなのだ。この数字をそのまま信じていいか、疑問は残るが、ここでこの数字を検討しておこう。私は以前、日本の中世の軍兵の人数の記載などと比較して、ひと桁《けた》少ない七千戸あたりが妥当ではないかと思っていた。しかし、現在は違う。

近年、遺跡と歴史文献から人口を割り出す方法が進み、各時代各地区の人口推移が算出されてきていて、三世紀の沖縄本島の人口は九万～十万人とされている。それを三～四人で割ると三万～四万戸となり、ひと桁違うというわけではないが、『魏志倭人伝』の記述を大幅に下回る。

これはどういうことだろうか？　私は七万戸の数字は、沖縄の場合は先に述べた北谷沖など水没で失われた戸数を加えなければならないものだと考える。まず、かつての陸域（古陸）である辺野古沖や東海岸沖、そしてケラマ・久米島付近まで入れると、面積は現在の沖縄本島の数倍は下らない。今の沖縄県の人口約百三十五万五千人に鑑みて、戸数は十万を超す可能性がある。七万戸は俄然《がぜん》、現実味を増す。

時代はやや下るが、後述する『隋書』「東夷列伝」の記事から考えて、七万戸は決してオーバーな表現ではないと思っているからだ。それは一万余の大軍で攻められながらも屈せず、ついに追い返したものの、沖縄の男女数千人が捕虜として連れ去られたという記述が存在しているのである。

民衆も多く捕らえられたのであろうが、それにしても数千人という数は大きい。もし、そのまま中国の文献を信用するとすれば、総人口が七万戸を超さなければ、とてもそうはいくまい。縄文時代から弥生時代の密集した住居跡も、沖縄が当時、相当に人口密度が高かったことをうかがわせるものだ。現在、中頭郡を中心にした、邪馬台国にあたる地域の人口はおよそ六十万人ほどにのぼるだろう。当時、数万人近くの人口があったことは容易に推定され、邪馬台国七万戸の数字は、そうオーバーなものともいえないかもしれない。

となれば、陽気な沖縄人のことである、魏使の一行が大歓迎を受けたことは想像にかたくない。残された親族は別だが、葬儀さえもにぎやか、明るく死者を送り出すのが沖縄流なのだ。《その死には……他人就いて歌舞飲酒す》ることは今も続いている。

同様な見地から、表2に『魏志倭人伝』より邪馬台国の環境を抜き出してみた。九州・大和方面より沖縄が適合しているようにもみえる。特に倭の地は温暖であるとされるが、図13に示すように、それは確かにそうだ。現在の冬の気温でもそうである（図14（図13とともに116ペー

表２　女王の都する場所（邪馬台国）の条件

『魏志倭人伝』の記載	九州・大和	沖　縄
牛・馬なし	×（不適合）	○（適 合）
倭の地は温暖、冬夏生菜を食す。皆徒跣（はだし）	×	○
儋耳・朱崖と同じ	×	○
女王国への距離・方角	×	○
当に会稽の東冶の東にあるべし	×	○
海中洲島の上に絶在	×	○
棺あるも郭なし	×	○

沖縄の沈降と隆起を象徴するかのような八重干瀬――今も大干潮時には浮き上がる〝幻の大陸〟である（P.241ほか参照）

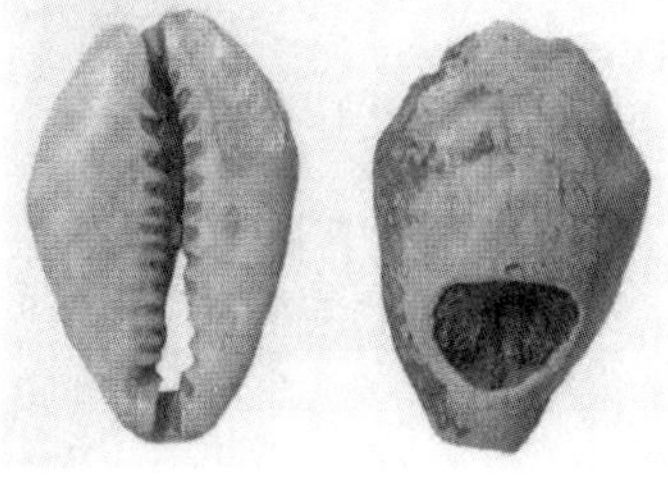

貝貨となったタカラガイ（宝貝）
〔日本銀行金融研究所貨幣博物館蔵〕

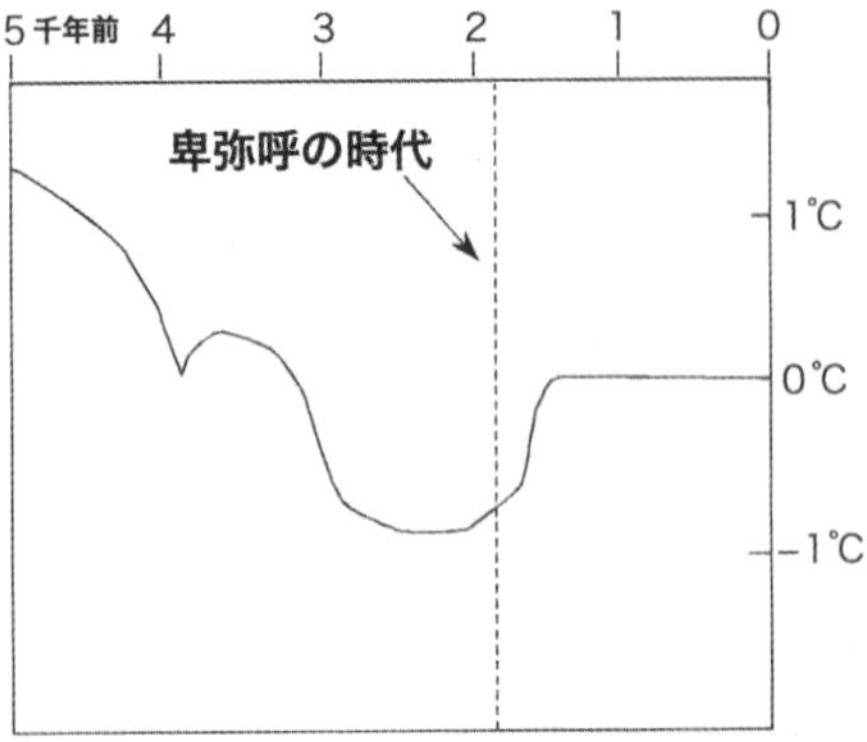

図13 弥生時代の寒冷期
（出典：㈳農業農村整備情報総合センター／http:suido-ishizue.jp/daichi/part2/01/02_3.html に加筆）

沖縄の暖かさを示す風景

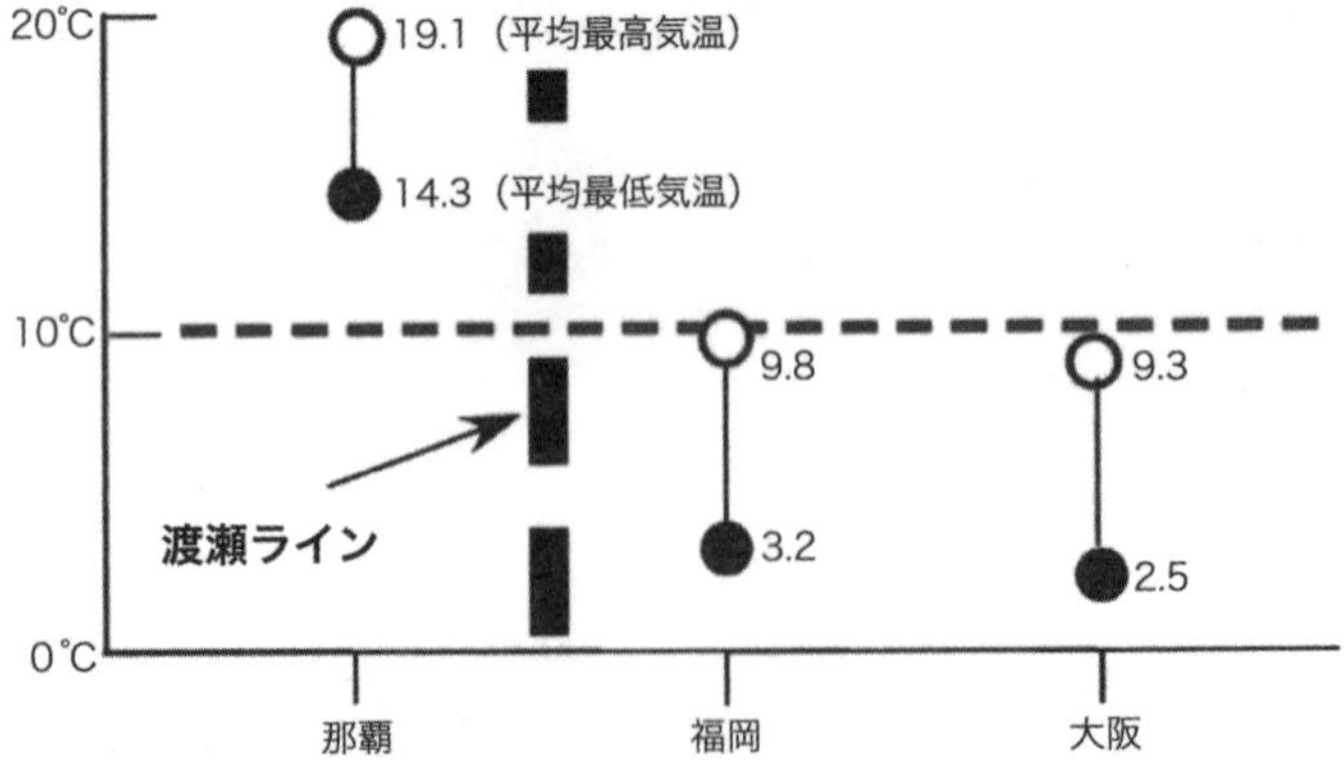

図14　3都市間での1月時の平均気温変化（過去50年間）
——沖縄の突出した暖かさがわかる

ジに掲載〕）が、ましてや弥生寒冷期においては厳しい面がある。

本州では冬でも裸足《はだし》で過ごし、生野菜が食べられるというわけにはいかなさそうである。これは渡瀬《わたせ》線がトカラ海峡を通っていることとも一致する。渡瀬線とは、それ以北にはハブも棲《す》めないという線である。また、これは〝邪馬台国の立地の絶対条件〟ともなる。

女王国に統属しない狗奴国とその外辺

《その南に狗奴《くな》国あり、男子を王となす。（中略）女王に属せず》と記載された、卑弥呼に対立していた「狗奴国」はどこにあったのだろう。南部に〝百名（ひゃくな）〟という地名があり、これに比定される可能性がある。同地はアマミクが上陸したといわれる聖域であって、本来なら女王国に属していたはずであるが、当時は仲が悪くなっていたのかもしれない。

『魏志倭人伝』にはさらに、《女王国の東、海を渡る千余里、復た国有り、皆倭種なり》とある。邪馬台国から海上東へ千余里のところにも国があるというのだ。『魏志倭人伝』には先に記した理由も含めてか、国名が書かれていないが、地図の作成のために『後漢書』「倭国伝」にある「拘奴国」を仮にあてておく。これは南・北大東島にあたろう。

《また侏儒《しゅじゅ》国有り、その南に在り、人の長《たけ》三、四尺、女王を去る四千余里。また裸《ら》国・黒歯《こくし》国あり、また其の東南に在り。船行一年にして至る可し》とあるのはどこだろうか。女王国の東南にあるという「侏儒国」は沖大東島となろうか。侏儒というのは身長が低いものの意味である。『魏志倭人伝』には、三～四尺の身長の人が住んでいるという記載があるが、当時、沖大東島には小柄な人が住んでいたのかどうか、これから解明しなければなるまい。

さらに、「裸国」「黒歯国」がその東南にある。船で一年がかりで着くことができるとされている。ただし、魏代に収穫期を基準とした「二倍年暦」が使われていたことを考えれば、この場合の一年は六ヵ月ということにもなる。

実際のところはどうなのだろうか。南大東島の南には沖大東島があり、さらに東南には沖の鳥島がある。これらに該当する可能性もあるが、みな無人島であり、沖縄本島から順調なら当時の船のスピードで約半月でいけるところである。むしろ、その延長にあるマリアナ諸島はどうか。そのなかのグアム島まではおよそ千二百キロほど、直線的に二ノットで走りっぱなしだと約一ヵ月で到着するが、島々を経由してたまたま漂着するような状態でたどり着いた場合を考えると、半年、一年というのもありえそうである。裸の人や歯を黒くした人（日本のお歯黒はここからきているそうだ）がいる国、ということで考えれば、こちらのほうが考えやすい。

一方、遺物その他に類似したものがあることから、これらの国は南米（エクアドル）にあるという説もある。たとえば、バルデビアからは日本の縄文土器とされるものが出土していて、近年一躍その名を知られるようになった。しかしたいへん魅力的な説ではあるが、行くには行けても、帰ってこられるかどうかを考えると、ちょっと消極的にならざるをえない。

以上の国々の配置は、畿内説にしても九州説にしても不自然なことになる。どちらにおいても南東方向の海中に国があるわけであるが、畿内からみれば東北日本方面に国がいくつもあり、このほうがより重要であろう。同様に九州では西日本からの広大な地域が広がっている。この点からも沖縄を中心にすえた場合が最も理解しやすいと思われる。

結論として、環太平洋の文化を加味し、前述したものの先にあるマリアナ諸島としておく。黒歯国はビンロウをかみ、歯を黒くするということらしく、そのような風習は、台湾にはあっても、現在の南西諸島にはないとされている。この点からも、黒歯国をマリアナ諸島にもっていくのは妥当かもしれない。

以上の島々については、魏からの使者が倭人から話を聞き、意味をくんで漢字をあてた可能性がある。

『魏志倭人伝』とは別にもう一つ加えよう。『後漢書』「倭国伝」には《会稽の海外に、東鯷人《とうてい》あり、分れて二十余国と為る》とある。現在の福建省の沖合にある島々というと、あとから出てくる台湾を除けば、尖閣諸島および宮古・八重山諸島がこれにあたる。したがってここでは、東鯷を尖閣・八重山諸島に比定しておく。

『梁書』巻五十四「諸夷伝・倭」に《又西南万里有海人》とあり、地理的には、万里はかなり強調があるにしても、これは先島にあたる。つまり、海人＝鯷《おおなまず》の住むところととると、これはまさに東鯷人ということになろう。同書にはさらに《文身国在倭国東北七千余里》とある。体に獣のような入れ墨をしているとあるが、これは琉球より東北の日本列島のどこかであろう。入れ墨の線刻画のある四国なのか、それとも呉人の伝説のある紀伊半島のどこかであるのだろうか——。

さらに、『後漢書』には《夷洲《いしゅう》および澶洲《せんしゅう》あり》とある。この従来の見解としては、石原道博氏などにより「夷洲」は台湾、「澶洲」は済洲島にあてられているのだが、果たしてそれで正しいのだろうか。これを検証するうえでも、もう一度角度を変え［第4章］で改めて述べていくことにするが、その前に〝邪馬台国＝沖縄説〟の核心となる海底遺跡について次章で見てみよう。

第3章

沖縄・北谷の海底遺跡に卑弥呼の都城を発見!?

北谷沖の海底城郭

沖縄本島南部・嘉手納《かでな》町の南に位置した北谷《ちゃたん》町の沖に、地元ダイバーの方たちから海底遺跡らしいものがあるとの報告を受け、彼らの協力を受けて、琉球大学海底調査団としても一九九五年ごろから断続的に調べてはいた。ところが、北谷沖は戦後に浚渫《しゅんせつ》が行なわれたので、そのときのものではないかとの声があがった。

さらに、城壁の壁を造っている岩を調べたところ、サンゴ石灰岩（サンゴ礁《しょう》が固まってできた礁性石灰岩で「琉球石灰岩」とされることもある）であることがわかった。そして、この岩の年代を測定したところ、今から数千年もたっていない〝若い年代〟らしいという結果が出た。

これには驚き、かつここで壁に突き当たった。従来の海洋学の常識では、地殻変動でもなければ、水深二十メートル前後の海底は、数千年より新しい時代に陸になったことはないのだ。今から数千年前以降、常識では海底が陸上になることはありえない。そのため、「この海底遺跡が陸上でできた人工的なものだという可能性は疑わしい」という段階で、調査は止まってしまっていた。

一方、この地点で二〇〇四年から並行して行なってきたシーバットの結果（口絵1下図）を徹底的に解析し、水中にロボットを入れ、最後にスクーバ潜水で確認したところ、意外なことがわかった。海底の精確な三次元地形復元に成功した結果、海底遺跡のあるところは、陸上のグスクに似た形態であることに気がついたのだ。その城壁にあたるものの一部を図15に示した。壁上部は平らに削られ、その内側（前記写真の右側）にくぼんでいて、武者走《むしゃ》りとみられる。図16―(1)には、その平面図を示した（ともに次ページに掲載）。

北谷の海底城郭の構造と中城城《なかぐすくじょう》のそれと比較すると、北谷沖の海底城郭のほうがかなり大きい。しかし、城《グスク》全体の形は陸上の城ときわめてよく似ている。北谷海底遺跡は長径が九百メートル、幅二百メートルほどであり、陸上の中城グスクの長径が二百メートルほどであるから、長軸方向は数倍強の大きさがある。

ちなみに、与那国島《よなぐに》の海底ピラミッドは長径が三百メートル弱、幅百五十メートル。また、首里城の長軸がほぼ三百メートルほどであるから、北谷沖海底城郭は、長径にしてそれらの約三倍ほどにもあたる大きさである。北谷沖海底城郭は首里城の約三倍、すなわち与那国の海底ピラミッドの二倍ほどの長さがある。ただし、与那国の海底ピラミッドは水深二十五メートルほどから立ち上がっているが、北谷のそれは水深二十メートルほどから立ち上がっていて、やや浅いところにある。

北谷の海底遺跡の年代は、その後の調査結果で弥生時代中～後期になることが明らかとなっ

図 15　北谷海底城郭の外壁

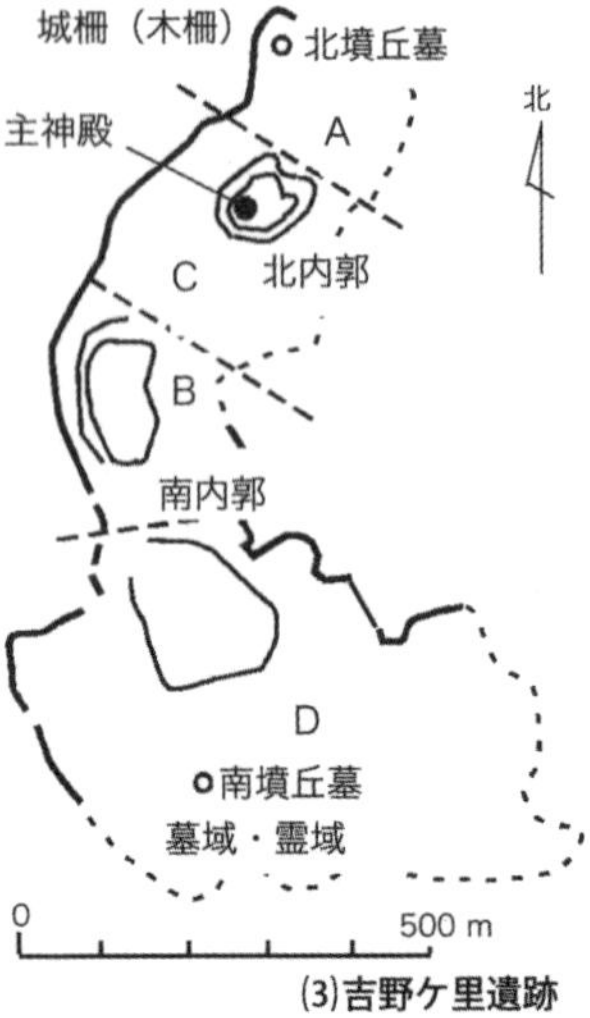

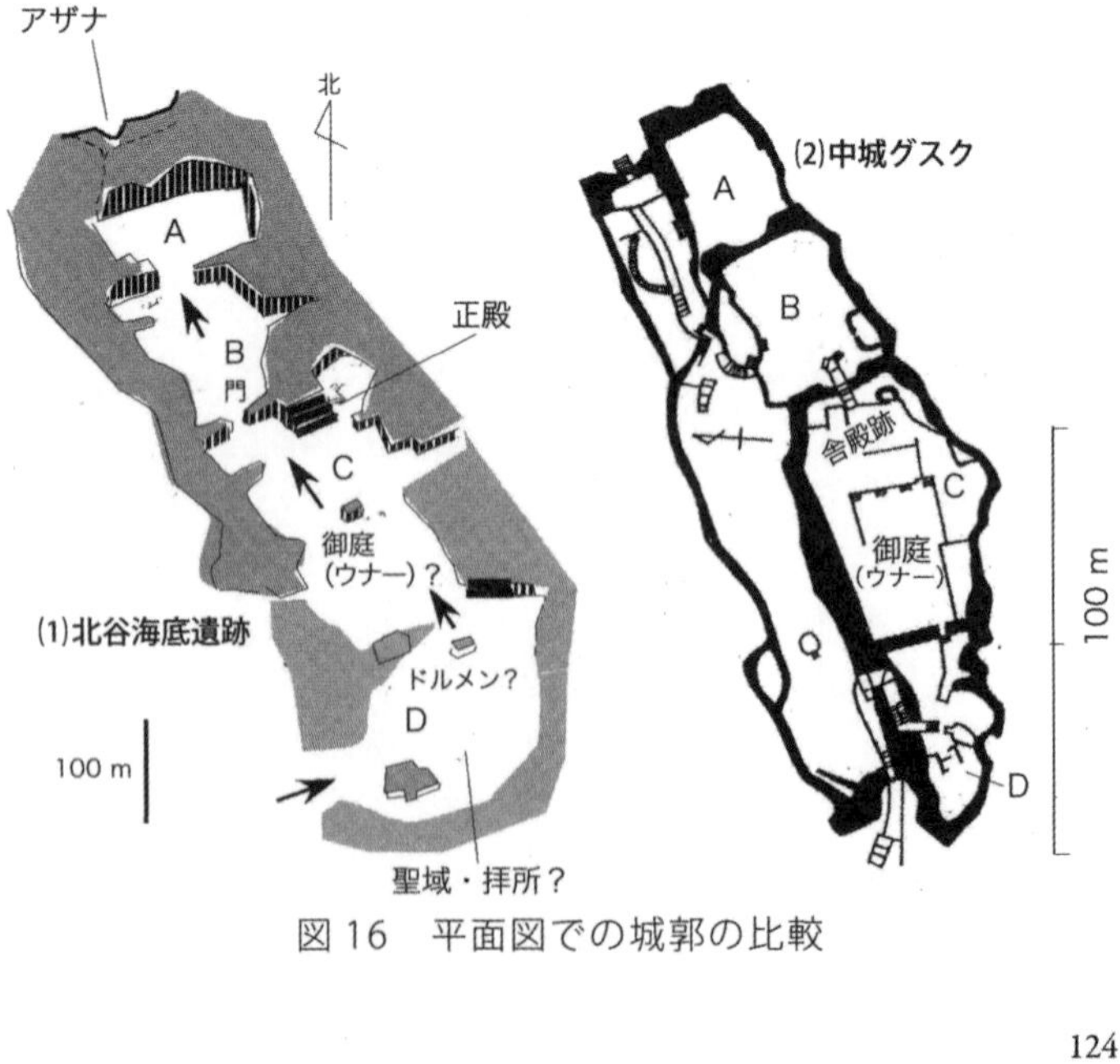

図 16　平面図での城郭の比較

たが、このころ知られた城郭には、日本最古といわれる吉野ケ里《よしのがり》遺跡のそれがある。一部前述しているが、図16-(2)に見るように、吉野ケ里環濠集落と沖縄の城郭と比較してみると、北谷沖の城郭は長径九百メートルほど、吉野ケ里は一キロメートルほどであり、ほぼ同じような大きさである。そして平面的にみると城柵内が四つほどに分かれている構造は、北谷沖海底城郭とよく似ている。

さて、図16-(1)でいえば北谷海底の北側の城壁にある大きく凹型にへこんだ部分など、中城グスクの城壁そっくりといっていい。また、平面図的には、聖域・拝所からこの城に入っていき、ウナー（御庭）を経て門を通過していくところなどもよく似ている。

一方、海底の武者走りの付いた外壁内の中央には、階段ピラミッド状構造物がある。これは、正殿の土台と推定される（図17-(1)）。ここで武者走りというのは通常、城郭の内側に設けられた小径をいう。しかし、沖縄のグスクに見られる石垣天面の通路も武者走り（または犬走り）と呼ばれる。

海底のそれ――武者走りと思われるものは城郭の前と後ろに付いていて、階段は各郭の入り口付近に来客を迎えるように立てられており、階段ピラミッド状のモニュメントは、城郭の中心部にある。また、この北谷沖海底城郭は、首里城の平面図と似ていることもわかった。なお、与那国の海底ピラミッドには武者走りに相当する部分はあるが北谷のそれとは異なる。このことから、北谷の海底ピラミッドのほうが新しく、中城城（以下「中城グスク」と記）などの大型グスクに近いと思われる。

ここで北谷の海底遺跡の調査を一時期、放棄した理由を再度述べておこう。じつは、のちに正殿とされた構造物の下段の側面に、縦状に等間隔にユンボー（浚渫機）でひっかいたような、もしくは等間隔に掘ったような縦の筋《すじ》があったためだ（図17-(2)）。この筋跡は当初、米軍などによる浚渫によって掘り返されたときの縦の筋ではないかと異論が出た。そのためこの海底地形は、浚渫工事による跡、つまり〝浚渫説〟で説明がつきそうに思えた。ところが、そうではなかった。のちに、逆にこの筋が自然説をくつがえす証拠となった。

二〇〇四〜二〇〇五年にかけて、琉球大学木村研究室の学生たちが事業関係者や町の担当者への聞き取り調査や関係資料の検討を行なった結果、浚渫されたのはそれより南方で、海底遺跡域に関しては先に述べたような浚渫工事が行なわれた事実はないことがわかった。そこで改めて水中映像を点検した。ユンボーで琉球石灰岩を削った場合、縦線のくぼみは浅く、しかもどこまでも続くということはない。ところが、海底のものは、直角のかども関係なく続いている。これは明らかに、地形と関係なく続いている線構造であることに気がついた。

そこで私が直接、海底に潜って詳しい地質調査を行なってみると、浚渫工事の跡のように見えた縦の筋は、なんと地形に無関係なずれのない割れ目、すなわちジョイント（節理）だとい

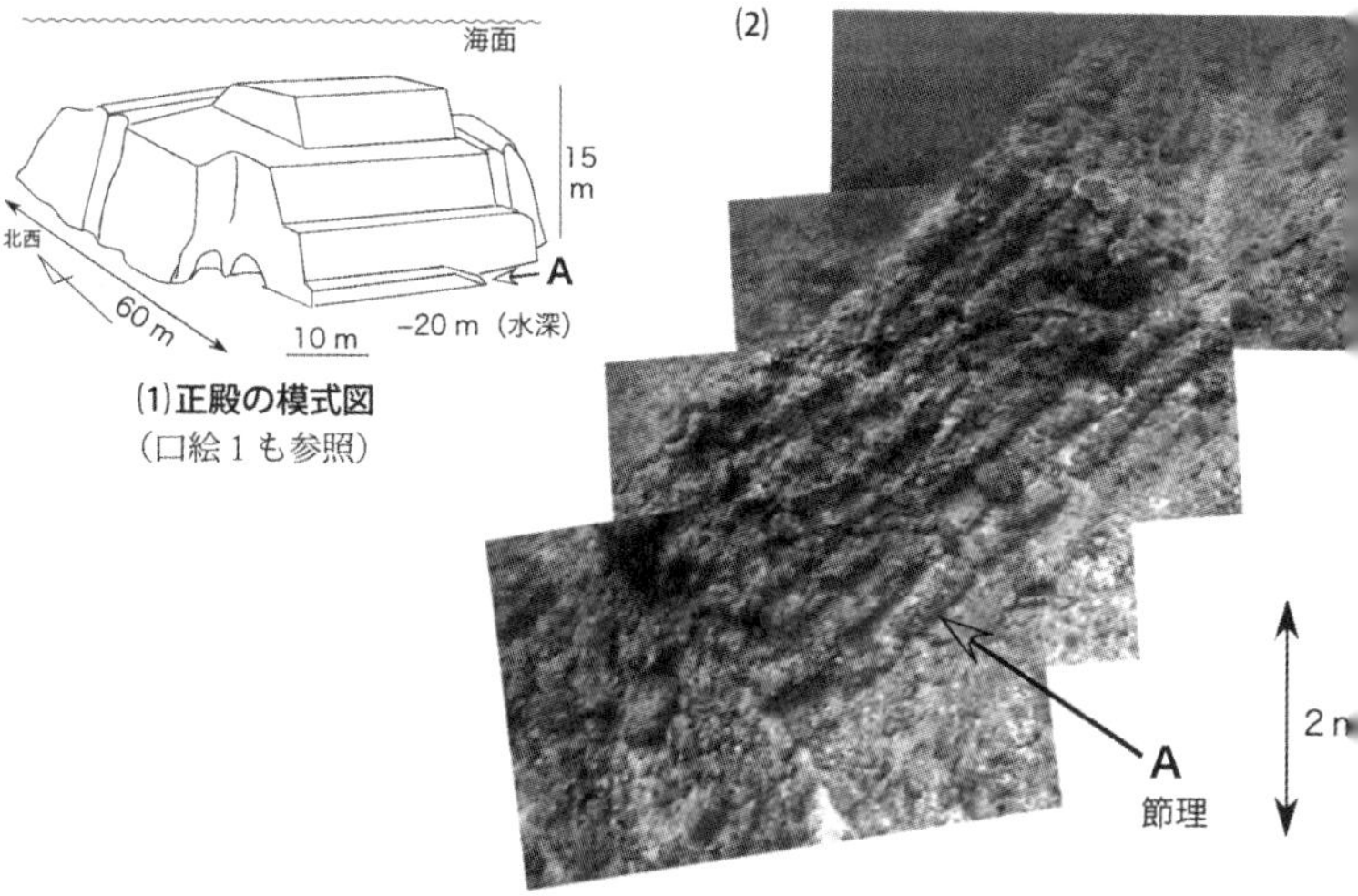

図 17　北谷海底遺跡・正殿の模式図とその下段側面の節理
（ポイントは「矢印付きＡ」で示す）

うことが明らかになった。私は改めて、水深二十メートルほどの海底で我と我が目を疑ってしまった。これまでのどんな調査でもこのような数千年前以後の新しいサンゴ礁に無数のジョイントが発達している光景を目にしたことはなかったからだ。

これは、海底が持ち上がったときなど、地殻変動の際に岩石の内部にできる自然の割れ目である。通常のサンゴ礁では、このような面は絶対に見られない。明らかに人工的に削られた面であるゆえにそう見えることもあるが、この地域のものは決してそれではない。

このような節理が多数あるということで、これまでに知られたことのない最新期の海底の隆起や沈降といった大地殻変動によって城郭が海底に沈んだことが明らかになったわけである。

海底城郭は二千二百年前以降にできた

北谷沖の海底遺跡の城郭としたものには、中城城《なかぐすく》（グスク）全体の形態によく似て、武者走りのついた城壁らしいものがある。もう一つはっきりしていることは、前掲の図17-(1)および口絵1上に見られる階段ピラミッドあるいは正殿とした階段構造の存在である。まさにこの位置に、中城城や首里城では、舎殿や正殿という最も中心的な建物が設けられているのだ。

この階段構造は、中南米にみられるマヤの階段ピラミッドのような形態をしているだけでなく、数千年前のサンゴ石灰岩を加工した痕跡が明確である。現在ある海底のサンゴとは明らかに異なり、直線的に掘削されたことは明らかである。平行な線が見えるのは、浚渫の跡ではなく、節理であることが、海底の地質調査で確認できた。逆にその線が人工的な加工面をはっきりと示しているのである。そしてまた、そこにはずれのない節理はあっても、地層がずれて階段ができた証拠は何もないことがわかった。

そのほか、あとに述べるドルメン（支石墓）状構造物が見つかった。その下の地面は舟底形に掘削され、砂岩堆積物中から多数の石片が出た。それらは今ハンマーで打ち砕いたような

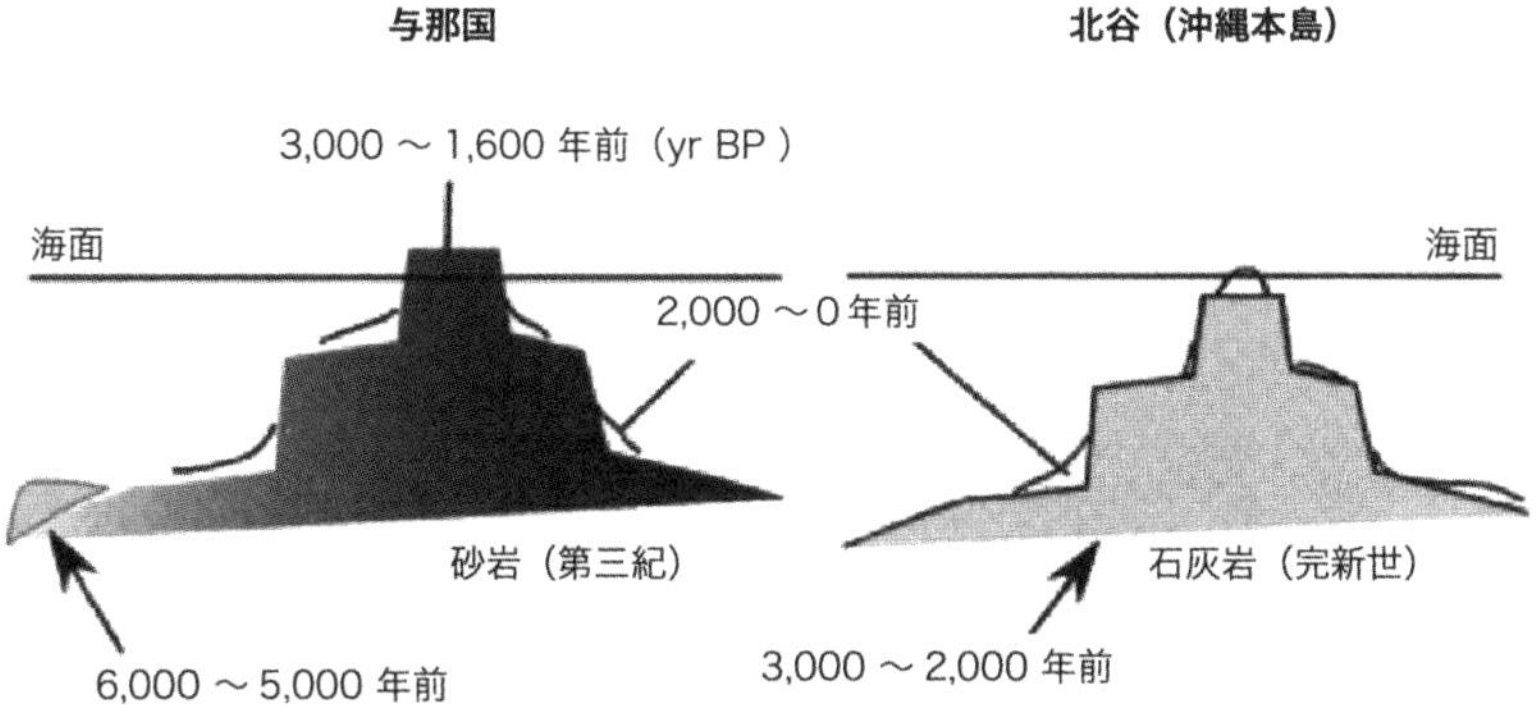

図18　沖縄の海底遺跡の年代測定

シャープな面や稜《りょう》をもったもので、人によって加工されたものとみなされる。海面下で流れによって運ばれたものとは、明らかに区別される。

　ではいったい、この海底遺跡はいつ造られたのだろうか。図18で示したように、北谷の場合どの構造物もサンゴ石灰岩が削られてできているため、サンゴの年代よりも新しい時代に削られたことがわかる。予想では数千年より新しいものといえる。そのような〝最近〟に、現在二十メートルも海面下にある海底が陸上にあったなどということは、考えも及ばなかった。幸いなことに、削られた石は石灰岩（サンゴ石灰岩）であるので、容易に年代測定できることがわかった。

　ここで主として用いた年代測定法は［序章］に述べたC14法であり、多少の誤差はあるものの、現在最も確実な年代測定法とされる。

一九九八年に得た海底城郭のサンプルでは、構造表面を不整合的に被覆する新しい石灰岩は1100±《プラスマイナス》70年BP、較正歴年代でいうと736～610年BPのものとわかっている。内部の緻密な石灰岩は5030±70年BP、較正歴年代は5456～5300年BPのものであることがわかっていた。さらに最近調べた結果では、今から二千二百年より前の基盤も削られている。五千年前以降に陸になり、その後建造され、今から六百年前には水没していたとみられる。

結局ここの遺跡は、二千二百年前以降に造られ、六百年前までにほぼ水没していたという結論になった。そのあと、今から千年前以降に再び、海中に水没し始めたとしか考えられないことがわかってきた。

北谷海底遺跡の近くには、北谷町の伊礼原C遺跡があり、五千年前の縄文時代から五百年ほど前のグスク時代までの遺物がほぼ連続して出土している。土器は、九州の黒色磨研土器の影響が認められる。

二千五百年～二千年前の弥生時代に相当する時期には、より海岸側に生活跡がある。それらは搬入された弥生式土器や埋葬跡の可能性もある。また、約八百年前から五百年前のグスク時代は徳川の左岸一帯の約二万平方メートルの範囲に十五世紀の柱穴群が集中していた。

この一帯は、戦前まで水田であった。そしてここは、砂辺沖が陸化していた時期には海岸から離れた場所にあったが、当初よりここから海へ注ぐ川が発達していた。

その背景である生活の中心は、陸部ではなく、海側の沖積世の砂丘や海浜に広がることが判明した。これらの報告は沖縄県北谷町教育委員会によっている（巻末〈参考文献〉参照）が、それによると、本遺跡から、当時の集落は高台にではなく、低地の砂丘帯に発達するという特徴があることがわかったという。

これは、それより海側に同時代の海底遺跡が群をなして発達したことと関連がありそうだ。

海底に〝王墓〟を発見!?

この北谷沖の海底城郭のグスク構造の中に、与那国島の海底ピラミッド（［第5章］に詳述）と同じく、〝守護神・亀〟を模したとみられるドルメン（支石墓）のようなものが見つかった（図19-⑴〔次ページに掲載〕）。ドルメンの背から見ると、人工的に整形された石が岩に立てかけてある（図19-⑵）。この状態は沖縄本島南部の糸満市のドルメンや、斎場御嶽《せいふぁあうたき》の巨大な石組み（これは自然なものともされるが）とも似ている。ドルメンとはアジア大陸で、日本の縄文〜弥生に相当する時代にみられるもので、王墓ともいわれる。

だが不思議なことに、その亀を支えている土台の石灰岩の盛り上がりが十メートルほどまっ

(1)海底王墓の側面 (高さ約 7m)

(2)海底王墓の背面（長さ約８ｍ）

亀甲墓か？

図 19
海底に発見された王墓

すぐに伸びているばかりでなく、うねっている。そしてその先端は、ヘビか龍のように見えた。ワニの頭のように見えなくもないが、体の長さからいえば、どうみてもヘビか龍の頭だろう。ちょうど巨大な亀の下から大きなヘビ（龍）が鎌首を持ち上げているといったイメージが見て取れる。そのようすをスケッチしたものが次ページの図20-(1)である。ここには、ドルメンの前に巨大な廟《びょう》のように見えるピラミッド状の構造物が控えている。向かって左側からそれを見ると、後述する〝三神山〟のシンボルのように見える。

おもしろいのは、海底ピラミッドのある環境が、千三百年ほど前とされる韓国の文武大《ぶんぶ(ムンム)》王の水中墓とよく似ていることだ。年代は、北谷海底城郭の時代と一致する。この水中墓は、海中に亀形の大石の墓（いわゆるドルメン）がある。

そして墓の構成は、北谷のドルメンと酷似している。海を望める陸に陵があり、その海側に水路がある、といった構図だ。この水路は国を守る龍であり、文武王の化身とされる。一方、北谷のドルメンは上に置かれた石が斜めになっていて、首をもたげた亀に見える。むしろ韓国のものより亀らしい。

改めてこの海底ピラミッド＝〝王墓の天石〟の背中側から見ると、明らかに人工的な形態をしていることがわかると同時に、沖縄に特徴的な亀甲墓《かめこうばか》（きっこうぼ）にも似ている。ちなみに二〇〇九年九月と十月に、私たちはこの王墓の精密調査を行なった。その結果は後述する。

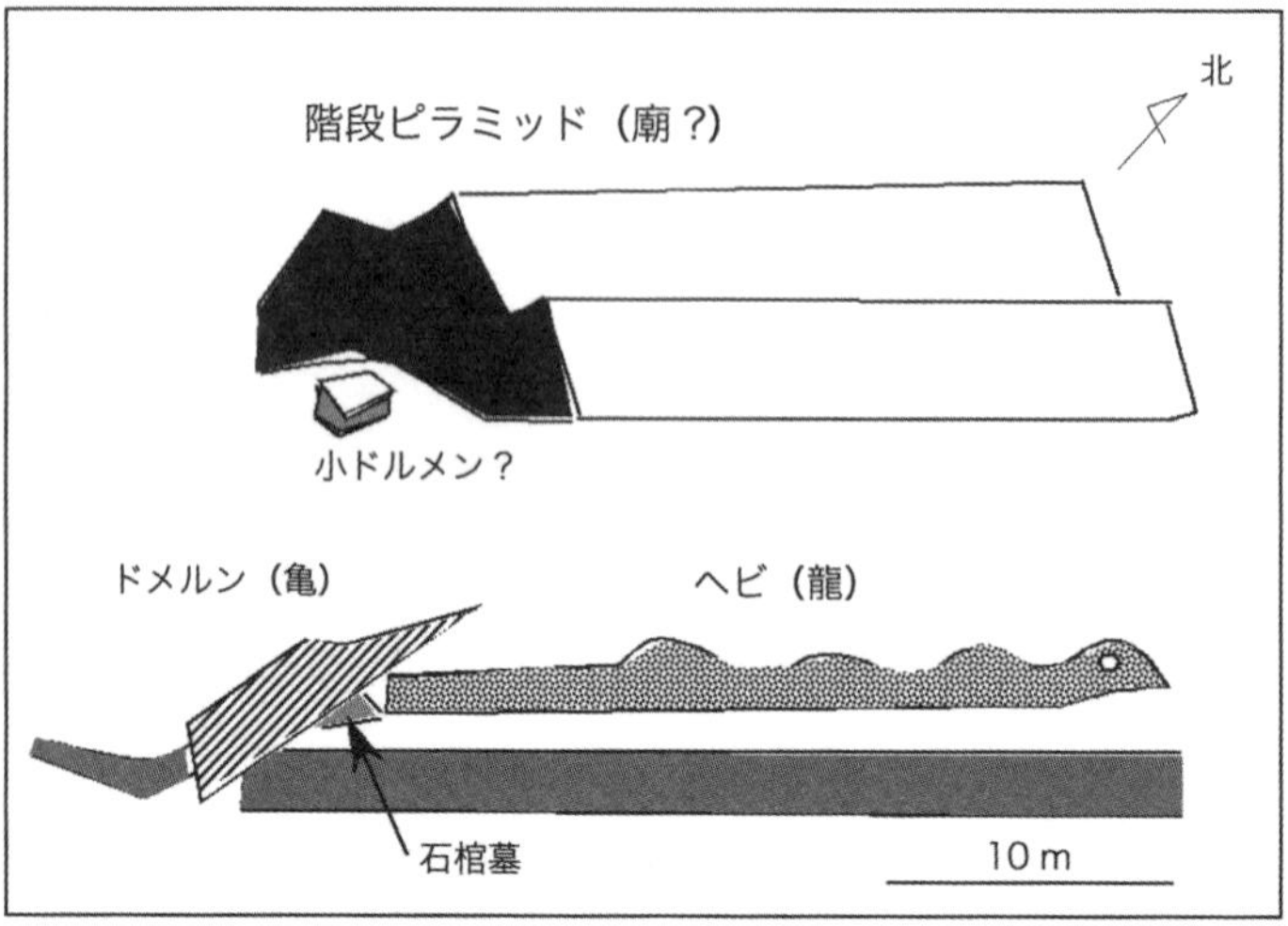

(1)王墓のスケッチ

(2)飛鳥保存財団高松塚壁画館による高松塚古墳の「玄武図」（推定復元図）

図 20 高松塚古墳の亀とヘビを思わせる北谷海底王墓

さらに、その亀を支えている支石がうねったヘビのようになっていることで、一見、龍のようにも見える。これは、龍となって国を守る文武大王の実話（後述）を暗示させる。

この龍（もしくはヘビ）というモチーフは、マヤ文明の遺跡＝チチェンイッツァの有名な「太陽のピラミッド」側面の〝影〟を思い起こさせる。これはピラミッドの階段の側壁に、春分の日にだけ、太陽の光を浴びて浮き上がって現れる〝龍〟（もしくはヘビ）とされる影であるが、きわめてよく似ているのだ。この影は、羽の生えた蛇（ククルカン）を模しているといわれる。

さて、私は二〇〇〇年、文武王の水中墓を現地調査するチャンスを得た。韓国の文武大王の在位は六六一～六八一年。統一新羅《しらぎ》をつくった大王で、その死に際して、「東海岸から龍となって国を守るため、遺骸は海に葬れ」と命じた。約千三百年前の出来事である。この王墓が、のちに発見されることになる。

というのも、『三国史記』に書かれたこの話は、単なる説話と考えられていた。しかし、一九五九年に海岸から内陸へ二キロメートルの所にある感恩寺《かんのんじ》跡の発掘により、基壇の下に特殊な遺構が発見されて「龍穴遺構」と名づけられ、文武王の計画が実在することが明らかになった。そして一九六七年、慶尚北道《キョンサンプクト》月城《ウォルソン》郡沖で水没した王の墓が発見された。感恩寺の敷石の下に見つかった穴道（龍道）の延長に、文武王の海中陵が発見されたのである。北谷沖の底城郭の場合、ドルメンの前にある三陵のピラミッドは、墓の守り役の廟《びょう》であったろう。

さらに二〇〇六年になって、与那国島でも、沖縄本島の糸満・喜屋武《きゃん》岬ドルメンや北谷沖海底ドルメンとよく似た巨石ドルメンが、陸上で見つかった。一方、与那国島海底ピラミッド（第一海丘）のアッパーテラスにあるドルメンは平坦に置かれていて、文武王の海中墓に酷似している。ただし与那国島陸上のそれは、上石が削られて段差が付けられている。けれども、与那国島のそのドルメンのほうが、聖域《サンクチュアリ》のような雰囲気を色濃く感じさせる。

沖縄本島糸満市の海崖上にある荒崎ドルメン――地元でカサカンジャーcと命名されている――周囲に溝が掘られ、周溝墓をイメージでき、周囲にも多数のドルメンと思われるものがあることなどから、墓と判断できる。

琉球と古代新羅、亀とヘビという同一発想を思わせる墓の存在には、思いを新たにさせられる。また日本でも、今から千三百年～千二百年前の七世紀末～八世紀初めに築造された高松塚古墳の北壁に、亀とヘビをあしらった玄武の絵が出てきて公表された（図20-(2)（134ページに掲載））。こうしてみると、北谷海底遺跡の亀とヘビ、階段ピラミッドの組み合わせは、やはり王墓と考えるのがふさわしく思える。

(1)北谷海底のドルメンから発見されたもの（王墓）

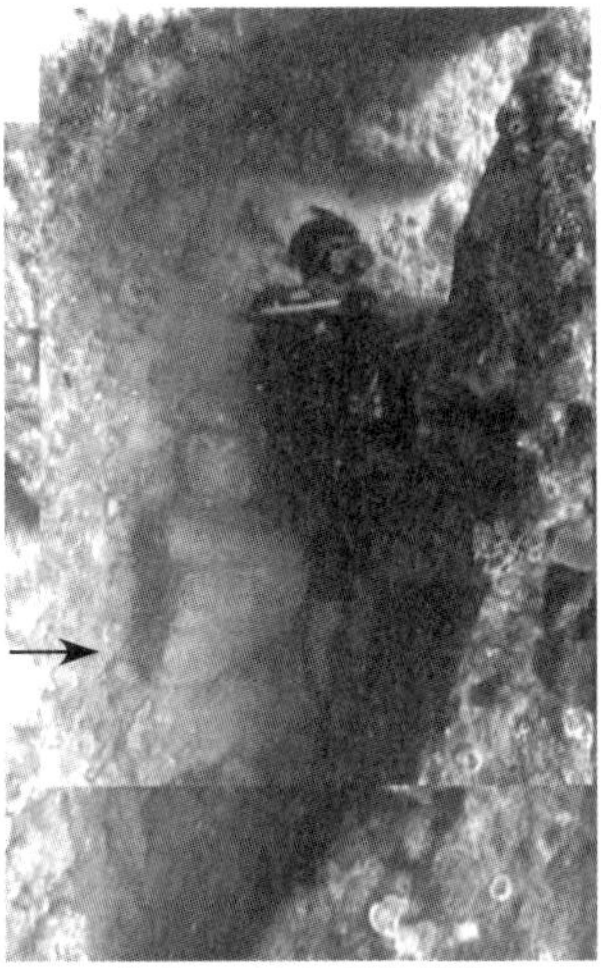

矢印で示した部分が特に著しい相似を見せる

(2)読谷村で発掘された二千年前の箱式石棺墓（宮城栄昌、高宮廣衛編『沖縄歴史地図』より。矢印が石棺）

図21　海底に見いだされた箱式石棺墓

海底王墓と重なる卑弥呼の年代

　そして、前述した二〇〇九年九月と十月の精密調査では、ついに石棺墓《せきかんぼ》と思われるもの（ここでは仮に「石棺墓」と呼んでおく）を発見するに至った。先記の北谷《ちゃたん》海底遺跡の南の城郭内には、霊域・墓域と思われる百五十メートル四方ほどの広大な場所があるが、その中央部に巨大なドルメン様構造物が一基しつらえてあり、その亀形の天石にあたる巨石の下に中型の石灰岩片から組み立てられた箱式石棺墓と思われるものが確認された（図21−(1)）。

　箱式石棺墓は、沖縄では本州の縄文末〜弥生時代相当期の各地遺跡から出土している。

今回発見された石棺墓中には、一面に新鮮なサンゴ片が敷き詰められていて、このサンゴ片および石棺の枠を構成していたキクメイシサンゴ（図21-⑴の矢印の大石）の年代から王が埋葬された時期がわかる可能性があるため、C14法での年代分析を行なった。

また、この石棺（重さ八十キロ）の石を回収したところ、図22-⑴（次ページに掲載）の写真右側の面を除いて、他の五面はすべて人工的にカットされていた。その石の一部を切断してみると、なんと純白色のキクメイシサンゴの化石であった（図22-⑵）。口絵2下は、同上の右側の自然面のカットの拡大である。

年代測定の結果、王（？）は今から二千百年～一千五百年ほど前のいつかに埋葬されたと鑑定された。これは邪馬台国の卑弥呼の埋葬時期に一致する。

北谷の海底遺跡の年代値は、次々ページの図23-⑵に示した。

数多くのグスク（城）は沖縄本島中南部に集中！

さて、沖縄本島および周辺の離島を含めると、未確認の二十五を含めて、二百四十八のグスク（城）がある。宮古・八重山諸島・奄美諸島を含めると、三百に達する。さらに亀井明徳氏によれば、沖縄県内のグスク総数は四百二十ヵ所、加えて奄美諸島で二十八ヵ所を確認したこ

(1)

(2)

図 22　回収された石棺

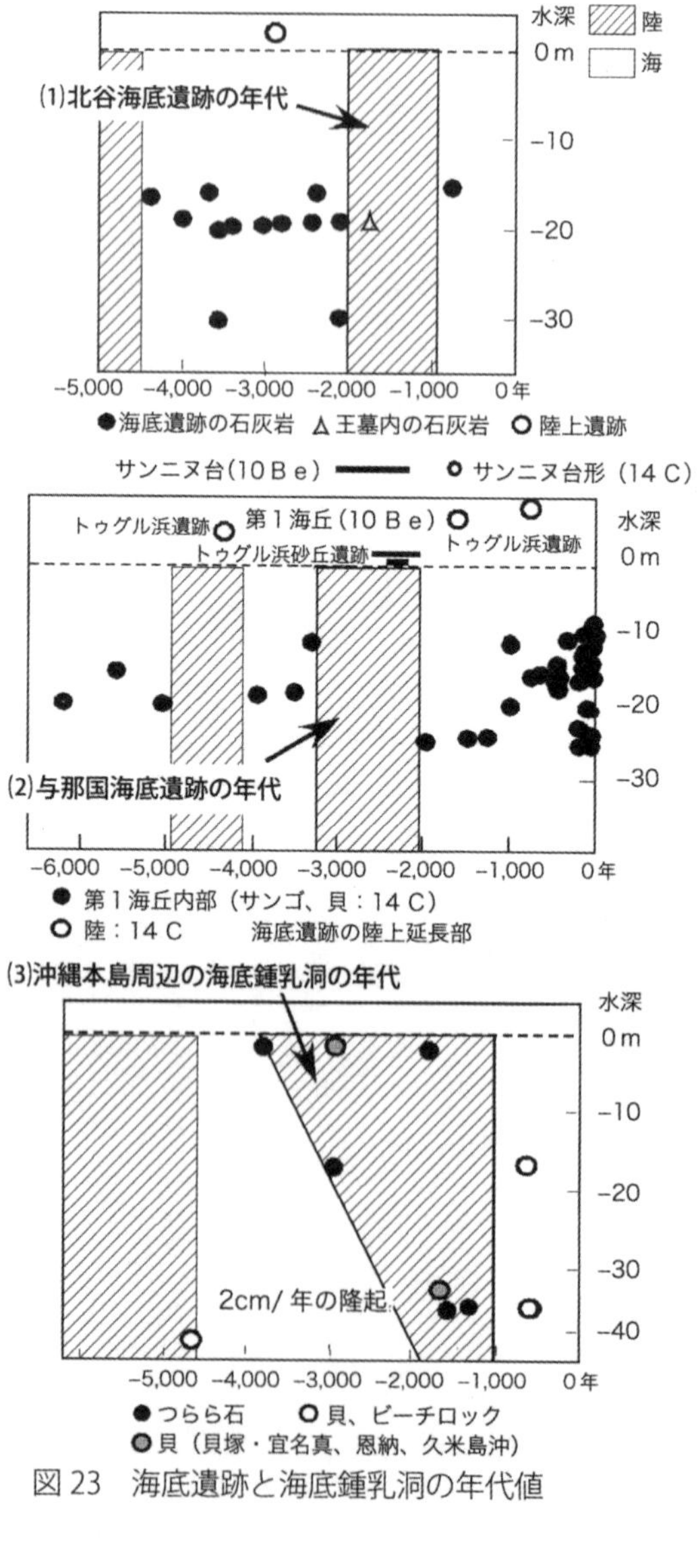

図 23　海底遺跡と海底鍾乳洞の年代値

とから四百四十八ヵ所にものぼる。不思議なことに、面積としてはきわめて狭い南西諸島全域に、なんと四百二十ヵ所ものグスクがある、ということになる。これには、石垣を持たない小さなグスク（聖域・集落）が含まれる。また、弥生時代の遺跡は砂丘遺跡が多くなり、海岸付近にあるものが多い。

図24（次ページに掲載）に城郭と認識される大きなグスクを中心に、各グスクの位置およびその年代分布を示した。北谷海底城郭は、グスクの集中する中～南部沿岸海底に位置する。その形成は二千年前以降と推定されている。

この時期に陸上のグスク（城）で発掘された遺物は、古いもので四千年～三千年前、二千年～九百年前のもの、千八百年～千七百年前ごろのものなどがある。このうち二千年前より新しいものは、海底城郭ができているときに相当し、なかにはグスクの前身とみられるような建造物があったのかもしれない。形成年代の等年代線を入れてみると、北谷海底遺跡を中心としてその周辺に新しいグスクが造られていっているようすがうかがえる。

ただし今日、目にすることのできる石積みの大型グスクはほとんどが十三世紀以降のものとされ、海底城郭の水没後に形成されている。それは、海際の土地が水没したため、より内陸のほうにグスクが造られるようになったことを示しているのかもしれない。

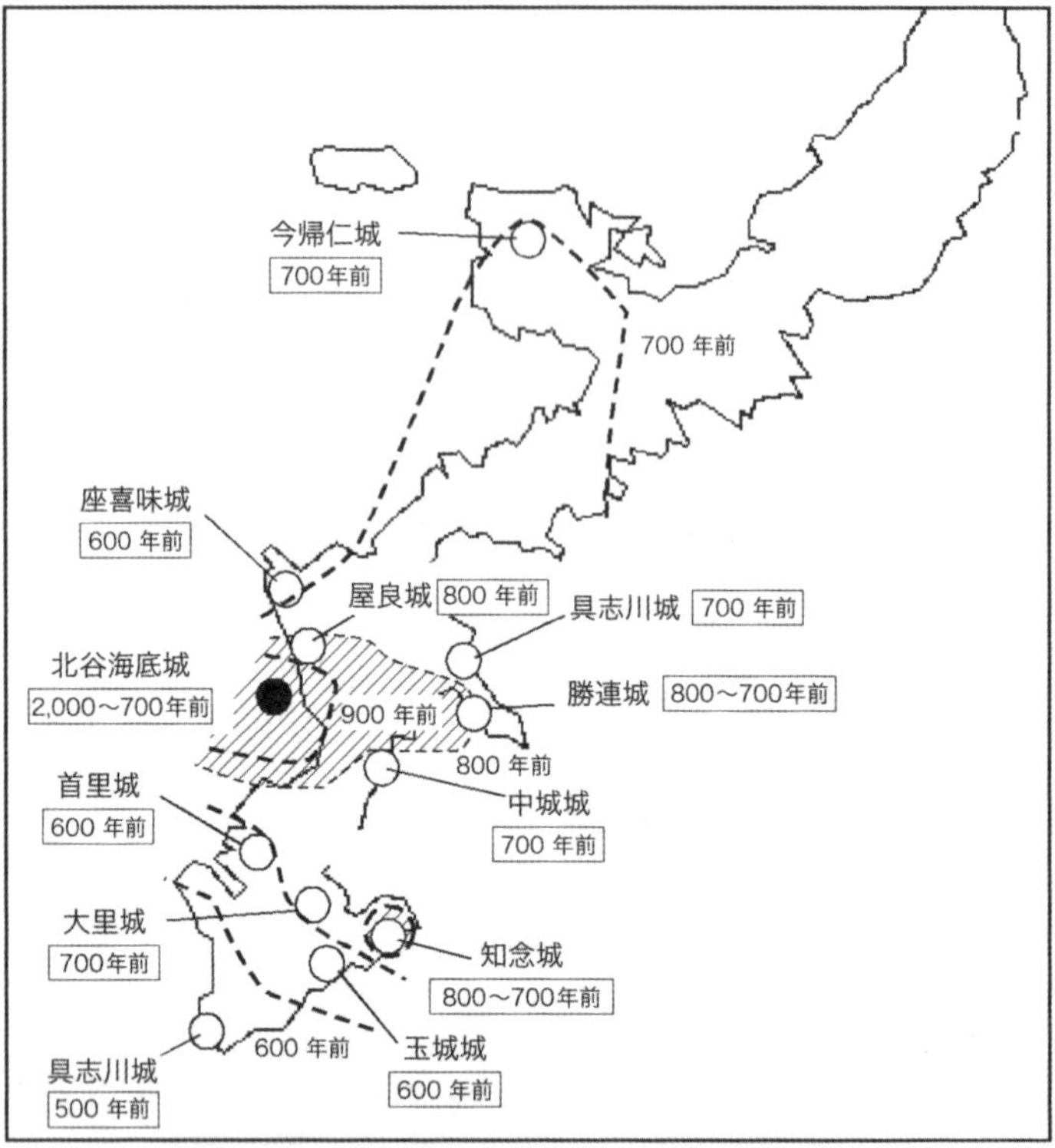

図 24　沖縄の城（グスク）の年代の規則性

左／中城城跡、右／勝連城跡——上図の参照として今日の城跡を示した

ケラマ付近で見つかったストーンサークルと海底遺跡

慶良間《けらま》（以下「ケラマ」と記）諸島の海底にも、人工的な地形があちこちで見つかっている。たとえば、座間味沖のストーンサークルと思われる遺構がそうだ。水深二十～三十メートルの海底に、円形の石がサークル状に並んでいる。その円石は沖縄本島にも認められる古第三系の嘉陽層群に似た、古そうな石である。その円石がこまかなサンゴ礫《れき》の円丘状の丘の縁取りのように置かれている。付近に同じような遺構がいくつもあり、さながら古代の墓地のような観を呈している。

その円石の下のサンゴ礫のC14年代は四千百年前であることを示した。また、すこし離れたところにセンターサークル（環状列石）状の地形があり、その円柱の内部の石灰岩のC14年代は七千八百七十年前を示した。その円柱の表面の石灰岩の年代は、二千四百九十年前を示した。

これらの数値は、何を表しているのだろうか。ストーンサークルについては、四千年ほど前に海中で生存していたサンゴが、それ以降は礫となり、そのサンゴ礫が円丘状に敷き詰められた。円石というのは、数千万年前にまったく別な成因でできた砂岩が、陸上で浸食され、円礫になったもの。その大石が丘状の円墓の周囲にきれいに並んでいるということは、きわめて人工的だと考えられるのだ。仮に陸で人工的に形成されたのであれば、四千年前以降に陸化したことになる。

ケラマ諸島・阿嘉島沖の海底では、ストーンサークルのほか、いくつかの遺跡のような地形が発見されている。この海域では一九七六年、当時潜水漁業を営んでいた谷口光利氏らが、センターサークル状の遺跡地形を目撃していた。そして一九九四年、再調査が行なわれ、その所在は再度明らかにされた。

地元ダイバーの川井和則氏が作成した見取り図には、阿嘉島沖の北西から南東方向に（冬至線に沿って）遺跡らしきものが並んでいる。この図を目にしたエジプト考古学者の吉村作治氏も、明らかに古代都市が存在したようだと語っていた。たしかに、遺跡配列の北側のはずれには〝拝所〟、その南側には〝階段ピラミッド〟状の地形がある。この直線をさらに南へ延長していくと、センターサークルとストーンサークル状の地形が配置されていて、このような配置を考えるにあたっては、都市プランのようなものがあったのではないかとさえ思われてくる。

私たち琉球大学調査団が現地に出かけて調査したところ、ケラマ諸島のピラミッド状構造物については、次のような事実がわかった。

この海底地形は、最大水深三十メートルの海底から約十五メートルの高さに立ち上がっている。階段状に見える部分や角張った城壁状の形は、与那国島の海底ピラミッドとよく似ていて、明らかに人工的であるように見える。ただ、与那国島の海底ピラミッドよりも硬い古期岩類の岩盤でできているので、断層や節理によって生じた変形によるものとの可能性も残っている。

仮にこの岩盤が新しい琉球石灰岩なら、整った階段状地形は自然にはできにくいので、人工物とみてまちがいない。このほか、柱穴や拝所、門などの形をした構造物が発見されており、それらも人の手で加工された可能性がある。とりわけ門は、沖縄本島南部の玉城城《たまぐすくじょう》の門とそっくりだ。

次に、ストーンサークルの石の配置を見てみる。これは本州でも東北地方に集中して残っている〝環状列石〟(たとえば秋田県大湯のストーンサークルなど)と、基本構造は同じだ。タクワン石に似た石(約四十~五十センチメートル大)が円形に並び、直径約二~五メートルのサークルが四~五基、確認された。このストーンサークルを造っている丸石は、数千万年前の古い砂岩であった。

仮に浸食を受けて露出したもので、古い地層に根付きになっていれば自然物とみなせる。けれども調査の結果、ドーム状の地盤の上に配置されていることがわかった。また、これは新しい石の上に古い時期の円石が乗っている——これは水流の力によるのか、人が運んだのか、そのどちらかでなければ説明がつかない。しかし、サークルは盛り上がった円形ドームの斜面の途中に、水平に配置されているので、水流によってできたとは考えにくい。

ドーム状地盤は直径約五メートルで、新しい時代のサンゴ石灰質礫岩が敷き詰められたようになっている。ちょうどこのとき、円石の下のキクメイシのサンゴ礫のサンプルが横浜のダイバーより提供されたため、炭素年代を測定してみた。その結果、このサンゴは約三千数百年前のものということがわかった。この水深のあたりが三千年前以降は陸になった可能性がある。しかも年代については、北谷沖の海底城郭域の陸化時期と一致することになった。したがって、ストーンサークルは人工物であり、後述の〝低没檀洞〟に関連する人々が造った可能性がきわめて高くなった。

ロータリーのような構造になったセンターサークル

そのほか、センターサークルと呼んでいるものもある。この構造物は、直径三メートル、高さ約三メートルの六角石柱を中心に、外側へ五本の通路が放射状に延びた、ロータリーのような構造になっている。

センターサークル周辺の通路幅は最大二メートルほどあり、十分に人が通行できる。通路の床部分は、ツルツルしている。おそらく、水路になったこともあり、水流による浸食を受けた跡だろう。このような通路の浸食と多くの円礫は、かつてこの場所が陸上にあったことを示している。六角柱の岩質は、サンゴ石灰岩であることがわかった。

周辺の岩に比べて、センターサークル中央の六角柱がひときわ高い位置にあり、一部の通路が近くのストーンサークルと連絡していることからも、人工的な構造物である可能性が高い。ただ、この地域の石灰岩盤《ビーチロック》には縦横に節理（割れ目）が走る性質があり、六角柱の基本形が自然にできたという可能性も、否定できない。その節理が水路となって、センターサークルを造ったとも考えられる。となれば、浸食された自然地形を人間が加工して現在の形に仕上げた可能性も、まだ残っている。

表面の付着物から、製造年代を推定してみた。その結果については、川井和則氏より提供を受けた。六角柱の下から約二メートルの表面より採取したサンゴの年代はC14法によれば、１４９０±90年ＢＰ、約二十メートルの深さがある内部から採取したサンゴ石灰岩は、７８６０±１４０年ＢＰとわかった。これを、木の年輪を基にした暦年代の補正をすると、およそ八千年ほど前は海中にあったことがわかった。

したがって、この石灰岩が削られてセンターの柱ができているとしたら、造られたあと、この深さ二十～三十メートル地点は陸上に出ていたことになる。八千年前の石灰岩（サンゴ）が、一千年前代のサンゴに不整合で被われているとすると、八千年前～一千年前のいつのときにか、陸化した可能性がある。これも、北谷沖の海底城郭の時代と重なる。

北谷海底城の水没

前述したように、沖縄本島周辺には、海底遺跡らしい地形が、次々と報告され始めた。これまで沖縄本島周辺で発見された遺跡らしき海底地形は、北谷、伊計島、ケラマで報告されている。また、嘉手納沖にも可能性がありそうである。沖縄本島南部の沿岸にも複雑な遺跡様地形があるといわれている。

南西諸島全域では、粟国島や喜界島でも、海底岩盤にうがたれた井戸状の構造物や、方形の巨石が碁盤の目状に配置された大規模遺跡のようなものが目撃されてきた。また、久高島や宮古島沖でも同様の海底遺跡様の物体を水中で目撃している。今後もっと多くの神殿や城塞も見つかるかもしれない。

このように海底城郭や先にふれた海底鍾乳洞の成因を考えると、どうしても小氷河期最盛期の海面下降や温暖な間氷期に入っての海面上昇に加えて、大規模な地殻変動を考慮に入れなければならない。つまり、今は海底になっているあたりが隆起（陸化）している間に遺構が造られ、千年前以降から今に至る間に、二十メートルほどに及ぶ沈降（地殻の沈み込み）が起こったという現象を認めねばならない。これまでの研究では、北谷海底城郭は紀元前二世紀ごろから造られ始め、三世紀ころには存在していたが、それ以降数世紀前までの間に水没したことが読み取れる。すなわち、四世紀以降の大規模な地殻変動で水没してしまったと推定できるのだ。

この大規模な地殻変動は、北谷沖だけでなく、少なくとも沖縄本島から与那国島までに及ぶような地殻変動である。この時期は後述するように、内外の文書に日本の歴史的記載のない「空白の四世紀」(49ページほか参照)と一致するようにみえる。

今後さらに、海底が上昇して陸化する現象と、千数百年前以降から今に至る間に陸域が二十メートルを超すほどの沈降(地殻の沈み込み)のため水没したという現象をさらに確かめ、フォローしてみることが必要になってくる。

そのような海面上昇と海面下降、地殻変動が本当にあったとすれば、ケラマ諸島沖の海底遺跡とおぼしき地形も遺跡であり、同様な歴史をたどったという可能性もはっきりしてくる。

ここで、北谷沖海底城郭が水没した際、どのようなペースで水没したのかについて、簡単にふれておこう。この地点は、今から千年前以降は二十メートルほど水没している。これを年間に直せば、一年間に二センチメートルほど沈んでいったことになる。これは、与那国島の海底ピラミッドが沈んでいったスピードとほぼ同じである。

つまり、北谷沖海底城郭が十五メートルほど上昇して二十メートル下がったとすると、海面の相対的上昇はほぼ千年の間に、年間一・五〜二センチとなり、与那国の海底ピラミッドが海底に沈んだスピードとほぼ同じである。

このような変動は、世界のなかでも限られた場所で起こるもので、それがプレート境界といわれる場所なのだ。プレートとプレート境界を簡単に説明しておくなら――地球の表面はサッカーボールのように数枚の大きなプレート（岩盤）で覆われており、海の底に開いた海嶺からは、地下の熱いマントルが次々と上がってきてプレートをつくるので、プレートどうしはお互いの境目のところでギシギシと押し合いへし合いしたり、引っ張ったりしている。その結果、比重の軽い大陸側プレートの下に、比重の重い海洋側プレートが沈み込んでいくことで、深さ七千メートル以上の「海溝」がつくられる。このように、プレートどうしに働く力を解明したのが、「プレート・テクトニクス理論」である。

沈み込む海溝の一つに琉球列島東側の南西諸島海溝（琉球海溝）がある。列島の西側には背弧海盆といわれるマグマ活動が盛んな「沖縄トラフ」がある。東シナ海と中国大陸の間のへこんだ地域のことを指している。太平洋側から見ると、沖縄や南西諸島という島弧（弓なりに連なる島々）の後ろ側にマントルの上昇部がある。そして、裂けて広がったところに沖縄トラフがあり、地下からどんどんマグマが供給されて地殻を押し広げ、海底火山が活発に活動している。それは、日本でも今なお活動が続いている最も活発な領域である。実際、地殻が隆起したり沈降したりするスピードは、世界でも桁違《けたちが》いに速いのである。

図25（次ページに掲載）は沖縄本島の地殻変動パターンを示しているが、図内の●と○印は海岸で認められるビーチロック（完新世の石灰岩）を示したものだ。ビーチロックは海岸線付近でできるため、この岩石の海岸線からの高度変化を調べれば、その海岸が隆起したか沈降したかがわかる。その結果、●印が沈降していることを示し、○印が隆起していることを示している。

「沖縄のロゼッタストーン」に描かれた〝水中宮殿〟

ところで、すでに人の住んでいた古陸が水没したとすれば、当時の住民たちの目撃談や子孫への語り伝えが、なんらかのかたちで記録されているはずだ。たとえば、石に描いたり彫りつけたり、あるいは壁画に記録することもできる。チャーチワードは、インドやチベットの粘土版に描かれたシンボルから、ムー大陸が水没したという伝説を読み取ったという。

そのような粘土板に匹敵するものを探し求めていたところ、沖縄県立博物館（旧館）の倉庫から、石に刻まれた記録が見つかった。「沖縄のロゼッタストーン」といわれる石版である。図26（次ページに掲載）は、それらのうちの一つをスケッチしたものである。それは、北谷海岸からさほど遠くない、八百年前～六百年前の築造とされる屋良城跡から出土した石版である。

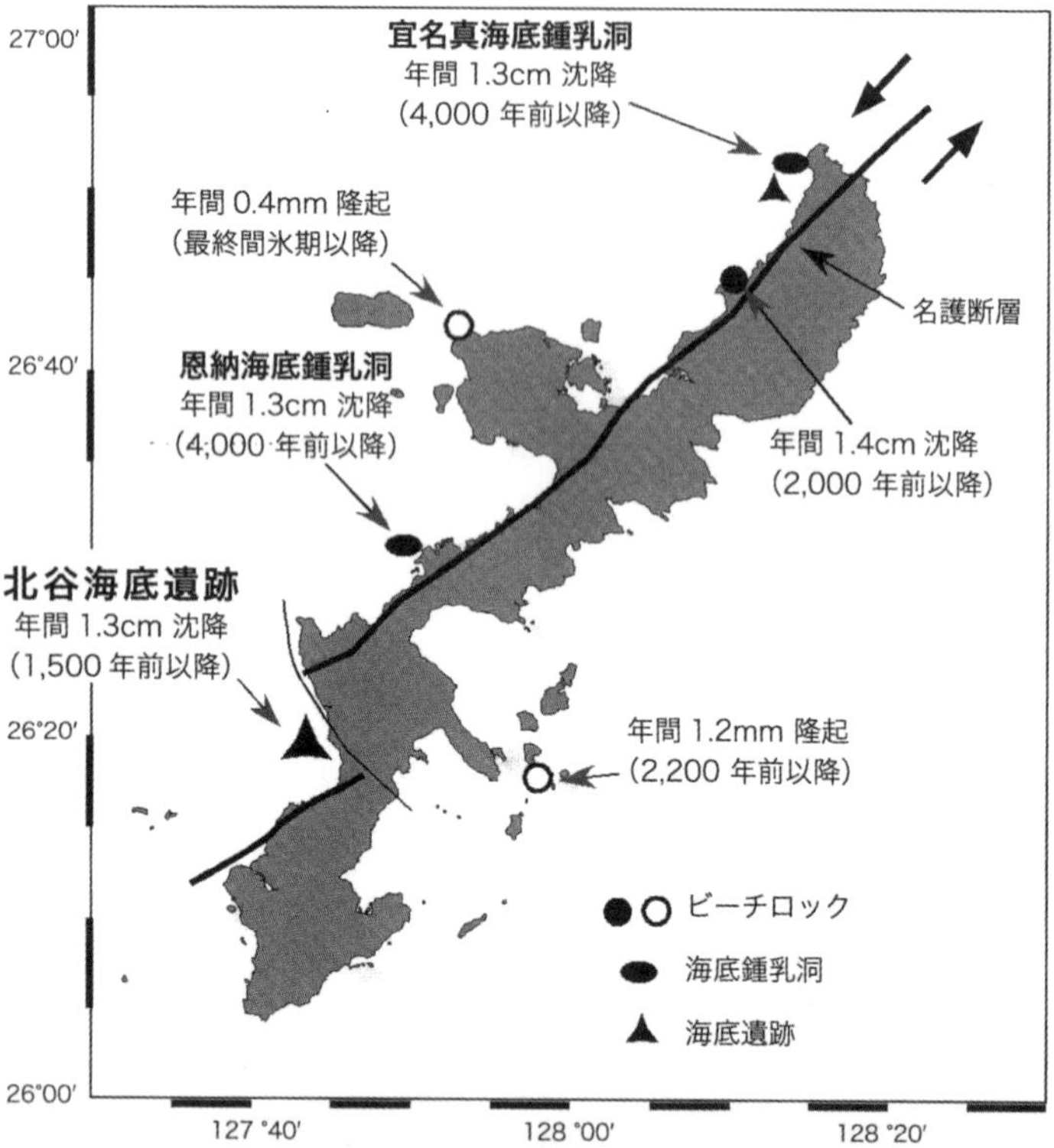

図 25　沖縄本島の地殻変動パターン（黒塗りのものは沈降を示す）

宜名真海底鍾乳洞——石筍は陸上にあった時代、ヒトによって切り取られた可能性がある

水没中の北谷沖海底城郭（矢印）を示した石版ではないかと考えている。ちなみに、沖縄のロゼッタストーンとは、のちに「太平洋のロゼッタストーン」とも呼ばれるようになった線刻石版の総称である。

史上名高い「ロゼッタストーン」とは一七九九年、エジプト遠征中のナポレオン軍が発見した有名な線刻石版である。これは玄武岩製の石碑で、ヒエログリフ（神聖文字）、デモティック（民衆文字）、ギリシア文字の三種の文字で書かれていたため、天才言語学者・シャンポリオンがギリシア文字を基に神聖文字を解読し、そのおかげで、今日のエジプト考古学がスタートしている。

「沖縄ロゼッタストーン」は沖縄本島から十数枚見つかったが、考古学的評価は今のところ定まっていない。というのは、誰が何の目的で刻み残したのかはっきりしないからである。すべて四～六角形の扁平な割り石で、サイズは平均して縦・横約二十センチメートル、厚さ二～五センチメートル。初めて出土したのは、七十年ほど前のことであった。

これまで出土したのは、読谷、北谷、宜野湾など沖縄本島の中部西海岸に限られ、グスクや拝所の地表、もしくは浅い地中から掘り出された。

一方で十五世紀以降の遺物ではないかといわれているが、まだ作られた時代は確定されていない。けれども、古くから琉球にある宗教信仰に基づいたなんらかのメッセージが込められて

(1)

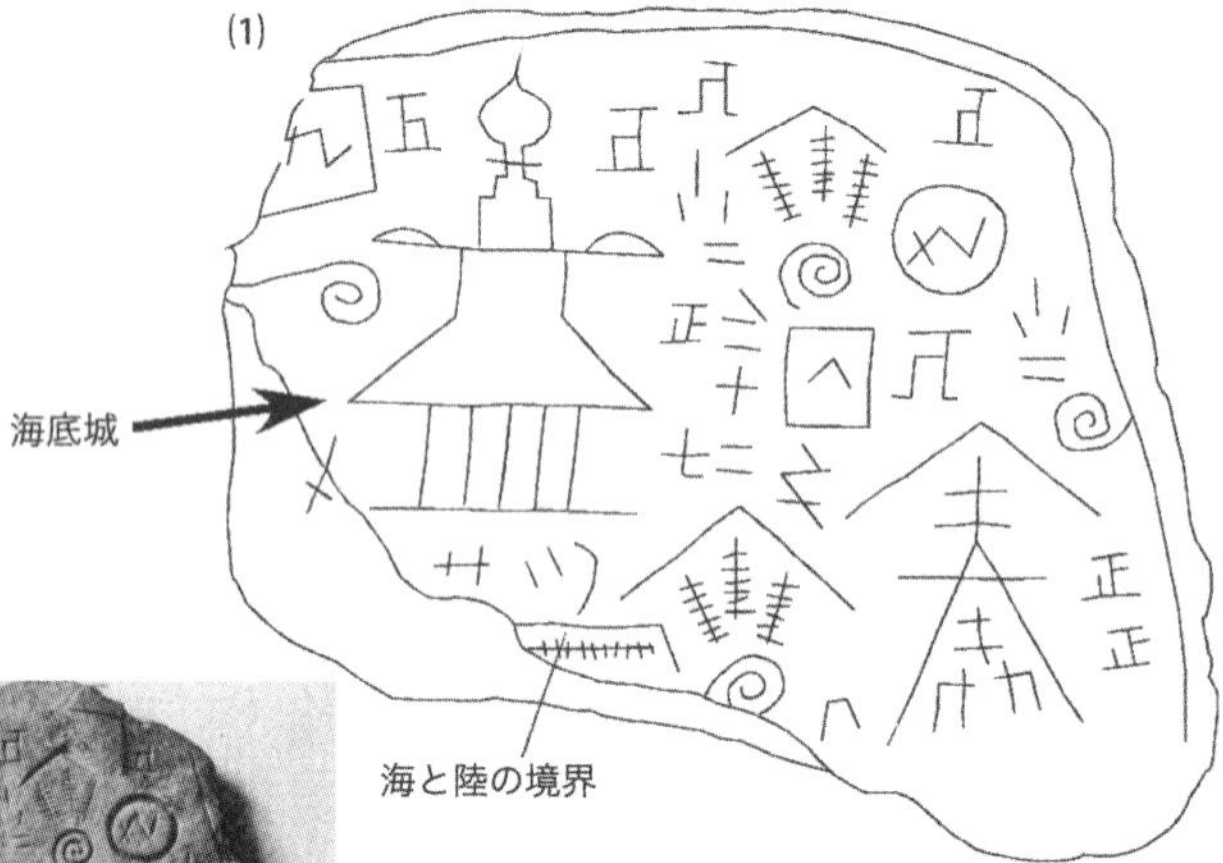

矢印を付した部分の建物が水没中の北谷海底遺跡を示したものと思われるが、この参照用に写真を添えた

(2)

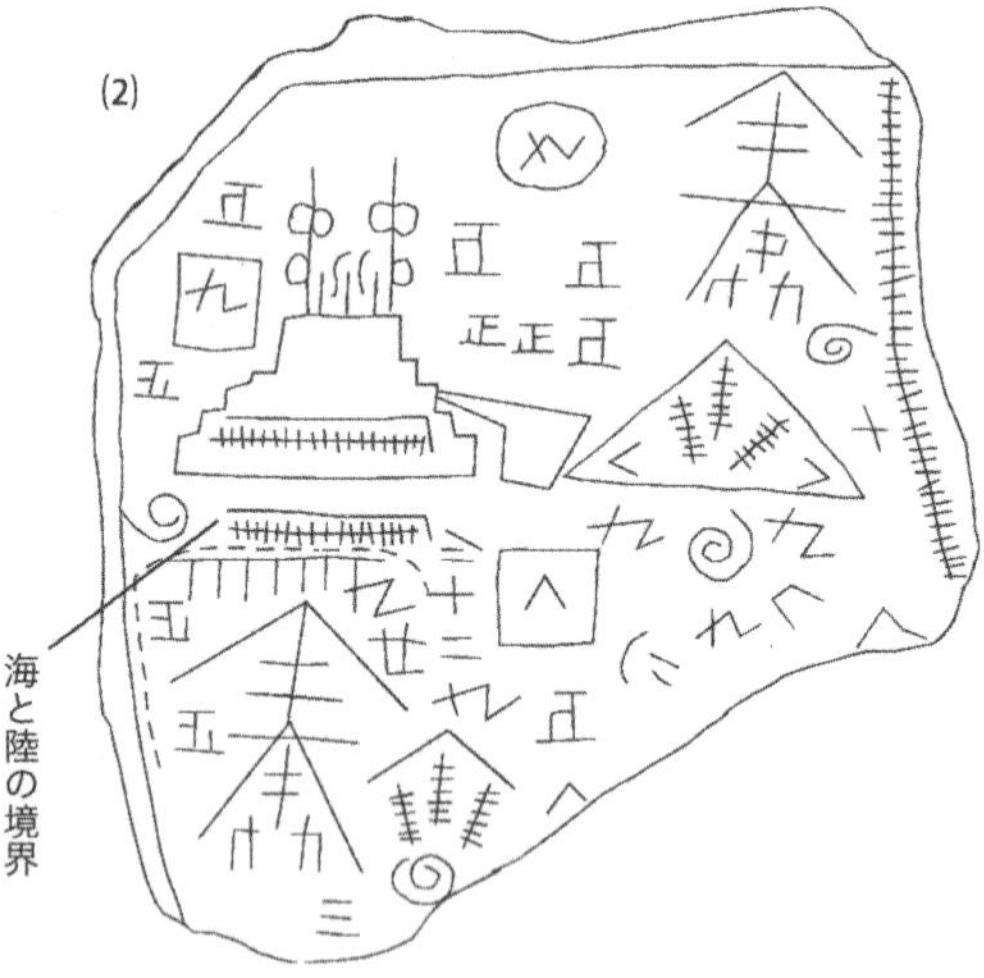

図 26
「沖縄ロゼッタストーン」に見る北谷海底遺跡

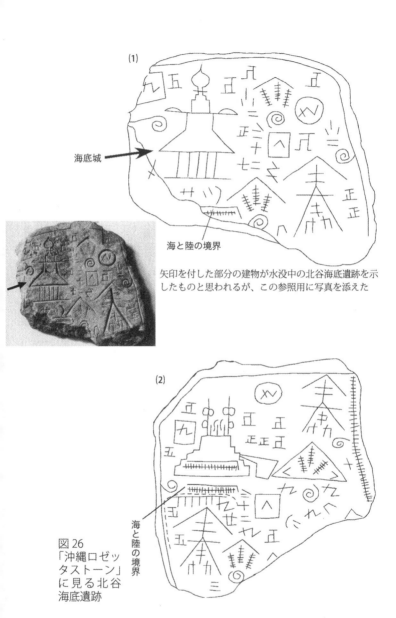

いることはまちがいない。出土した場所からみて、古代から琉球社会で活動してきた神女〝ノロ〟や、民間巫女〝ユタ〟などに守られた秘教的管理物として、代々伝わってきたようだ。

そこで私は、一般展示物だけでなく県立博物館の倉庫に収納されたすべての石版を観察し、解析資料を残らず整理しておいた。与那国島の海底調査が終わったあと、それらすべてをもう一度調べ直した。というのは、ある予感が働いたからである。

刻まれたモチーフは、船、建物、動物、そして家型や王を表すらしい図形や、四角囲みの中に四本線を引いた階段状の記号もある。これらの線刻画はいったい何を伝えようとしているのだろうか？　石版のなかで最も重要と思われる図26の線刻石版(1)（表面）を見ているうち、私の視線は、宝塔のような建物に釘づけになった。その建物は海の中にあるようだ。つまり、水没直後の海底遺跡が描かれているのではないのか？　予感はあたった！

同図の(1)には王宮のような図柄（矢印）が示されているが、建物の下には半分だけ見える横線に小縦線の入った特徴的な線が刻まれている。また(2)は(1)の裏面を示した図だが、建物のあったと同じ場所に船が描かれている。すなわち、短い縦線の入った長い横線は、海と陸の境界を示しているのだ。宝珠を戴いた王宮は船の下、なんと水中にあることになる。

これは、水中に沈みかけている北谷沖海底城郭のようすを描いた図だといえる。というのは現在、北谷沖海底城郭は海岸から三百メートルほど沖合にあるからだ。正殿と思われる階段ピラミッドの頂部は現在、水深五メートルほどのところにあり、その上においてある黄色のボンデン（浮き）は、陸からくっきり見える。数メートルの土台の上に数メートル以上の社殿が木で構築されていたら、まさにこの石版画のように見えたであろう。

沈みかかっていた正殿を当時の人々は見ていた可能性がある。あるいは、そういう状態が何百年か前であったとしても、水中の城の言い伝えはあったのかもしれない。すなわち、「水中の竜宮城」あるいは「ニライカナイ」として、当時の人々の記憶に残ったかもしれないといえるのだ。

そして、驚いたことに一九九二年、奈良県にある弥生時代の環濠集落と思われる「唐古《からこ》・鍵《かぎ》遺跡」から、楼閣風の建物が描かれた土器片が発見された。当時の報道は「楼閣風の建物」としていたが、じつはこの沖縄ロゼッタストーンに描かれた〝宝塔〟とそっくりなのだ。土器片に描かれた楼閣風の建物の形は、中国の後漢時代に墓から見つかった陶器製の楼閣に似ているという。

ここで明らかになったのは、沖縄ロゼッタストーンと同じ形状の〝宝塔〟が、黒潮に運ばれてか北上し、奈良の環濠集落となんらかの〝文化的なつながり〟があったのではないかということだ。

竜宮伝説とニライカナイ伝説

琉球（南西諸島）では、昔から海の彼方に理想郷「ニライカナイ」が存在すると信じられてきた。今日では、その理想郷こそ「竜宮城」ではないかという説が有力になってきた。

竜宮城といえば、亀がつきものだ。じつは、与那国島の海底ピラミッドでは、そのアッパーテラス（上部平坦面）に大亀のレリーフが二体、配してある。また、北谷沖の海底城郭近くには、亀形に似た大石による墓（いわゆるドルメン）があり、亀のレリーフと思われるものがここかしこに見られることはすでに述べたとおりだ。

理想郷ニライカナイは沖縄近海、西方の海底にあるといわれるが、この信仰には、水没した琉球古陸の記憶が反映された可能性がきわめて高い。したがって、前述した石版に描かれた建物は、ニライカナイの神殿とも見える。つまり、古代琉球で信じられていたニライカナイの神殿の中心的な建物、あるいはその一つが、北谷沖の海底城郭ではなかっただろうか!?

読谷、北谷から発見された石版の多くには、〝人〟形が深く鮮やかに彫り込まれている。この人形の上には傘のような模様が描かれ、天のすぐ下にいるようだ。つまり人間界のなかでも最も天に近い〝王〟の姿のようであり、これはまさしく〝太陽神〟「ラ・ムー」を表しているかのようである。

この王は琉球王朝時代、〝太陽の子（テダコ）〟と呼ばれていた。王の上に彫られた〝鳥〟は、王を霊的に守護した最高位の神女〝オナリ神〟の象徴に違いない。

ほかの石版にも、よく鳥の図柄が見られる。船の近くに二羽が描かれ、その下に出っ張った弧が描かれている。一羽はマストの上にとまり、しばしば琉球歌（トゥバラーマ）に出てくる守護神としての〈白鳥＝オナリ神〉を表しているようだ。こうして、北谷沖の海底城郭のようなものが、石版という〝古文献〟にスケッチされていたのである。

また、前掲の石版に描かれた水中宮殿は、まさに竜宮を表したとしかいいようがない。子供たちがいじめていた亀を助けた浦島太郎が、そのお礼に亀につれられて竜宮城へ行く——というのが、今に伝えられる竜宮伝説である。

この浦島伝説が初めて世に現れたのは八世紀、奈良朝時代のこととされている。『万葉集』巻九の一七四〇と一七四一の、水江浦嶋子《みずのえのうらしまこ》を詠《よ》んだ長歌一首と短歌として有名である。また、『日本書紀』では雄略天皇二十二年条に約二行ほどうかがえる。ただ、『万葉集』では〈わたつみの神の宮（常世《とこよ》）〉には行ったが亀は出てこない。けれども、『日本書紀』やそれ以前の『丹《たん》後國風土記《ごのくにふどき》』には、記述がある。

七世紀後半に書かれた『丹後國風土記』には、浦島子が釣った亀が変身して美女となり、彼女につれられて〝蓬萊山《ほうらい》〟に行ったと記されている。そこは、海中の大きな島であった。そこで三年間過ごして戻ったあと、玉手箱を開けたため、地上から消えた。三浦佑之氏は、浦島子が仙人として再生したととらえている。

その後は中世に入って、室町時代に書かれたお伽草子《とぎぞうし》『浦島太郎』で、初めて竜宮（龍宮）という言葉が出現している。浦島は自分が釣った亀を海に放してやった。翌日、亀の化身である美しい女性の導きで竜宮城へ行く。そこは海底ではなく、舟で十日あまりの理想郷である。やがて故郷の浜に戻って玉手箱を開け、白髪になった。こののち浦島は鶴となり、竜宮の乙姫（亀）とともに蓬萊山で万代を過ごす。

これに関して三浦佑之《すけゆき》氏は、竜宮が、じつは蓬萊山の変容ではないかとしている。竜宮はすなわち蓬萊山である、というのである。このことは、のちほど重要な意味を持ってくる。

七～八世紀ごろ、日本の天皇や貴族たちの間では、神仙思想はかなり流行していたようである。そのため、蓬萊山へ向かう浦島子の物語のあらすじができていったのだろう。ところが中世になると、浦島太郎と呼ばれるようになるとともに、訪問する〝異界〟も竜宮城と呼び換えられるようになったらしい。

ここでおもしろいのは、三浦氏によれば、竜宮という概念そのものは『法華経《ほけきょう》』の「提婆達《だいばだっ》多《た》品」に出てくるが、もともと〈福を得る〉という意味合いはあっても永遠の生命を得るという意味はないという。したがって、中国では永遠性を意味した蓬莱山という概念が、亀の報恩性を意味する竜宮に変わっていったというのだ。

いずれにしろ私には、北谷海底城郭のドルメン（図19、20〔132、134ページに掲載〕）は〝死してなお乙姫様をお守りしている亀〟と思える。まさに、ここはかつて龍宮城として栄えた城としか見えない。その女王は、真っ白なサンゴを加工してできた石棺の中で現在も静かに眠っている――。

これを単なる妄想と一笑に付す方は多いであろうが、現実として美しい透明な沖縄の海底に、伝説そのものの状態で、城があり、王墓があり、それを亀が守っているととれる情景が見られるのは確かである。少なくとも私は、ドルメンを前に襟《えり》を正さざるをえないのだ。

その心情を基に、次章では〝沖縄邪馬台国〟像を各史書に見ていってみよう。

第4章

〝邪馬台国＝沖縄〟像は史書に見え隠れしていた

[沖縄＝邪馬台国]の必要条件と十分条件

すでに一部述べたように、唐の魏徴《ぎちょう》（五八〇〜六四三年）撰になる『隋書《ずいしょ》』の「東夷列伝」には、卑弥呼の時代より三百六十年後の〝流求国〟についての記載がある。この流求国については現在の沖縄であるという説や台湾説、また台湾以北の南西諸島全体を指すといった諸説があり、決着がついていない。

それでは、なぜここに出すのかということになるのだが……ひと言でいえば邪馬台国＝沖縄説を逆方向から再検証したいからである。これまで『魏志倭人伝』に従って北から追ってきたわけだが、逆に南から検討することで確認できないかということである。

さて、『隋書』「東夷列伝」によると、流求国は建安郡（現在の福州）の東にあり、そこからは水行五日の行程だという。一方、大業三年（六〇七年）に義安（現在の潮州）から船出したときは、流求まで一ヵ月かかったとある。これを、流求を沖縄と仮定してプロットしてみたのが図27である。

このとき、時の皇帝・煬帝《ようだい》の命で一万余の兵で流求に攻め入り、男女数千を捕虜にして帰ったとある。また《白馬を刑して海神を祭る》とあり、軍馬も載せてきているから、相当な大型

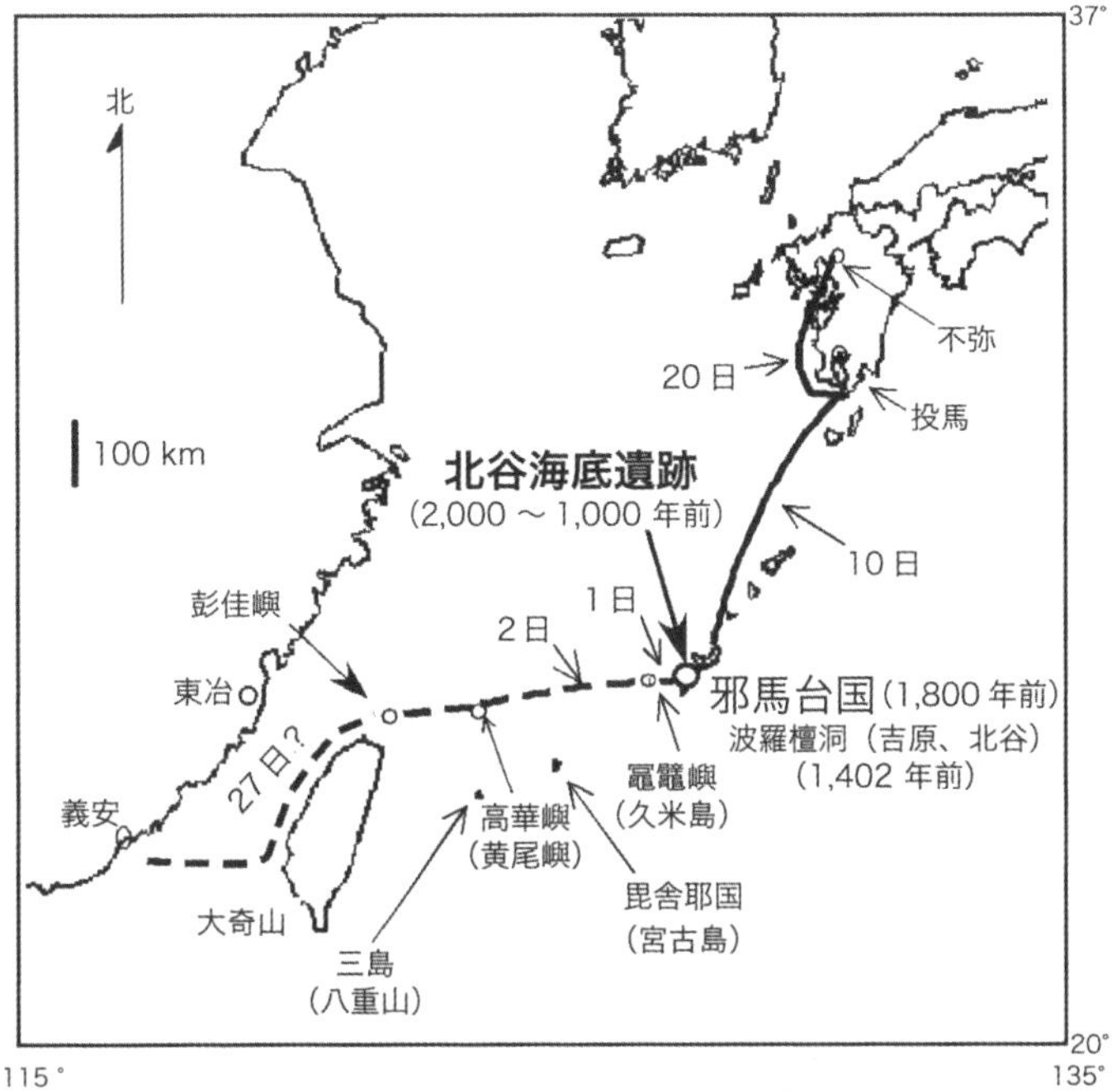

図 27　北谷海底遺跡の位置づけ

北谷海底遺跡の北壁の探査――左／内側から外側（ダイバーのいるところ）を見たもので武者走り（？）のくぼみが認められる、右／外壁のようすは高さ10 mで城壁そのものである

船を含む多数の船団であったことが想像される。他方、六一二〜六一四年にかけては、煬帝によってインドネシアのジャワまで軍事活動が展開されたという。中国では十一世紀ころから羅針盤の原型を船に載せたというが、このころすでにあった磁石と合わせ、かなり高度な航海術を持っていたとみることができる。

流求が沖縄であれば、潮州からおよそ千百五十キロの距離である。これを後世の冊封船《さくほう》（帆船）の速度二〜三ノットで計算すると、近くの福州からは六〜九日、潮州から九〜十三日となる。実際には、福州から三日で来たという冊封船の記録がある。時代はさかのぼるといっても、訓練された軍船の脚は、それらより速いということはあっても、遅いということはないと思われる。したがって、福州から流求＝沖縄まで五日という数値はおかしなものではない。ただし、このときの船速は六ノット出ていることになる。

一方、義安は台湾の西方三百キロである。しかも潮流に逆らって進まなければならないとしても、それぞれ二〜三ノットで一〜二日、あるいは三〜四日で着く。台湾は目標としても大きく、義安からでも確実に四日以内で行けるはずである。もし〝流求〟が台湾であれば、そこに訓練された大型軍船で行くのに一ヵ月かかるとは非常に考えにくい。これは、台湾を通り越し、さらに台湾海峡を抜けてそれより数百キロ以上ある沖縄へ、潮流に逆らって行ったとするべきと思われる。

また、台湾は先史時代以来、華南の沿岸と交渉があり、過去、三国時代に呉が〝夷州〟なる海外の島を討伐したが、実際には夷州ではなく台湾であったことが露見して、責任者二人が処刑されたという記事がある。少なくとも台湾における状況は、先住種族についても知られていたわけだ。したがって、隋がわざわざ台湾を攻める必要もない。ほかに、台湾には一六世紀の万暦末まで君長がいなかったとの記録があり（『明史《みんし》』「外国伝」〝地理考証〟）、『隋書』「東夷列伝」の流求に王がいたという記述と合わない。以上の地理的条件と従来の研究とを総合的に判断して、大業三年の流求は沖縄とするべきと思われる。

それから六百八十年後、一二九一年に元のフビライの軍が六千人余をもって〝瑠求〟を攻めたとある。『元史《げんし》』「外国列伝」によると、このときは九月に出発し（発進地不詳）、四ヵ月近くかかってまず八重山（？）に行き、さらに一ヵ月近くかけて瑠求に至った。しかし、帰りは四日で中国（彰湖）に着いている。往きに時間がかかったが帰りは数日で戻ったところなどは、大業三年の流求と似ている。おそらく、往きは大洋中に浮かぶ小さな目標を探しながらゆっくり行ったため時間がかかり、帰りは目標が大きく直線距離を全速力で走ることができたため短時間で行けたのであろう。

以上の点からも、『隋書』の流求は、沖縄ととって不都合はないといえる。また、隋のときも元のときも、大軍が押し寄せてきても降参しなかったのは、そこがかつて邪馬台国という大国であったためではないかと想像することができる。

また、『隋書』より一世紀半後に、僧・鑑真《がんじん》がここにたどり着き、その地を〝阿児奈波〟と聞き、それが沖縄の語源となったとされている。それも、漂流してたどり着いた鑑真が、「ここはどこですか」と聞いたら「ああ、ここはナーです」——すなわち奴国ですと答えたのではないかとの想像も働く。

『魏志倭人伝』と一致した『隋書』の〝流求〟

『隋書』「東夷列伝」の流求国については、『魏志倭人伝』中の女王国の記述とよく似たところが多くある。なかでも、《王のいるところを波羅檀洞《はらだんどう》といい、塹柵《ほりさく》が三重になって流水を還《めぐ》らし、棘樹《きょくじゅ》（とげのある木）で藩《かき》がしてある。王のいる舎の大きさ十六間、禽獣《きんじゅう》を彫刻してある》とある部分、つまり流求に王宮があり、それが環濠・城柵で囲まれているということは、『魏志倭人伝』中に邪馬台国が「宮室・楼観・城柵、厳かに設け」ていることとそっくりである。

なかでも注目すべきことは、吉野ケ里《よしのがり》遺跡が外濠と内濠とで囲まれた三重の環濠城柵であることだ。そして〝波羅檀洞〟も三重になっている。それだけ防備が進んでいるともとれる。また、棘樹はガジュマルであろう。さらに〝王のいる舎〟が〝十六間（約二十九メートル）〟の大きさとは、北谷海底城郭の舎殿がこれにあたろう。その舎殿の土台とみられる階段ピラミッド状構造物の幅が約三十メートルであるからだ。また〝禽獣の彫刻〟は、海底遺跡の舎殿南における聖域・霊域に亀や龍（ヘビ）の巨大な彫像（ドルメン付近）や鳥と思われる大きな彫刻が見られることと一致する。流求が沖縄であれば、これらの記述は、一千四百年前の沖縄が、かつて女王国であった名残をとどめていたものということになろう。

さて、伊波普猷《いはふゆう》氏は、隋軍はまず久米島に至ったと解釈している。彼らは久米島に着くと、大将の稜は進んで低没檀洞《てもだんどう》に至り、その小洞の按司《あじ》である老模《ろも》を斬ったとみる。

そしてこの低没檀洞について、伊波氏は『歴史論考』の中で、低没は豊見城《とみしろ》の豊見《てみ》に擬せられないこともないとしている。檀洞の「洞」は「殿」に相違ないから、波羅檀には「国殿」の義があるのではあるまいかとも推察している。しかし、そのころそこは陸の真ん中にあり、船で簡単に着けなかったと思われる。私は〝低没〟は、文字どおり〝低地で水没しそうな城〟ととりたい。現在ではケラマの海中で発見された海底城（？）がそうかもしれない。

こうして〝低没〟を攻めた隋軍は、その後五軍に分かれて、都邑《とゆう》に赴くとある。ここで、図28（169ページに掲載）に前章で示唆した北谷《ちゃたん》海底城郭、そしてその周辺の復元地形を示す。これには五つの進路が見て取れる。次いで五軍のかたちでいよいよ波羅檀洞を攻める。

そこでは、按司が数千の兵を率いて迎え撃ったが、隋の軍に押され、柵の中に入る。隋の稜は塹《ほり》を埋め、攻めてその柵を破り、按司を斬り、その子・島槌を捕虜にした。さらに男女数千を捕虜にして帰り、稜は紫金光禄大夫となった——とある。

では、波羅檀洞はどこか。海底遺跡のある北谷は、別名「吉原」という。おそらくこのヨシハラの〝ハラ〟をとり、北谷海底城郭が〝ハラダンドウ〟と呼ばれたのではないかと、私は推測する。

図28を見ていただきたい。もし、波羅檀洞とすると、そこへの侵入口が五つあることが見て取れる。ここで、せっかく外塹の内に入って主を斬ったにもかかわらず、流求を支配せず、捕虜だけ連れて帰ったというのは、おそらく抵抗が激しいのでそれ以上攻めきれず、あきらめて帰った——ということではないだろうか。そうであれば、ますます北谷海底城郭がそれにふさわしくみえてくる。

加えてこれまで、沖縄では木の城柵は見つかっていなかったが、一九九一年、那覇市に隣接する南風原《はえばる》町で十四〜十五世紀のものと推定される三千平方メートル以上の面積を持つ城跡に、木の城柵跡と思われる大規模な遺跡が発見されたと報じられた。

以上、『魏志倭人伝』に基づいて南西諸島を南下してくると沖縄に女王国が比定される。一方で、『隋書』によれば中国福建省から東・北上してくると沖縄にたどり着き、そこに女王国

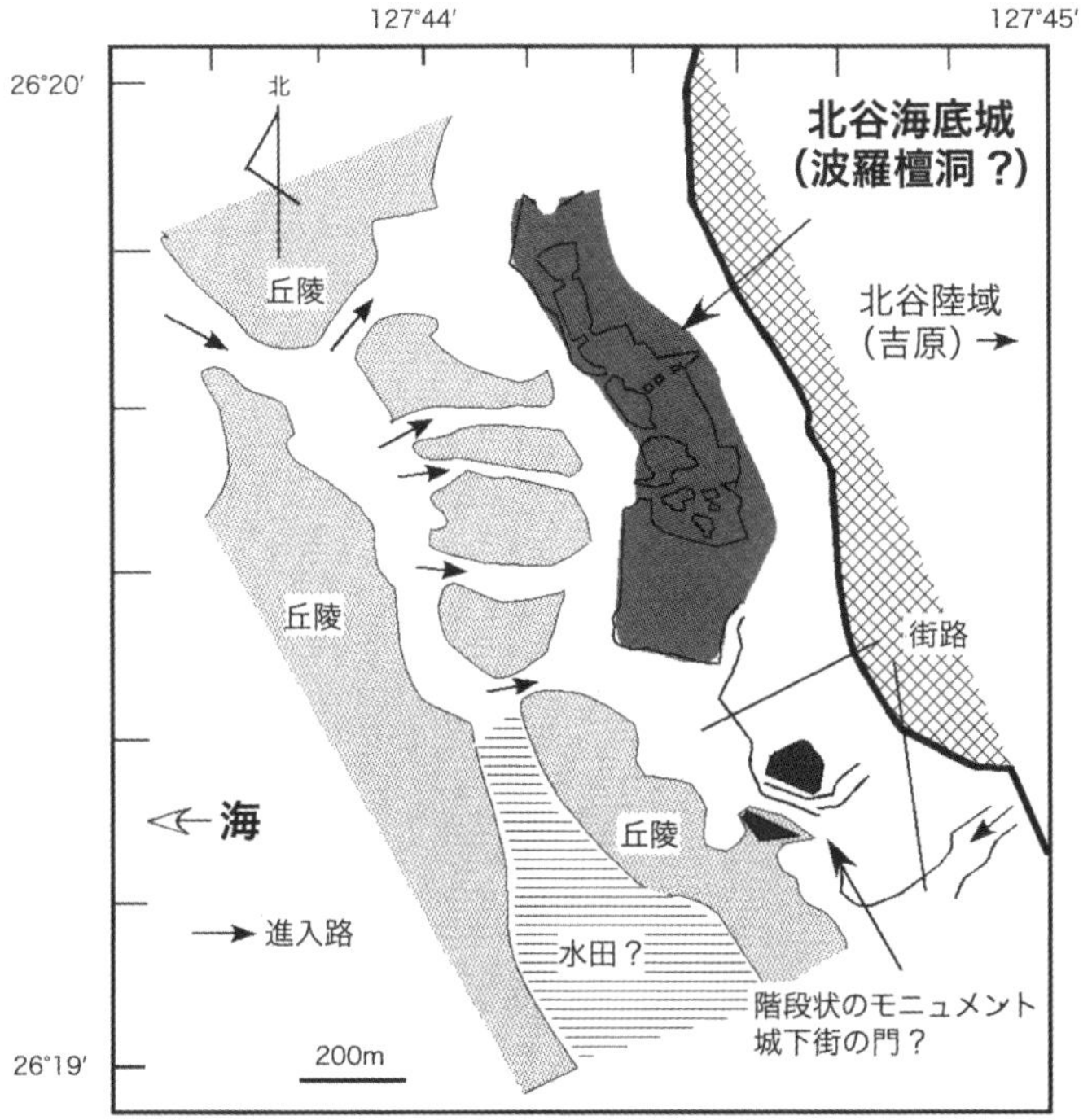

図 28　北谷海底城と周辺域

北谷海底遺跡の内部から出土した石器（石片？）

と同じような王宮の記述をみたことになる。この一致は重要と思われる。

また、北谷陸上から出土した石版に描かれた水中の〝城〟（154ページ掲載の図26）は、そのような城の水没が伝えられたものではと想像される。この石版はおよそ八百年前〜六百年前に建造された屋良城跡から出土したものである。今から六百年前までに水没した北谷海底遺跡の水没の状態を記録しているのかもしれない。

いずれにしても、こうして邪馬台国＝沖縄に到達したわけだが、ゴールにはまだ至っていない。たとえば〝流求＝琉球〟を確認しえたものの、「倭人」の名がどこからきたものかは解明しえていない。『魏志倭人伝』は《倭人は帯方の東海、大海中にいる》と始まるが、より古代に、どのようにあったのかを何も伝えてはくれないのである。何より、沖縄邪馬台国説が私たちの明日に何をもたらすのかもみていかねばならないだろう。

そうしたことから、以下では沖縄の伝承を交じえながら、日本史の真実を古代の闇のとばりから引き出していきたい。

記紀神話とつながる、琉球神話や『魏志倭人伝』

［序章］において『古事記』や『日本書紀』（記紀）を〝そのままでは正しいものとして受け

入れるわけにはいかない〟としたが、こと神話とされる部分はかなりに史実を反映したものがみられ、なかでも「邪馬台国＝沖縄説」には、それが非常によく当てはまるのである。

そもそも伊奘諾尊《いざなぎのみこと》・伊奘冉尊《いざなみ》（ともに『日本書紀』の表記。『古事記』とは異同があるため、基本として紀にそいながら初出のみ漢字表記とする）の「国生み神話」をはじめ、その多くが南海から環太平洋の島々で共通しており、記紀神話の南方渡来は定説となっている。このラインのなかに琉球神話が生まれ、それが本州に波及していったとされる。

実際、琉球神話ではシニリクとアマミク（詳しくは［第５章］以降に後述）が二男一女を生み、イザナギ・イザナミは天照大神《あまてらすおおみかみ》・月読尊《つくよみ》・素戔嗚尊《すさのお》の二男一女を産む。そして世界の神話のなかでも記紀神話には、ある面、欠陥ともいうべき明確な二つの特色があり、それを琉球神話が補っているとみられる。

記紀神話にはその特色の一つとして〝洪水伝説〟がないこと、もう一つは〝月〟に関する記述がはなはだ希薄なことである。

ツクヨミはアマテラス・スサノオとともに「三貴神」とされながら、イザナギから根の国（冥界）を治めなさいといわれてそこに向かったきり、以後登場してこない。世界の神話を統計的に調べたルイス・スペンスの「月神神話は日神神話に先行する」ことを考えれば、これは驚くべきことである。

これに対して琉球神話は、たとえば「キンマモン（君真物）」と呼ばれる人民守護の女神は海底を宮とし、月とともに人々の前に姿を現す。そしてのちに王権守護の神である「キミズテリ」ともなっていくように、月神が日神に先行する世界の神話との同一性がみられるのだが、このキンマモンの行動が記紀に投影されてツクヨミの記述ができたようなのだ。そのほか、記紀の水蛭子《ひるこ》（『古事記』ではほかに「蛭児」とも記され、『日本書紀』には「雖己」や「此兒」と記される）を思わせる「ボーズ」などにより、多くの宗教学者が琉球からのものが記紀神話を補佐していることを指摘している。

もう一つの洪水伝説の希薄さは、私の邪馬台国＝沖縄説にたてば、これもうなずけるものとなる。琉球＝ムーをはじめとして、沖縄はとりわけ水害の多いところである。それゆえ前述してきたような遺跡の空白期等々も出るわけで、そのときどきに脱出していった者も多かったことであろう。私の説は、地質学的によく調べれば、稲作の適地を求めるほかに、水害を避けるための東遷（北上）もあるのではないかと考えてのものである。

つまり、記紀に洪水伝説が希薄なのは、そのことを忘れたいという願望の所産といえる。一方、琉球神話では、沖縄に残った者たちの身の周りに起こる現実として、おのずと洪水についての記述が多くなる。この点からも記紀神話の補佐に琉球神話が求められていることが裏づけられよう。

こう考えてくると、記紀神話・琉球神話とともに『魏志倭人伝』がすっきりした「邪馬台国＝沖縄」へのアナロジーを有しているのがわかる。先のシニリクとアマミクが二男一女を産んだこととイザナギ・イザナミがアマテラス・スサノオ・ツクヨミを生んだこととが対応し、さらにアマテラスとスサノオの関係は、邪馬台国と狗奴国の構図に対応できる。

アマテラスは先行するアマミクが「海御子《あまみこ》」ともされ、海御子が「天《あま》御子」に変化し、それが「天照」とされたと理解できる。古琉球では、この天御子が「日御子《ひみこ》」となり、やがて「天日子《てだこ》」、あるいは「太陽子《てだこ》」となり、琉球王を称することになったとすれば流れはつながる。そして、その日御子のときに、中国人に卑弥呼と書かれたように思える。ちなみに、これは白鳥庫吉《しらとりくらきち》氏や和辻哲郎《わつじてつろう》氏らの説と一致するものだが、近年ではアマテラス＝ヒミコとする説は少数派のようだ。

また、卑弥呼はヒミコまたはヒメコと読める。卑弥呼に日の御子、姫御子をあてることは古くから行なわれてきた。たとえば、新井白石が「日御子」としている。そのほか、本居宣長は「姫児《ひめこ》」をあてた。児は姫という語に尊敬の「子」をつけた転訛《てんか》であろう。私自身は「日の巫《み》女《こ》」があってもよいと考えている。

最近では、安本美典氏が『万葉集』の一六七番の歌で「天照らす日女の尊（天照《あまてらす》日女《ひめ》之《の》命《みこと》）」という語のすぐあとに「高照らす日の皇子（高照《たかてらす》日《ひ》之《の》皇子《みこ》）」という語が出てくる例を挙げ、日女は「ひめ」とも読めることから、卑弥呼は「日女皇子」のような語を映したものだろうとしている。

安本氏は、同様に『魏志倭人伝』の狗奴国の男王「卑弥弓呼《ひみこお》」が卑弥呼とともに記紀神話に投影されており、実際に姉弟であるために名前が似ているのであろうとしている。この証明として挙げる記紀の用例には、たとえば「沙本昆古《さほひこ》」と「沙本昆売《さほひめ》」、「宇遅能和紀子郎子《うじのわきこいらつこ》」と「宇遅之若郎女《うじのわかいらつめ》」など、兄弟姉妹で名前の似ているケースは非常に多い。

ここに、従来の読みである《倭の女王卑弥呼、狗奴国の男王卑弥弓呼と素《もと》より和せず》を〝素より〟とせず、「卑弥弓鳴素《ひみこおす》」が男王の名であるとする内藤湖南氏の説をとれば、「素」は素戔嗚尊の名の初めの素と一致する、と安本氏は指摘する。また、卑弥弓呼の「卑弥弓」を「姫が夫」と解することで、卑弥呼の弟のような近親者と解することもできるのではないかともしている。それでは卑弥呼を補佐したという〝男弟〟はどうなるのか。もちろん、アマテラス＝アマミクのもう一人の一男のツクヨミである。

「岩戸隠れ」の神話が語るもの

宇治谷孟《うじたにつとむ》氏の『全現代語訳 日本書紀』（講談社刊）でのスサノオは、勇ましく荒々しく、残忍なことも平気だった。また、よく泣きわめくことがあった。それで国内の人々を多く死なせた。また青山を枯れ山にさせた。それで父母の二神はスサノオに「お前はたいへん無道である。だから天下に君たることができない、遠い国に行け」といい、ついに追いやられる。

この際、スサノオは姉に別れを告げることをイザナギより許される。そしてスサノオが天に昇るとき、大海はとどろきわたり、山岳は鳴り響いた。そこで姉のアマテラスは髪を結い上げてみずらとし、裾《すそ》をからげて袴《はかま》とし、大きな玉をたくさん紐《ひも》に貫いて髪や腕に巻きつけ、背には矢入れ、腕には立派な高鞆《たかとも》をつけ、弓弭《ゆはず》を振り立て、剣の柄を握りしめ、地面をも踏み抜いて、土を雪のように踏み散らし……という勇猛な振る舞いと厳しい言葉でスサノオを激しく詰問した。スサノオはこれに対しただ姉に会いたかっただけだといい、両者子を産み合ってその証しをたてた。

しかしその後も、スサノオは悪いことばかりする。これに怒ったアマテラスは天岩屋《あまのいわや》に入り、岩戸を閉じてこもってしまった。それで国中、常闇《とこやみ》となってしまった。夜昼の区別もわからなくなった。八十万《やそよろず》の神たちは、天安河原《あめのやすかわら》に集まって相談した結果、天鈿女命《あめのうずめ》が岩戸の前で踊り歌った。

アマテラスはこれを聞き、「私はこのごろ岩屋にこもっている。豊葦原《とよあしはら》の中つ国はきっと長い夜だろう。どうしてアメノウズメはこんなに喜び笑いさわぐのだろう」と思い、岩戸を開けてみた。それを待っていた手力雄神《たぢからおのかみ》が、アマテラスの手をとって引き出した。

この部分から作家の井沢元彦氏は、一九九一年十二月にＴＢＳで放映された「邪馬台国特集」において、『魏志倭人伝』中の《卑弥呼以て死す》に注目し、その死亡年であろう二四八年九月に皆既日食（日の出日食）が起こっていること、それによって太陽崇拝のシャーマニズムの司祭者・卑弥呼は民衆によって殺されたと推理した。さらに、天照大神の〝岩戸隠れ〟からの再出現は、『魏志倭人伝』での卑弥呼の宗女・壱与の擁立として記されていると結論づけている。ただし、現在の再計算結果からは、日食とヒミコの死の関連性を疑問視する見方もある。

私は井沢氏の推理に加えて、この天の〝岩戸〟が［第1章］に記した北谷海底遺跡におけるドルメンの巨大な天石（亀形）であろうと思ってもいる。岩戸隠れの情景は卑弥呼が死去したことを示し、この天石で覆われることと一致する。そして、岩戸が開かれてアマテラスが再び現れることは、卑弥呼の宗女・台与が新たな女王となって国が治まったことと解釈しうるからである。

なお、卑弥呼の宗女の名は『魏志倭人伝』の現刊行本では「壹（壱）与」と記されている。しかし『太平御覧』および『梁書《りょうじょ》』『北史』『翰苑《かんえん》』などは、これを「臺（台）」につくっている。安本氏は現刊行本は十二世紀に成立しており、それより古い九世紀に書写されて今日に伝来した『翰苑』に「臺与」とあることから、これは上古音に当てはめて「とよ」と読みたいとしている。なぜなら「とよ」と読める人名は記紀にも何人かいるからだという。

私はここまで「台与（壱与）」というように、当否を保留して記してきたが、安本氏の「宗女台与が年十三で女王になったとすれば、後見人を必要としたであろう。その後見人が高御産霊尊《たかみむすひ》であろう。そして台与はタカミムスヒの娘とされている。万幡《よろずはた》〝豊《とよ》〞秋津師比売《あきつしひめ》と同一人物ではないか」という見解に則して、以下では台与と記していこう。安本氏によると、彼女は天忍穂耳命《あめのおしほみみ》と結婚し、その子孫が皇室となるという存在である。

ここから〝天孫降臨〞や〝神武東征〞神話も注目されてくる。また、スサノオがアマテラスの弟とすると、それは〝狗奴国の王〞ということになる。そして、諸説を総合すると彼は、韓国のほうに追放されたことになる。これは重要なことなのであとに詳述したい。

ニニギと神武は邪馬台国東遷の投影⁉

スサノオ追放ののち、アマテラスの子アメノオシホミミとタカミムスヒの娘との間に瓊瓊杵《ににぎ》尊が生まれた。皇祖のタカミムスヒは、この孫のニニギを豊葦原の中つ国の君主にしたいと思い、いろいろな神を遣わしてようすを見たあと、タカミムスヒは衾《ふすま》でニニギを包んで降ろした。皇孫は天磐座《あまのいわくら》を離れ、天八重棚雲《あめのやえたなぐも》を押し開き、勢いよく道を踏み分けて進み、日向《ひむか》の高千穂峯《たかちほのみね》に降りた。

そして、よい国を求めて、吾田《あた》の長屋の笠狭崎《かささのみさき》に着き、そこで天神《あまつかみ》が大山祇神《おおやまつみ》をめとって産んだ神吾田津姫《かむあたつ》（木花開耶姫《このはなさくや》）と一夜をともにして火蘭降命《ほのすそり》、彦火火出見尊《ひこほほでみ》、火明命《ほのあかり》の三人の男子を誕生させた。そうしてのち、ニニギは亡くなった。

兄のホノスソリは海の幸を得る力を備えていて海彦と呼ばれ、弟のヒコホホデミは山の幸を得る力を備えて山彦の名でも呼ばれた。その山彦はあるとき、兄の釣り針を海で失ったために、塩土老翁《しおつちのおじ》に籠の中に入れて海に沈めてもらった。するとひとりでに美しい小さな浜に着き、籠を捨てて出ていくとたちまち海神《わたつみ》の宮に至った。宮の門の前にある井戸に水汲みに来た娘が山彦を見つけて父母に報告する。ワタツミは、山彦を導き入れてわけを聞き、針は見つかった。

山彦はワタツミの娘の豊玉姫《とよたま》をめとり、海宮に三年とどまった。そこは安らかで楽しかったが古郷が忘れられず、帰って兄の海彦から許される。この海彦は吾田小橋《あたのおはし》らの遠祖である。

詳しくは後述するが、私は〝海神の宮〟とは海島である〝伊平屋島《いへや》〟にあったと推定したい。というのは、藤井貞観《ていかん》（後述）が、トヨタマヒメの子であるウガヤフキアエズと叔母のタマヨリヒメの間にできた〝神武天皇〟は伊平屋島の出身としているからだ。そして私は、神武は東遷の際に〝金印〟を所持していたと考える。そもそも私は、神武天皇の母親のトヨタマヒメはその名のとおり、卑弥呼の宗女であり次の女王となった〝トヨ〟（台与）の可能性があるとみている。となればトヨタマヒメは、卑弥呼とその前の奴王の二つの金印を受け取っていたはずであり、それが神武に伝わっていたことだろう。そうなら、なぜ金印を持ち出したかである。

これは［第2章］ほかに前述した《極南界の奴》にこそ「漢委国王」の金印があったとするからだが、神武はまず福岡県の岡水門《おかみなと》に着いたとき、以前の奴王の金印を九州に置き、卑弥呼の金印を持って東遷したのではないだろうか。なぜなら、卑弥呼の「親魏倭王」の印は倭（日本）の王を意味する具体性があるが、「漢委国王」印はよくわからない面がある。そうした判断とともに、奴の金印は九州の治めに、他の一つはよりむずかしい九州以東の治めに必要だったのではないか。また、この際に置かれた金印がのちに志賀島から発見されて今日に至ったことは十二分にありえる。

さて、先の宇治谷氏の書に話を戻そう。山彦の帰郷前に、トヨタマヒメは子を産むために妹の玉依姫《たまよりひめ》とともに海辺に行くが、生むときの龍の姿を山彦に見られたため、産んだ子を浜に捨てて海に帰る。そうして生まれた子は鸕鶿草葺不合尊《うがやふきあえずのみこと》と名づけられた。その後しばらくして山彦は亡くなり、日向の高尾山上陵に葬られた。

このあたりの記述は淡々としているが、『魏志倭人伝』に照らせば《卑弥呼以て死す》からあとの時代にあたり、特に記されてはいないが、海彦・山彦の争いなど、〝下界＝九州倭国〟もだいぶ乱れてきたようだ。また、ワタツミ（海洋民、あるいは洪水を指すか？）との交流などからは、東遷のきざしがうかがえる。

ついでながら、「山」の国である沖縄はまた海人の「海」の国だが、『日本書紀』の吾田小橋に対応する熱田《あつた》や小橋川という地名・人名がある。また、豊玉姫や玉依姫に対応する玉城《たまぐすく》や運《うん》玉森《たまもり》もある。このころの名が残されているのではないだろうか。

さて、トヨタマヒメに捨てられたウガヤフキアエズだが、成長して叔母のタマヨリヒメを妃とし、四人の男子を生んだ。それからしばらくして西洲宮で亡くなり、日向の吾平山上陵に葬られた。

このウガヤフキアエズの四番めの子が神日本磐余彦尊《かむやまといわれひこ》、のちの神武天皇である。神武は十五歳で皇太子となり、成長ののち日向国吾田邑《あたむら》の吾平津媛《あびらつひめ》をめとって后とした。そして四十五歳のとき、東征に出発する。神武の東征はまず船で行なわれた。先の藤井説に基づけば、このとき彼は伊平屋島を出たのであろう。その出発の理由には、沖縄の水没が関係している可能性がある。

記紀では兄弟や子供たちに「天孫が降臨されて、百七十九万二千四百七十余歳になる。しかし遠いところの国では、まだ王の恵みが及ばず相争っている。また、東のほうにはよい土地があると聞く」といい、大歳の甲寅《きのえとら》冬（十月五日）に出発した。

最初は速吸之門《はやすいのと》、すなわち現在の速吸瀬戸（豊予海峡）を通り、筑紫《ちくし》国宇佐に着いた。次いで、十一月九日には筑紫国岡水門《おかみなと》に着く。のちにここからほど遠からぬ志賀島で「漢委国王」印が出土しているが、前述したようにそれは神武天皇が邪馬台国から持って行ったものかもしれない。

さらに、十二月二十七日には安芸《あき》国埃宮《えみや》に達し、翌年乙卯《きのとう》三月六日には吉備《きび》の地に入り、戊午《つちのえうま》の年春（二月二日）、神武の軍がいよいよ東上する。難波《なにわ》に着き、三月十日に川をさかのぼって河内《かわち》国草香《くさか》村（日下村）の青雲の白肩津《しらかたつ》に着く。ここに、大和朝廷が始まることになるのだ。

衝撃の一書『衝口發』が語るもの

『日本書紀』の記述から少々離れ、前記の藤井貞幹にふれれば、彼は天明元年（一七八一年）に『衝口發《しょうこうはつ》』という驚愕の一書を著した。それによると〈本邦上古の世を天神七代、地神五代と名づけて国史の神代という。神武記にこの間を百七十九万二千四百七十余歳としているが、そんなはずはない。天神七代はその名のみにして人体なし。また、地神五代の初めは西土西漢のときにあたる〉という。

江戸期の書にしてはなかなか合理的な見解であり、一面では、津田左右吉《そうきち》氏以来の実証史学の趣もある。この時期は、中国では後漢にあたり、時代比定においても従来の神武帝元年が紀元前六六七年であるというのを基準としたものに比べれば、だいぶ時代が新しくなって合理的にみえる。

もちろん、私の推定年代に比べるとまだまだ古すぎることは否めないが、特筆すべきは神武と沖縄との関係である。彼は、神武の母タマヨリヒメは「海宮豊玉彦の女」とし、この海宮というのは〈琉球の恵平也《えへいや》島をいうのである〉とする。彼の著書の注である『伝信録』では、この恵平也は「伊平屋」につくるとある。すなわち、今の伊平屋島である。

また、この〈恵平也島は中山の西北三十里にあり、周廻二十六町である〉として、さらに、〈恵平也島は天見島《あまみ》〉ともしている。そして、島の東北に山がありこれを天孫嶽《あまみだけ》といったとしている。土地の人がいうには、この山は上古神人の降臨の地であるため、島の名にしたという。

ここから藤井貞幹は、この神人の降臨というのは、すなわちヒコホホデミ（山彦）のことで、『日本書紀』等に天孫と称されているものであるとした。この山彦は〈実は太伯《たいはく》の裔《すえ》が此島《この》に渡ったものであり、此島の豊玉彦の娘の玉依姫を娶《めと》って神武帝が生まれた。神武帝は此島で倭国等の事を知り、勃興し玉ったのである〉と結ぶ。なお、〝太伯〟については［終章］にあたっていただきたい。

この『衝口發』については、本居宣長の『鉗狂人《かんきょうじん》』での反論をはじめ、現在、学問的には十全なものとは決していえない。しかし、本居宣長の反論は、いわば天神・地神の年数など神様だから当然と頭から信じ込んだもので、今となっては信じがたいほどに記紀を無批判に受け止めている。宣長の高名に対して、今となっては無名の貞幹のほうが、どうもこの勝負は勝ちであり、今日の見解に照らしてうなずけるものは多いようだ。

なお、伊平屋島には前述したように「天の岩屋」と呼ばれる洞窟があり、仲田浦英氏の編著・刊による『伊平屋列島文化誌』では、伊平屋村字田名から二キロ東北方向にある洞窟が、一九五八年一月十七日に天然記念物になった。地元では「クマヤー洞窟」といわれる。私の観察では、この洞窟は美麗な紫色や緑色を帯びた珪岩《けいがん》（チャート）で構成され、板状節理がよく発達している。

『日本書紀』の秘密を解明する

以上、道草しながらもざっと『日本書紀』の記述を要約しながら邪馬台国との関連をみてきたが、二、三付け加えておくべきことがある。それは、海彦・山彦の山彦や、海のかなたでトヨタマヒメとの間に生まれたウガヤフキアエズ、そしてこのウガヤフキアエズとタマヨリヒメとの間に生まれた神武という構図が何を示しているかということである。

これはその前の天孫降臨ともかかわり、これについては一般に、アマテラスが孫のニニギを天降らせるというふうに受け止めていることが多いが、記紀の記述によれば、この主宰者はタカミムスヒである。そして、韓国での研究によれば、三韓をさかのぼる数百年前から、南部朝鮮に伽耶《かや》という当時の高度の文明国があったが、じつはこの国は韓国固有語で〝上伽耶《うがや》〟と〝下伽耶《かがや》〟と呼ばれる連合国家であったという。

これを受けるように、先出の宇治谷氏はウガヤの都である〝高霊〟の二字の間に「皇を産む」の文字を挿入したのが、タカミムスヒであると指摘し、この命名は韓国と無縁とは思いがたいと述べている。つまり、記紀神話の成立から、ひるがえって邪馬台国の東遷や大和王権の成立に、大陸からの影響が認められるというわけである。私自身は、これを素直に受け入れたいと思う。というのも、後述する〝邪馬台国の東遷の複合〟を考えているからであり、単にある一国が移動して最終的に大和王権がつくられたとは思えないからである。この意味では、江上波夫氏の騎馬民族説についても実際的な再評価がなされるべきだろう。

アマテラスは、卑弥呼の活躍した時代と重なる!?

天孫降臨や神武東征を〝神話〟としたように、卑弥呼を神功皇后にあてる考えが『日本書紀』

の記述から出ているが、これを〝そのまま〟に受け取り「神功皇后は百一歳で死去し、内容からは西暦××年で……」などとするのは、後述するようにまったくうまくいかない。

記紀における天皇ほかの即位・退位の時期などが、歴史的な事実として信頼できるのは、一般的には第三十一代の用明天皇以降とされている。それ以後、今上天皇まで確実であり、平均在位年数は十四年などとはっきりわかっているが、三十一代以前についてはほとんど霧の中である。

かつては『日本書紀』の記述をそのまま西暦に換算し、昭和十二年は皇紀二六〇〇年などとされたこともあったが、それではさまざまな矛盾が生じてくることが明らかとなった。そのため、古くから記紀中の年代を解読・推定する作業が行なわれてきた。たとえば、栗山周一氏は一天皇の在位年数を平均十三年と仮定したうえで、大和王権あるいは統一日本の歴史は一千六百年前、つまり紀元三三七年に始まるとした。

この分野の最近の研究では、安本美典氏のものが白眉《はくび》である。氏は記紀をコンピュータを用いて統計処理を行ない、両者には、

＊紀年や個々の事実などについてはかなりの食い違いがある。しかし天皇の代については、完全に一致している。

＊即位、退位の時期など歴史的な事実として信頼できるのは、三十一代用明天皇以降である。

これは記紀で一致しており、異なっていてもせいぜい一年である。

などの事実に基づき、用明天皇から大正天皇に至る九十八天皇の即位した年と在位年数との関係をみた。横軸に天皇の「代」をとり、縦軸にその天皇の即位した年をとり、そこから用明天皇より古い天皇の即位年代を推定したわけだ。

そのようにして、たとえば神武天皇は二七〇～三〇〇年ごろの人となり、さらにこれから、四七八年の倭王武は雄略天皇、倭王讃が応神天皇に比定された（『邪馬台国への道』徳間書店刊）。

また、これによりアマテラスは神武以前の天皇（王）となるという。ちなみに、卑弥呼の比定において神武以後の倭迹迹日百襲姫《やまとととひももそ》説、倭姫説、神功皇后説などは否定される。

その後、東京大学の平山朝治氏は、最小自乗法によって古代の天皇などの活躍の年を推定した。それにより、九十五パーセントの信頼度で、アマテラスの年代は卑弥呼の活躍していた年代に当てはまることがわかったという。

言い換えれば、これまでのいわゆる皇国史観などを払拭したとき、神話は現実に生きるものとなる。

かつて東京大学の和辻哲郎教授が『日本古代文化』（岩波書店刊）の中で神話と邪馬台国にふれて、「男弟ありて治国を助くとあるのは、スサノオとツクヨミの男弟の所伝である。天照大御神の岩戸隠れの際には天地暗黒となり、万神の声さばえのごとく鳴りさやいだ。倭女王が没した後にも国内は大乱となった。天照大御神が岩戸より出ると、天下はもとの平和に返った」としたことが裏づけられてきたのである。

となればアマテラスに限らず、他の『魏志倭人伝』記載の人物も神々に比定できるのではないかと大多数の方たちは考えることであろう。これも安本氏の見解を借りよう。

氏はまず、卑弥呼の側近の「難升米《なすめ》」は「天宇受売命《あめのうずめ》」ではないかとしている。『古事記』によればアメノウズメは女性であったが、「いむかふ神」という面勝つ神（対抗する神に面と向かって気後れしない神）とされており、男も及ばぬ神という。なぜなら『日本書紀』に「鼻の長さ七咫《ななあた》、背の長さ七尺余り《ななさか》」と記された異様な神＝「猿田彦大神」に対して談判するからだ。

そして、このサルタヒコについての記述は、あるいは初めて風俗習慣の異なる外国人を見たときの驚きが神格化されたものではないかとしている。それは誰に該当するのだろうか。

『魏志倭人伝』によれば塞《さい》の曹掾史張政《そうえんしちょうせい》は、我が国に魏の皇帝の詔書、黄幢《おうどう》をもたらし、難升米に会って檄《げき》を作って告諭したという。安本氏は、あるいは塞の曹掾史張政の「塞」または「政」がなまって、サルタヒコの「サル」になったのではなかろうかとしている。

さて、そうなってくると、問題は和辻氏のいうように「岩戸開きが台与の即位」となることである。つまり、ここでの岩戸隠れは、先に述べたように単に隠れるというのではなく、井沢

図 29　沖縄伝統の亀甲墓（南城市）。琉球石灰岩で建造され、亀の甲羅の最頂部の高さは地面から 4m。甲羅の背が南へおよそ 30 度傾斜しているようすは、北谷海底ドルメンを想わせる

元彦氏のいうとおり卑弥呼が死んだ、あるいは殺されたということになるからである。したがって、岩戸と墓のイメージや亀甲墓、ガマ（洞穴）をお墓に使っている沖縄の習俗とよく合う。さらには、岩屋のイメージは沖縄の海底遺跡にもつながっていく。

ここに、重要な発見があった。北谷海底遺跡で見いだされた王墓のドルメンがじつは、この天岩戸でなかったかと思われることだ。それはのちに亀甲墓となって用いられているもののルーツなのかもしれない（図29）。

「国譲り神話」に収斂される邪馬台国の東遷と大和王朝の成立

邪馬台国の東遷に話を戻そう。先のスサノオは、アマテラスの岩戸隠れののち、もろもろの神たちに罪を着せられて高天原を離れるのだが、このあたりは、かりに狗奴《くな》国の王にスサノオをあてれば、大陸の仲介で争いをやめたことを物語っているようにみえる。そしてこのことは、事実としかいいようのない符合をみせるのである。

さて、スサノオは天から出雲《いずも》国の簸《ひ》の川のほとりに降り、そこで八岐大蛇《やまたのおろち》を退治して三種の神器の一つ草薙剣《くさなぎのつるぎ》をその尾の中に見いだし国を建てた。そしてその後、根の国に行ったとある。

なお一書（『日本書紀』には多数の異本がある）には、スサノオは追放されたのち、子の五十猛神《いそたける》とともに新羅の国に降りて、曾戸茂梨《そしもり》（ソウル？　あるいは単に都の意か）というところに行った。その後、土で舟を作って東方に渡り、出雲の国の簸の川の上流にある鳥上の山に着いたとある。

いずれにしても、スサノオはアマテラスと姉弟として生まれながら、対立して一国を建て、やがて草薙剣を渡す「国譲り神話」に収斂《しゅうれん》されるような、本格的統一王朝＝大和の成立の波紋の中に消えていくのである。

その過程の一記述としておもしろいのは、新羅を経由したという後者の主張である。すなわち、天から新羅へ降りたということは、女王国時代の倭国の位置づけからみて「天」が沖縄にあっておかしくない、と思うからである。私は邪馬台国＝沖縄において狗奴国を沖縄島南部にあてた。その王（スサノオ）が追放されて行くところが新羅であることは、沖縄の交流域の広さを傍証しているものと考えられる。では、その後、出雲へ行ったことはどう考えたらよいか。

東遷に伴う分派の、統一される過程の対立者が、かつての対立者のイメージと合わせて投影されているのであろうか。

私は邪馬台国＝沖縄説の立場から、その東遷（北上）はあったものと考えているが、邪馬台国一国のみが、あたかも目的地を承知しているかのように、一路、大和をめざしたとは思わない。付き従うか対立しながらかはともかく、ことに南西諸島の諸国は稲作の適地などを求めて徐々に移っていったと私は考える。早い段階に沖縄が興隆しながら、やがて忘れられたような存在となっていくのも、このためではないだろうか。

そして、目的地にまっすぐ向かえない以上、あるものは西に、あるものは東にといったことが当然、起こりうる。大和王朝の成立初期に対立する、あるいは対抗的な勢力は三つあった。九州、吉備（岡山地方）、そして出雲である。これらはみな、史実としては筑紫の国造《くにのみやつこ》・磐井《いわい》の反乱（五二七年）、神話としては出雲の国譲りや吉備津彦の降伏、広くは倭建命《やまとたける》の遠征ですべて敗れ、統一されていくのである。

これらから私は、漸次《ぜんじ》、邪馬台国が移動すると考えている。そのようななかで最近、加羅《から》国が発掘された。『日本書紀』に任那《みまな》日本府があるとされたところである。しかし、大和朝廷に類推されそうなものは見つからなかったという。したがって、このころ（六世紀）は、それほど、畿内の勢力が大陸に及んでいなかったことを物語っている。すなわち、従来どおりの琉球－九州－朝鮮半島連合圏であったと考えられるのだ。

私は、実質的に大和朝廷が確固たるものになるのは白村江《はくすきのえ》の戦（六六三年）以降とみている。つまり、七世紀後半から、日本統一王朝としての畿内大和朝廷が成立すると考えているのである。まとめてみれば、

＊前十世紀～紀元三世紀＝琉球（邪馬台国を含む）王朝時代
＊三～四世紀＝九州王朝時代（ニニギ降臨より神武東征まで）
＊四～七世紀＝畿内（大和）王朝時代（九州王朝並立）
＊七世紀以降＝日本国

と考えているのだ。

そして沖縄では二千年前の城は水没し、水没を免れた陸域に大型の城（グスク）が姿を現したのは、前章に述べたように十三世紀以降となるのだ。それらはほとんど沖縄本島中～南部に集中している。この建造年代の分布をみると、北谷海底城郭から周辺に城造りが伝播《でんぱ》していったようにみえる。この点からも、沖縄本島北谷沖の海底城郭が元祖的な存在といえるのではないか。

そうであるならば、大規模な海底遺跡としてもう一つの与那国島沖のものは、どのような位置を占めるのだろうか。じつは、沖縄の「アマミク伝説」と密接に関係していたのだ。次章ではそれを検証していこう。

第5章 「アマミク伝説」と与那国島の海底遺跡が歴史を書き換える!?

琉球の祖神〝アマミク〟の伝説

これまで卑弥呼について述べてきたが、伝説に残る沖縄の最初の王として有名なのは「アマミク」(後述するように「アマミキョ」ともされる)である。アマミクは沖縄の祖神とされ、しかも女性である。

また、アマミクは「アマミコ」とも呼ばれ、「天御子」と書かれたとの説があり、これは「日御子(ヒミコ)」に通じるともされる。そのため、ヒミコはアマミクのことだということがよくいわれる。

本当にそうなのか。その点を検討してみたい。

まず、アマミクの出自は天である。天から降りてきた女神で、相方は「シニリク」(「シニリキョ」「シニリコ」「シネリク」)といって男神である。これは島外、それも大陸から渡って来た大きな人々ということをイメージさせる。

彼らの年代は、一つに彼らの造った聖域とされる斎場御嶽《せいふぁうたき》(図30)から出土した人骨がおよそ二千年前とされることから、その時代に関連するとみられる。また我々が調査・測定した、彼らが造ったのではないかと思われるドルメン(支石墓)の年代も同じ年代を示すことから、

図30　斎場御嶽

およそ二千年前に本島に渡来して来た人々と推察できる。

外間守善氏は、アマミクは琉球列島を南下して渡って来た人々と推定している。これは後述する推察と合わせると、卑弥呼以前の渡来人との印象が強い。たとえば「ヤハラツカサ」と呼ばれる、アマミクの上陸地点という場所がある。沖縄県玉城の百名海岸だ。その水際《みずぎわ》に高まった岩の列が見られるが、これはストーンサークルを形成している（図31〔次ページに掲載〕）。また、この浅瀬にストーンサークルと思われるものが認められ、さらにこの海岸の岩石に加工された跡がある。これらから、古代人がこの地で生活していたことがうかがえる。

ここからほど遠からぬ山中にあるのが、アマミクの聖域とされる斎場御嶽である。巨大な岩（琉球石灰岩）が斜めになっていることに深い意味がありそうだ。ここからは二千年ほど前の人骨や千四百年～四百年前のものと推定される金の勾玉（口絵3下）などが出土している。

斎場御嶽は二千年前以降、現在まで国主の聖域とされている。これはほぼ北谷の海底遺跡の成立年代とも一致している。そして、どちらも巨石文化を持っているという点でも著しく一

図31　ヤハラツカサのストーンサークル

致しているのである。特に北谷の王墓とみられる、ドルメンの斜めに立てかけられた天石のようすは、「斎場御嶽の三庫理」と呼ばれる、巨石を斜めに立てかけた雰囲気とよく似ている。

ここで、新たな問題が生じた。もしそれらが真にドルメンであれば、それらは中国や韓国を中心とするアジア大陸に特徴的なものだ。しかも、大型で斜めに立てかけられたものは、中国の内陸部に限られるといわれる。それを含めて考えると、この沖縄のドルメン（?）は、アジア最大級といえるのではないか。

二千年前というと、ここは北谷海底遺跡の時代よりは古いが、新しい時代とは重なるところがある。そこで、ほかにも関連する巨石遺構がないか探してみた。次にそれについて見てみよう。

図32は、そこよりずっと南の糸満の西海岸にあ

(1)

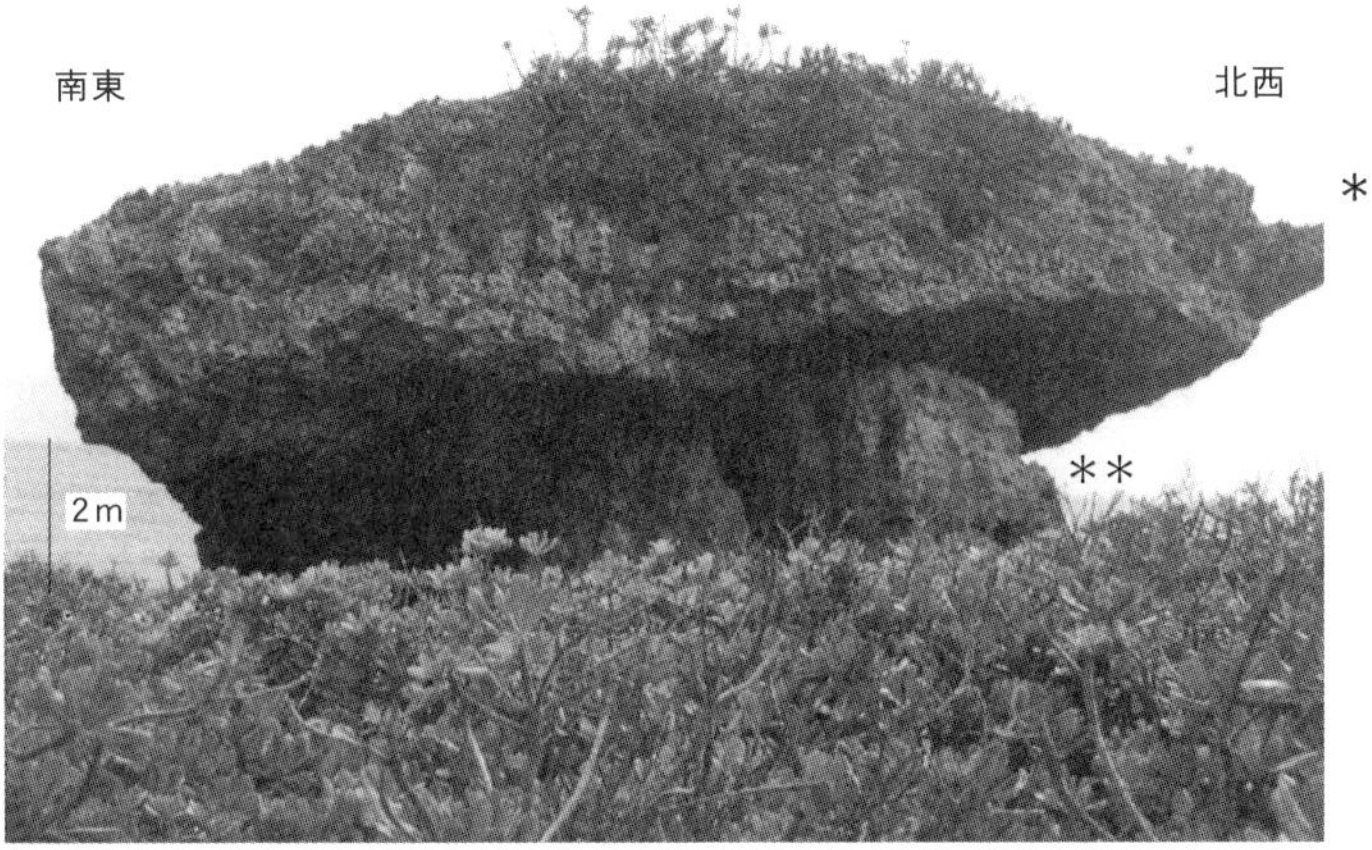

(2)

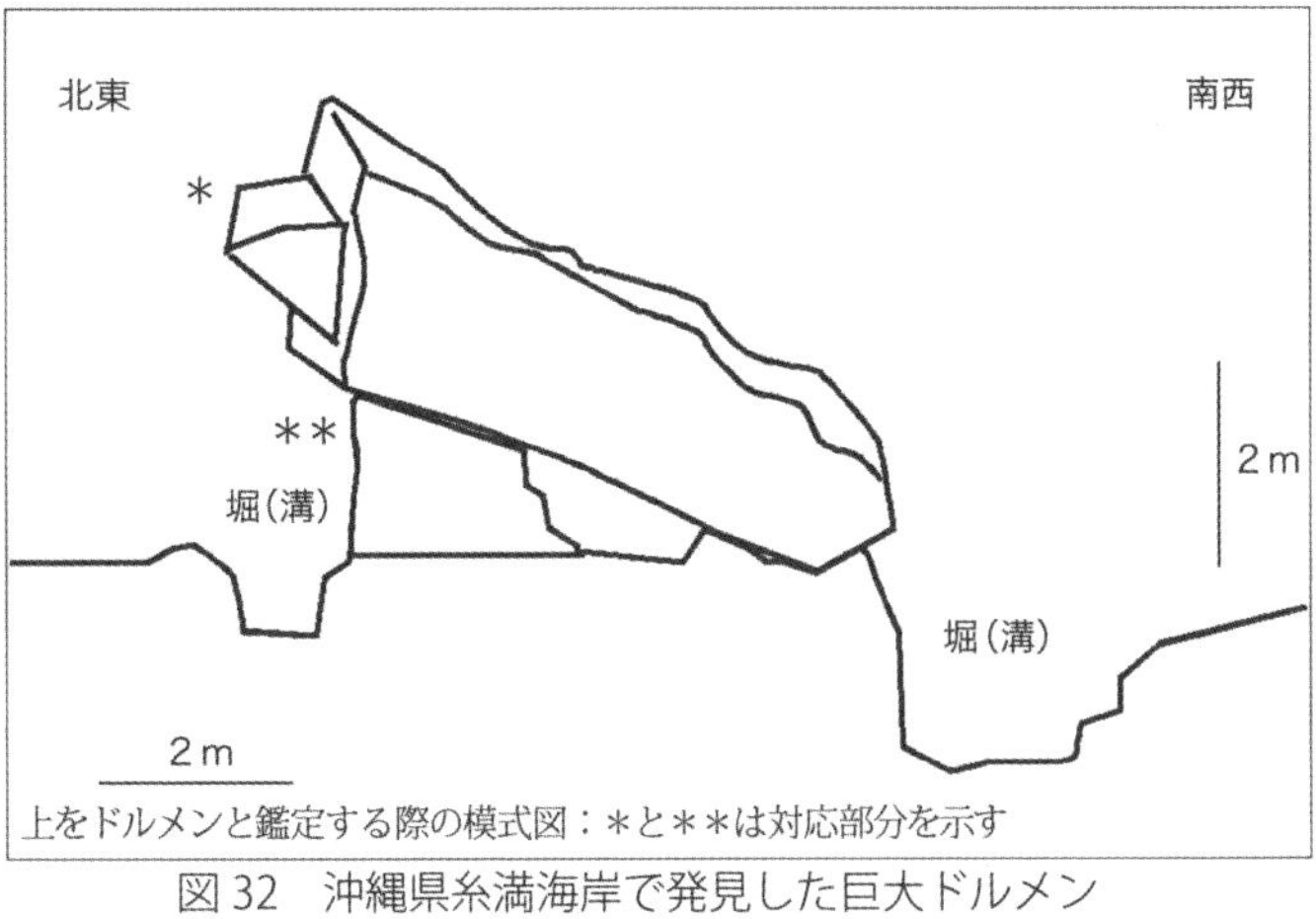

上をドルメンと鑑定する際の模式図：＊と＊＊は対応部分を示す

図32　沖縄県糸満海岸で発見した巨大ドルメン

るドルメンと鑑定したものである。ただし、従来は二百年ほど前に台風で打ち上がった巨石とされていたが、図32のBで見られるように、ドルメンと思われる組み石の四囲の琉球石灰岩が切り下げられ、周溝墓状の形態を示している。

この支石と天石はどちらも琉球石灰岩で、合わせると亀のように見える。その接触部を被覆しているフローストーン（表面を覆う新しい石灰岩）の年代測定により、ドルメンはおよそ二千年前に組み立てられたことが判明した。

このドルメンを中心として、海へ向かって人工的な階段構造がとられ、周辺には大小さまざまなドルメンと思われるものが集積している。また、この写真に見られる天石を切り出したと思われる石切り場も近くに認められた。

これらは、年代と巨石構造物という点、またドルメンの天石の傾斜したようすから、斎場御嶽を聖域としたアマミクとの関連がうかがわれる。しかも、これらは二千年前の造成である。どうやら二千年前以前に造られた、北谷《ちゃたん》の海底遺跡や卑弥呼の時代以前の王の聖域ということになりそうだ。

さて、このドルメンとよく似たものがなんと与那国島《よなぐに》の北岩の岩場でも認められるのだ。図33に示す天石と支石がぴたりと隙間なく組み上がった、みごとなものである。材質は沖縄本島南部や、北谷海底城郭のそれと同じ琉球石灰岩である。

図33　与那国の巨大ドルメン

この島の海中に、天然の岩盤を削って造った階段ピラミッド状の城郭や巨石を組み合わせた石垣がある。その階段や石垣のコーナーには、石を切ったときのツールマーク（加工痕）と思われるものがある。

陸の影響が推察される与那国の〝海底宮殿〟とアマミク

与那国島は南西諸島の最西端にあり、沖縄本島・那覇からは約五百二十キロ、石垣島からは百二十四キロ、台湾からは百十一キロと、台湾も目と鼻の先に見える。この与那国島南岸の沖合約百メートル、水深二十三メートルほどのところにある与那国島の「海底城郭」は、規模が壮大なことで知られている。

この城郭（以後「海底ピラミッド」ともいうが雰囲気としては「海底宮殿」あるいは「海底神殿」の趣もある）は、島の南岸沖の海中にある。東西約二百七十メートル、南北百二十メートル、海底から二十六メートルもの高さにそびえている光景は、まるで上部をカットしたピラミッドを真下から見上げているようで、圧倒的な威圧感をもって迫ってくる（図34）。自然岩盤を人間が整形・加工した古代遺跡としては、エジプトのスフィンクス石像をしのぐ大きさだ。

さらにこの海底城郭を中心とした〝海底都市〟が沈んでいる（図35）のだ。また、海底やその陸上延長部には、石を切るときの楔用の矢穴がそこかしこに認められる（図36）。

与那国島の海底ピラミッドは、およそ三千年〜二千年前にできたことが明らかになってきた。遺跡に付着したサンゴを炭素14年代測定法とベリリウム10年代測定法の併用で調べた年代から推定した結果だが、サンニヌ台（三根台――陸上部、図37）や海底遺跡ポイント（海中の城郭部分）など測定する場所によって多少の変動はあるものの、二千年前には造られていたことがわかった。図37は、サンニヌ台の延長が海中に連続する情景である。ここでは、水深二十メートルまで人工的地形が確認された。

海底ピラミッド南西側の海底広場から見上げると、メインテラスが神秘的で荘厳な雰囲気を際だたせて、太陽光線にくっきりと浮かび上がる。海面から約十五メートルほど下に潜った地点だ。テラス状の張り出した地形は、ぞくっとするほどきれいだ。この光景を見ただけで容易

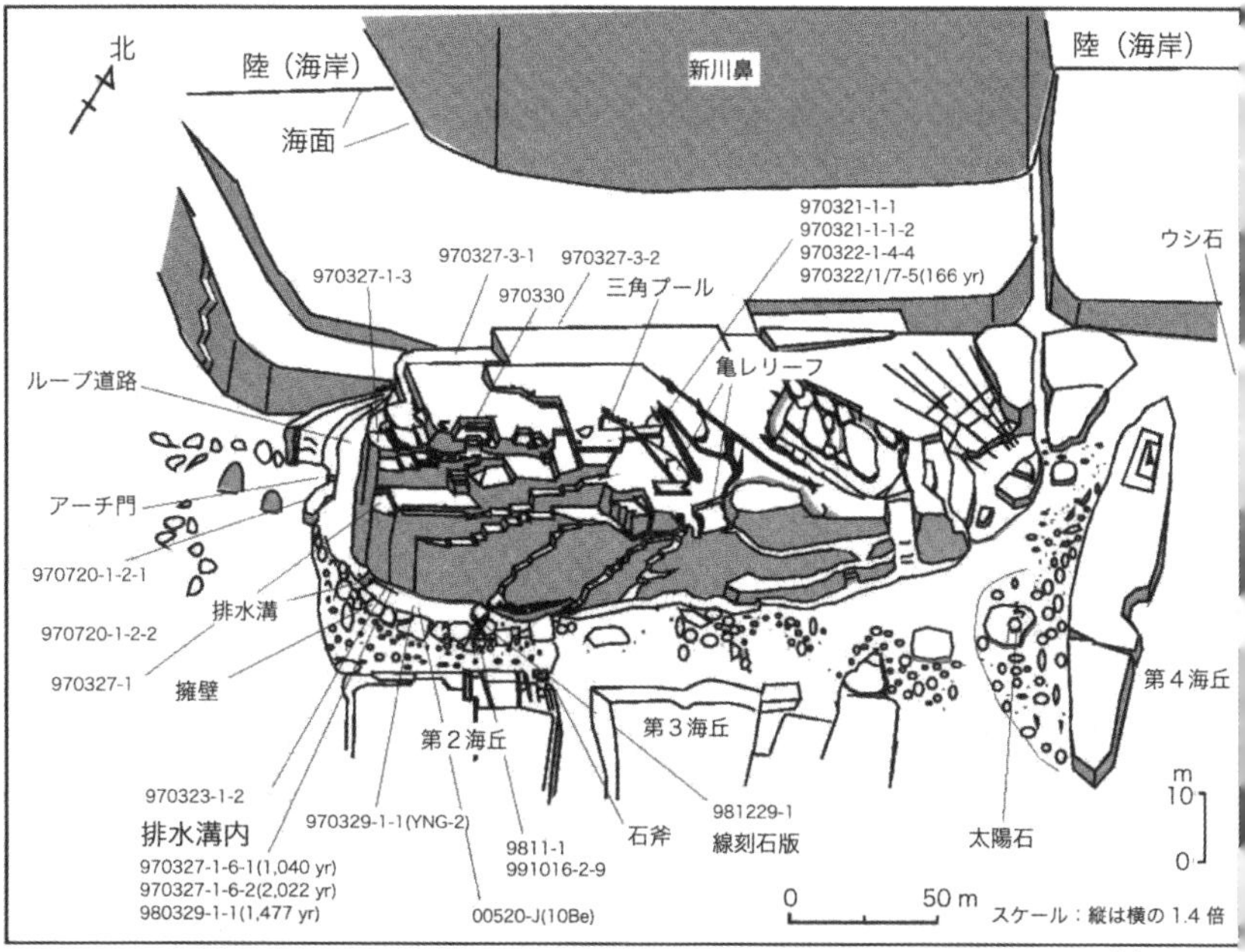

(1)

(2)

図 34　与那国海底遺跡の概念図と海底城郭

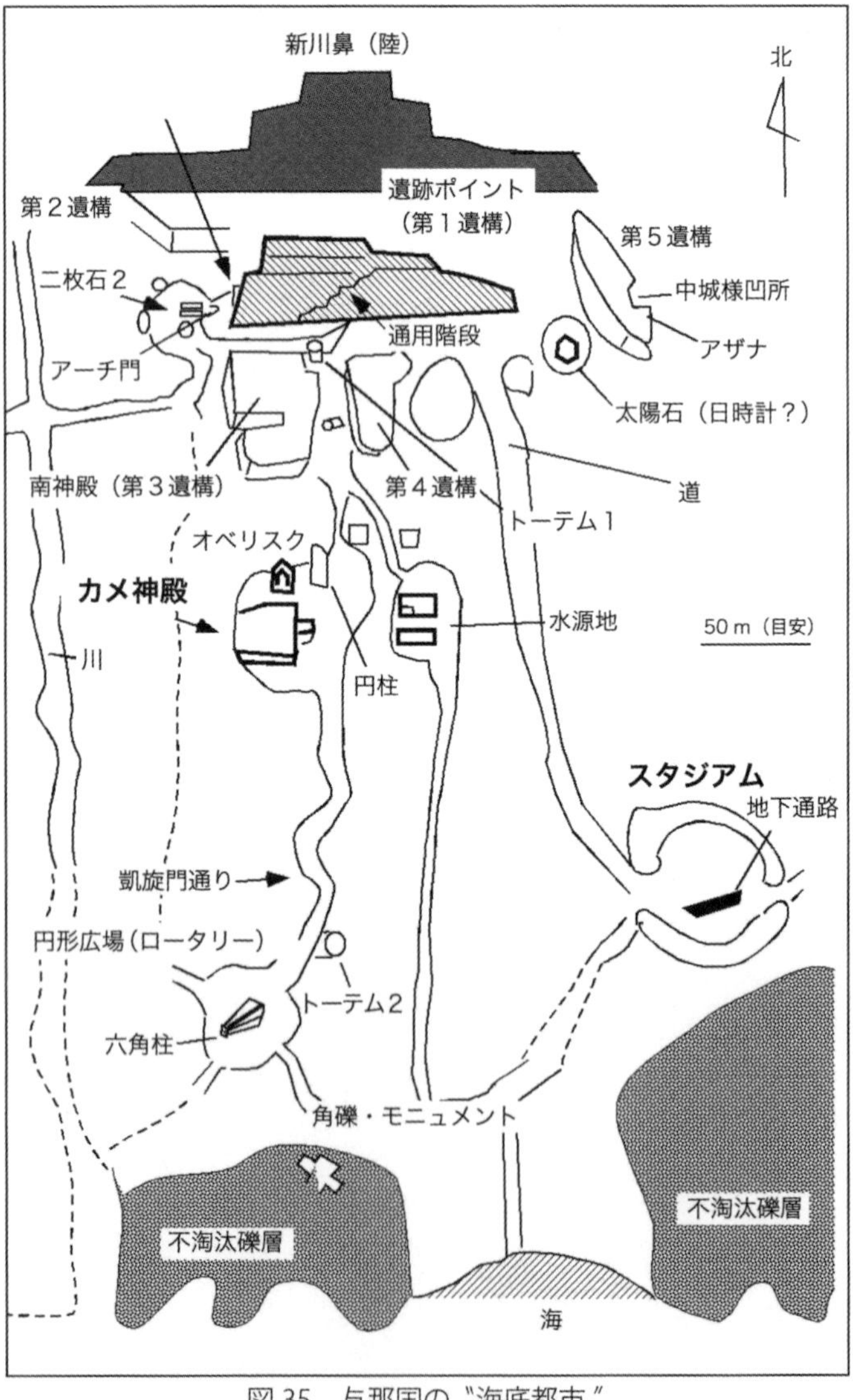

図 35　与那国の〝海底都市〟

(1)

(2)

図36　与那国遺跡の楔用矢穴――(1)海底遺跡域、(2)陸上延長部

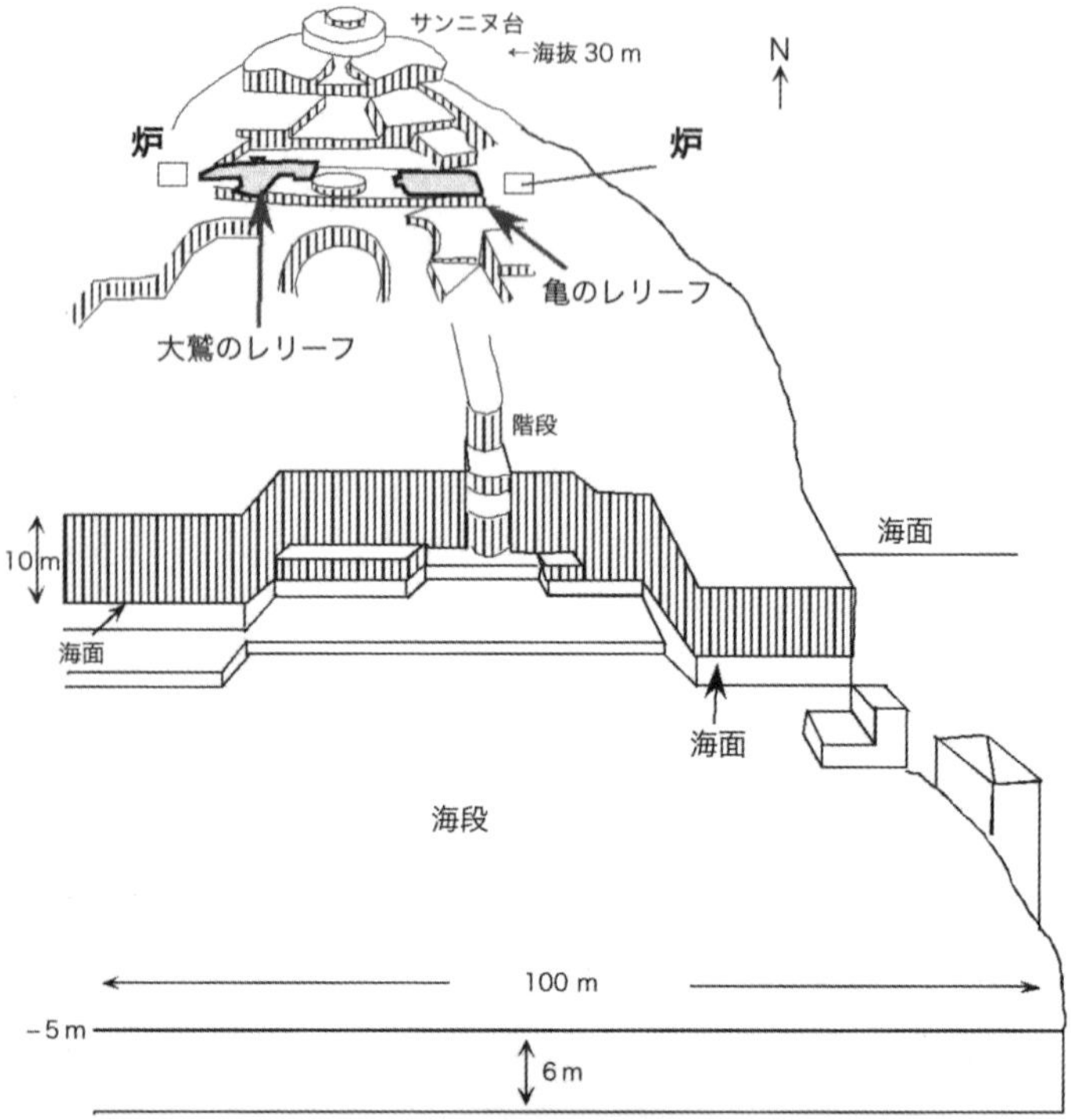

図 37　サンニヌ台（三根の台）遺構とサンプリング地点

与那国島北岸の海底へ伸びる巨大な階段

に南米の古代石像遺跡を連想できるほど、階段の角は鋭く造形され、石を加工した際のツールマークが無数に認められる。仮にこの地形が自然にできたとしたら、まさに奇跡としかいいようがない。

また、前出の図35に見るように、海底ピラミッド近辺には南神殿、海底スタジアム、物見台や畑、水源地など、複合遺跡としての要素もしっかり備えている。

この海底ピラミッドの外観は、首里城に似ている。沖縄本島や南西諸島一帯のグスクは城と神殿を兼ねたものといわれるが、後述する第一海丘には魔よけの石版らしいものがあったり、アッパーテラスに巨大な亀のレリーフが一対しつらえてあったりで、どちらかというと神殿の要素が強いようにみえる。これは、基本的には城であっても、実際には神殿に近い役割を果たしていたように思われる。

この遺構には、数多くのテラスや階段、排水溝のような溝などが彫り込まれ、誰の目にも人の手で造られた遺跡に見える。これらが人間によって陸上でできたことは、すでに検証されている。遺構の周囲は階段状のテラスになっていて、ループ道路が連絡している。つまり、下から上がっていける階段のような構造になっている。

さらに海底ピラミッドや周辺の海底から、石器類や線刻石版、牛と思われるレリーフが出土している。また、海底遺跡の陸上延長部にも古代遺跡そのものが認められる。その代表的なものは、サンニヌ台で、壮大な階段構造が存在する（図37）。そこには、大鷲の浮き彫りがある（前記の同図）。それはサンニヌ台遺構の中央部にあって、大鷲のレリーフが周辺岩盤より五十～百センチメートルほど浮き上がって彫り上げられている。翼を広げた長さは、なんと二十メートルにも及ぶ。島には不似合いに見えるほどだ。

琉球列島は数千年前まで広い陸となっていた

琉球列島の海底一帯は、少なくとも四万年～一万年前までは陸上にあったことはまちがいない。沖縄の海底で、海底鍾乳洞《しょうにゅうどう》が発見されたことからもわかる。鍾乳洞は石灰岩でできた岩盤が雨水などの浸入によってできるが、ただし、前述したように鍾乳洞が形成・成長できるのは陸上にあったときに限られる。

また、鍾乳洞の中にできる鍾乳石（つらら石や石筍《せきじゅん》など）は、鍾乳洞の床上に水が滴り、含まれている炭酸カルシウムが沈殿・堆積してできるタケノコ状の突起だから、陸上でしか成長できない。

ここで、北谷沖の海底遺跡（「第3章」参照）においても地殻変動による水没を述べたが、与那国島との関連からこのことについて再度ふれておこう。

まず、南西諸島の海底の研究から、

＊五千年ほど前から海底隆起（上昇）が始まり、三千年～二千年ほど前にピークに達した。

＊その相対的隆起量は、三十～四十メートルに達した。

＊その後二千年～一千年前以降、沈降に転じた。

ということがわかった。数千年以降のこのような大地殻変動は、地学的な視点からはこれまで言われてこなかったことだ。

明白な〝証拠〟は、生物学の分野からも提出された。オオシャコガイ（貝）とハブの絶滅がこの大地殻変動に符合している。すなわち、宮古島にはハブがいないが、これは数十万年ほど前に島が沈んで全滅した。そのとき宮古島は、海中で珊瑚に覆い尽くされた。その後隆起して現在の宮古島となった、というのがこれまでの地質学上の常識である。

ところが一部の古生物学者は、ハブは三万年前には宮古島にいたことを知っていた。なぜなら三万年前と推定される人骨が見いだされたピンザアブの発掘調査の際、ハブの化石も一緒に見つかっていたからだ。しかしその理由は不明で、今日に至っている。

最近、これは次のような原因ではないかと推測されている。ちなみに、与那国島では四千五百年前の遺跡が発掘された際に、石器などとともにハブが記載されていた。

三万年前まで、ハブは水没せずに生きていたのだ。そのとき同様に生きていた他の生物で現在も島に見られる生物もいる。なぜ、ハブはいなくなったのか。その理由はこうである。三万年前までは、たしかにハブが生存していた。しかし限られた面積の島の中で、小動物は大きな動物の餌になり、やがてハブも死滅してしまったというのである。

問題はここからだ。同様に四千年前まで生きていたオオシャコガイが、現在では南西諸島に生存していない。このことと数千年前以降の大地殻変動を合わせ考えると、次のようなシナリオが描ける。

〈四千年前ごろから琉球弧の隆起が始まり、海底にはりついて生活していたオオシャコガイが死滅した（91ページ掲載の図8下）。次に、二千年前以降から始まった南西諸島の島々の水没で陸上が狭まり、宮古島と与那国島にたまたま生き残っていたハブも、死滅してしまった〉というものである。もしそうなら、ハブもオオシャコガイも、海底遺跡を水没させた同じ地殻変動を受けたことになろう。

七千年〜五千年前は「縄文海進」と呼ばれており、世界的にも最も温暖な時期で、海面がいちばん上昇した時期のため、「ヒプシサーマル」と呼ばれている。南西諸島では、この時期に琉球弧の火山活動や大幅な隆起を伴う地殻変動が激しくなっている。このあと一千年間ほど、比較的静穏な時期を迎え、四千年前以降は寒冷化に向かい、「弥生海退」を挟む時期に入る。五千年〜一千年前の沖縄海底遺跡の隆起・沈降は、まさにこれらの時期の火山活動や地殻変動と一致するようにみえる。

近年、海面変動と地殻変動には大きな相関関係があることがわかってきた。そして、これには地震や火山活動までも関係してくる。気候の寒冷化が進んで海面が低下すると、地下のマグマにかかる圧力も減る。

ところが、今から一万年前から六千年前にかけては気候が暖かくなって氷が解けだし、海水が増えて海面が上昇した。すると、地殻にかかる圧力が増し、地下のマグマだまりが押し縮められてマグマが上昇し、噴火を開始することになる。このようにして、小氷期や氷期には地殻が陥没し、間氷期には地殻が隆起する。そのうえ、活発な沖縄トラフの東側に控える南西諸島では、世界全体と比較しても、地殻の隆起と沈降のスピードは桁違いに大きかった。激しい火山活動は、七千年～五千五百年前の海面上昇期、四千年～二千年前の海面下降期、一千年前～現代に至る海面上昇期に集中している。

そして、このような大地殻変動があったため、縄文と弥生の遺跡・遺物が畿内や九州ほどに多くないことに納得していただけたことだろう。その代わり［第1章］でも述べたとおり「邪馬台国＝沖縄」を指し示す遺跡や遺物は、近年になって陸上はおろか、海底から次々と見つかっている。

この主たる遺跡が、与那国沖海底や北谷沖海底の遺跡だったのである。そればかりではない。

前述したように、沖縄本島や南西諸島のきわめて狭い面積中に四百四十八ヵ所ものグスク（城）が見つかっている。

ここで問題なのは、なぜ弥生時代の〝城〟が海底といえども南西諸島に存在したのかということだが、これは前章において述べたとおりである。

海底城郭から見つかった鉛丹で着色された遺物

話を戻そう。与那国島南岸の新川鼻《あらかわばな》沖には、すでに述べたようにたとえば古代都市ローマの市街地をイメージさせるような地形が確かにあることが、新たに明らかになった。その代表的な構造物として、亀神殿、円形広場、ロータリー、水源地、海底スタジアムなどがある。

そしてこの近くには、これまでに確認されただけでも、十ヵ所ほどの階段状ピラミッドのような〈海丘〉があることがわかった。このなかでも最大規模を誇る階段状の高まりを、私は「第一海丘」と名づけた。ここが当初は〝遺跡ポイント〟、通称「階段ピラミッド」と呼ばれた部分である。

第一海丘の南にある二つの階段状の地形は、西から東へ、第二海丘（南神殿）、第三海丘と名づけた。海底城郭の中心部は、岸から約百メートルの沖合にあり、水深二十六メートルの海底から立ち上がる階段ピラミッド状地形であることがわかってきた。

この海底ピラミッドの高まりの全長は東西に長く、斜面は階段状で、城壁もしくは城郭のようにも見える。石垣など遺跡に関連した構造を含めたこの遺構の高さは二十六メートルで、一メートルほど海面上に顔を出している。

ここで、貴重な発見があった。与那国海底城郭の城門前の地面の下で得られた岩石には、赤い色をした物質が付着していた。これを分析したところ、鉛丹《えんたん》（口絵４）が塗料として使われていた可能性が出てきた。この鉛丹が日本に渡来したことが最初に記録されているのは、あの『魏志倭人伝』である。遺構の年代からも中国からきたものと思われる。

また、ピラミッドの東側では、長径七十センチメートルほどの楕円形の石が見つかり、その表面には牛らしい動物が浮き彫りにされ、表面に赤褐色の付着物が着いていた。分析したところ、彫刻されたあと、地表で風化したものと判断された。このように、この海底ピラミッドが人間によって陸上で造られたことを示す〝証拠〟が、現在、着実に蓄積されている。

詳しくは次章に述べるが、弥生中～後期の日本付近で認められる大陸起源の遺物は、西南日本、特に沖縄に圧倒的に多い。また沖縄では、質的には少数ではあるが、卑弥呼で有名になった鏡のうち後漢鏡が出土する。ほかに銅剣や鉄鏃《てつぞく》の出土がある。そして、他に例をみない特徴として、殷《いん》王朝を思わせる饕餮《とうてつ》（以下「トウテツ」と記）文様の貝や骨細工が豊富に出土されている。

だが、それらにも増して重要なのは、この時期の中国銭の大量の出土であろう。産出地も非常に多い。こうしてみると、海底遺跡および遺物には中国大陸の影響がうかがえる。

さらに、ごく最近、思いもよらぬものが出現した。与那国島の海底城郭から西方へ一キロメートルほど行ったところの海に、立神岩と呼ばれる巨大なコブラのような岩が海面上に立ち上がっている。その南の水中に、スフィンクスのようなモニュメントがあるのだ（図38）。

体は獣で顔は人面に見える。この人面の目は、明らかに人工的に削られた痕跡がある。横顔は冠を被った東洋の王のように見える。最も近いイメージは図39-(2)の像のようなものであり、この像自体は新宮市にある徐福の彫像である。もし図38がスフィンクスのようなものであれば、この与那国の海底遺跡を造った王の可能性がある。徐福を含めた偉人の可能性があろう。

また、海底からは大人が二人でかからねば持ち上げることができないほどの、大きな牛と思われる石の彫刻が回収されている。重さ七十キロほどの八重山砂岩層を削ってできたものだ。牛とすると、これも大陸的だ。信仰の対象として祀っていたのであろう。

与那国には、海底の陸上延長部にも巨石遺構が多くある。たとえば、同島南岸の〝遺跡ポイント〟の東方に露出しているサンニヌ台の壁面にはハンマーや鉈《なた》を使った跡や楔《くさび》を使った矢穴跡などのツールマークがいたるところにある。

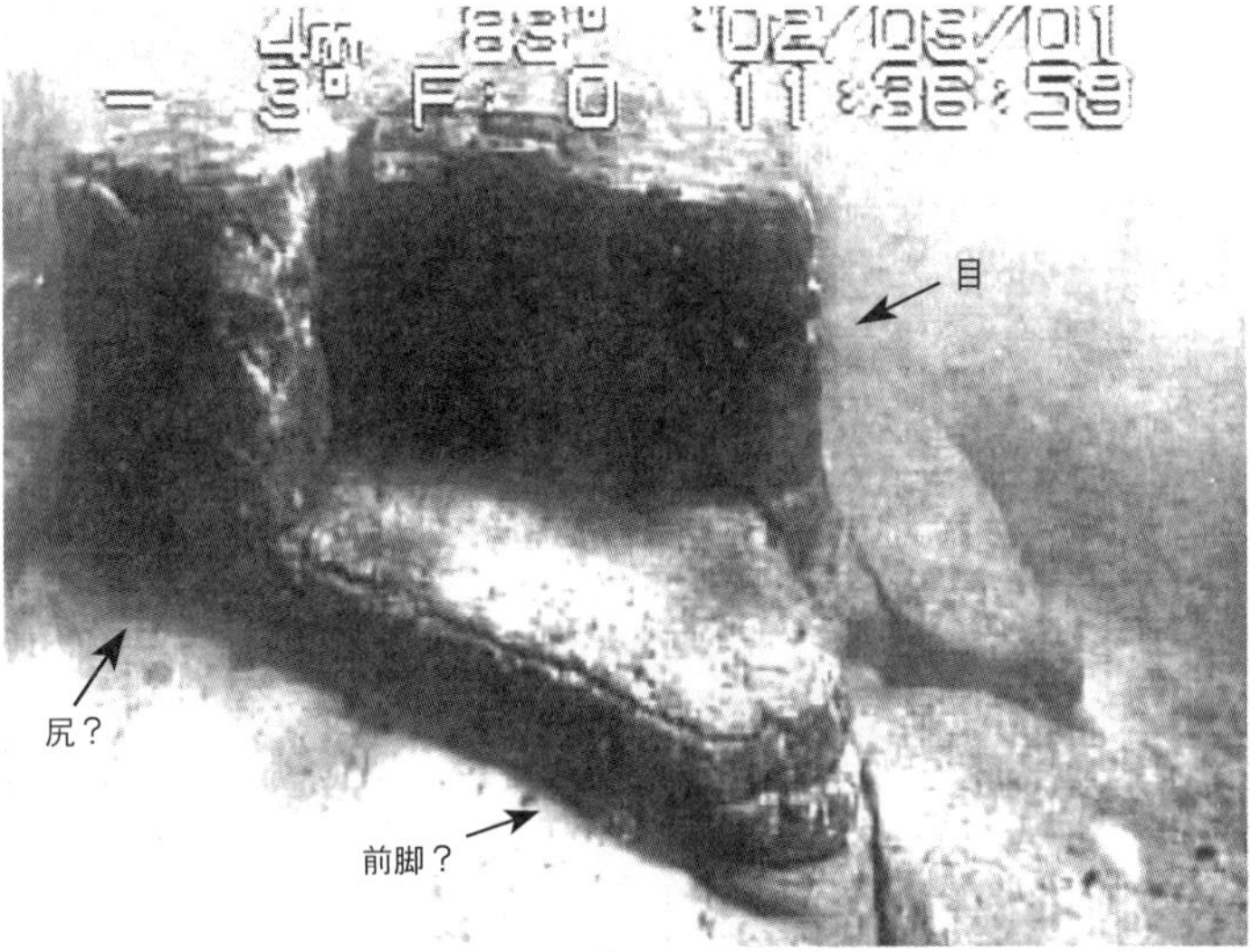

図 38　スフィンクスか――与那国海底遺跡のモニュメント

図 39　冠をかぶった王の像？(1)と新宮市にある徐福像(2)

また最近、そこで柱穴の一種とみられるものが見つかった。階段の右側の平坦面には炉跡があり、赤く焼けただれている。ここの炭は一千六百年ほど前のC14年代を示した。

かくして与那国の海底遺跡の形成年代が三千年前〜二千年前ということがわかった。それは徐福の活躍した年代を含む。また、その海底で徐福像を模したともとれるスフィンクス（?）像が発見されもした。まさに倭人と大陸との関係、なかでも徐福との関係が浮かび上がってきたといってよい。

まとめてみよう。遺構は、日本では珍しいモノリシックな（石柱状の）巨石構造物であり、ドルメンがある。また、巨岩に大鷲のレリーフや陸亀と思われる大亀のレリーフが彫られ、海底ピラミッド付近の牛の彫刻も当時、牛がいなかったはずの島では異色である。そして、海底のスフィンクス——冠を被った東洋的な王の顔、特に縦長の瞳は中国・三星堆遺跡の彫像を思い出させる。さらに、城門前の転石に付着した鉛丹《えんに》と思われる朱色の塗料……。

何を言いたいのかというと、それらは大陸文化そのものではないか、ということだ。大陸文化を持った〝王〟が、二千年以上前にここにいたということである。それは誰なのか？　またどういう理由でいたのか⁉　次章では、これらを検討していこう。

第6章 〝卑弥呼以前の王〟を「徐福伝説」が物語る

新たな謎――アマミクと徐福

沖縄の祖神〝アマミク〟を追っていたら、なんと二千年前の大陸系の〝王〟が現れた。ここまでくれば、日本人のおそらく誰もが思い浮かべる人物がいる。そう、それはあの〝徐福〟である。

そして、与那国島海底ピラミッドのさまざまな要素から「徐福伝説」が現実のものとなってきた。決定的なのは、徐福に蓬萊《ほうらい》山探しを促した秦の始皇帝は、山を削って〝万里の長城〟を築かせた人物ということだ。彼らの技術をもってすれば、沖縄の巨石構造物の謎も解消するのではないか。

ここでは、まず徐福の〝方士〟といういわば職業に目を向けてみよう。彼は歴代中国の道教的祭祀を知り尽くしたプロといえる。こういった徐福像を通じて琉球古来の文化を再検討すると、またもや謎多い〝グスク〟の存在が浮かび上がる。

沖縄本島に残された数多くのグスクのなかで、特に注目したいのが〝ミントングスク〟だ。これは非常に古い時代の遺跡で、名称の由来は正確にはわかっていない。〝ミントン〟とは、どういう意味なのだろう?

ミントングスクは沖縄県玉城村にあり、沖縄の祖神・アマミクが築いた城（グスク）と伝えられている。アマミク神の面が祀られていたことからミントン（面殿）といわれたとの伝えがある。

ここが『後漢書』の「東夷伝」に現れる《倭国王帥師升等《すいししょう》》の面土国《めんど》であるという可能性はないだろうか。この付近からは、沖縄考古編年の後期と思われる牧港貝塚系の櫛目文《くしめもん》土器に近い破片や磨製石器などが出土している。

北宋版《ほくそう》『通典』にみえる「倭面土国」の〝倭面土〟については、畿内の大和説と九州の怡土《いと》説、それに黥面文身《げいめんぶんしん》の風俗よりなる仮面＝倭面説がある。沖縄の入れ墨の風習は後者に当てはまるようにも思える。

私自身は、『後漢書』の「倭伝」の《安帝のとき、また使いを遣わして朝貢す、これを倭の奴国という》から「倭の奴国」ととりたい。ただし、面土はミントンからきたもので、ミントン出身の奴王というふうに解釈している。つまり、奴国は沖縄にあったとの見方である。

さらに私の推理では、古代中国の皇帝たちが憧れた「封禅《ほうぜん》の儀」を挙行する祭祀施設、「明《めい》堂《どう》」（ミントウ＝漢音）そのものとみる。そしてその場所が、沖縄本島のミントングスクあるいは玉城城だったのかもしれない。

いや、当初はそう思ったのだが、与那国島の第一海丘へと移った可能性が強い。第一海丘は、基本的には封禅の儀を執り行なう神殿だったのではないだろうか。

「封禅の儀」からうかがえる海底遺跡とミントン

『史記』の「五帝本紀」によれば、不老不死を獲得するための封禅の儀は、はるか五千年前、伝説上の王・黄帝の時代から行なわれていた。そのなかで明堂の構造も説明されている。周囲の宮には水が巡り、さらに内部へ入るには西南方向から二階建ての廊下がついた道を登り、頂上にしつらえた高殿が儀式場となる。

徐福船団の出航と前後して、秦の始皇帝は山東省の聖地・泰山で封禅の儀を行なった。これは黄帝をはじめとした歴代王侯たちの例に倣った行動だろうが、その一方で誰一人として不老不死の願いを成就させた者がいなかったことは、始皇帝本人も承知していたはずだ。あえていえば、封禅の儀は神仙の住む土地で挙行するのが理想的である。

そこで徐福の東方航海には、封禅の儀をとどこおりなく行なえる祭祀施設を三神山のどこかに整え、始皇帝を迎え入れる重要な使命があったのかもしれない。それは〝西南方向から二階建ての廊下がついた道を登り〟という『史記』の記述を読むと、第一海丘西南のアーチ門を入りループ道路から上層のテラスに登る階段が〝二層〟になっていて、イメージがあまりに似ているからだ。

〝フーチバー〟は徐市（徐福）の葉!?

ところで、徐福が沖縄に来たとしたら、求めた不老長寿の薬草はいったい何か定かではないが、沖縄にあっていまだに日常生活で多用されているのは〝フーチバー〟である。日本本土で蓬《よもぎ》といっているもので、この蓬という名前も、実は〝蓬〟萊山《ほうらい》にちなんでつけられたのかもしれない。また蓬には、古くは〝フツ〟という読みもあり、真喜志きさ子氏は「徐市《じょふつ》」とも呼ばれた徐福にちなんで「フツの葉」としてつけられたと言う。つまり、徐福が愛用した薬草イコール不老長寿の薬草（と思われた）という見解である。

もちろん、沖縄は今でも「薬草の島」と言われていて、ほかにも貴重な薬草はまだたくさんある。余談だが、徐福の求めた不老長寿の〝薬草探し〟も楽しいではないか。

図40（次ページに掲載）には、日本の徐福伝説あるいは同時代の渡来人と思われる伝承地の分布を示している。ほとんど全国に分布しているが、本州のそれは〝徐福〟と伝わっているのに対して、沖縄には〝徐福〟として伝わっていない。このため、沖縄には徐福伝説はないともされてきた。

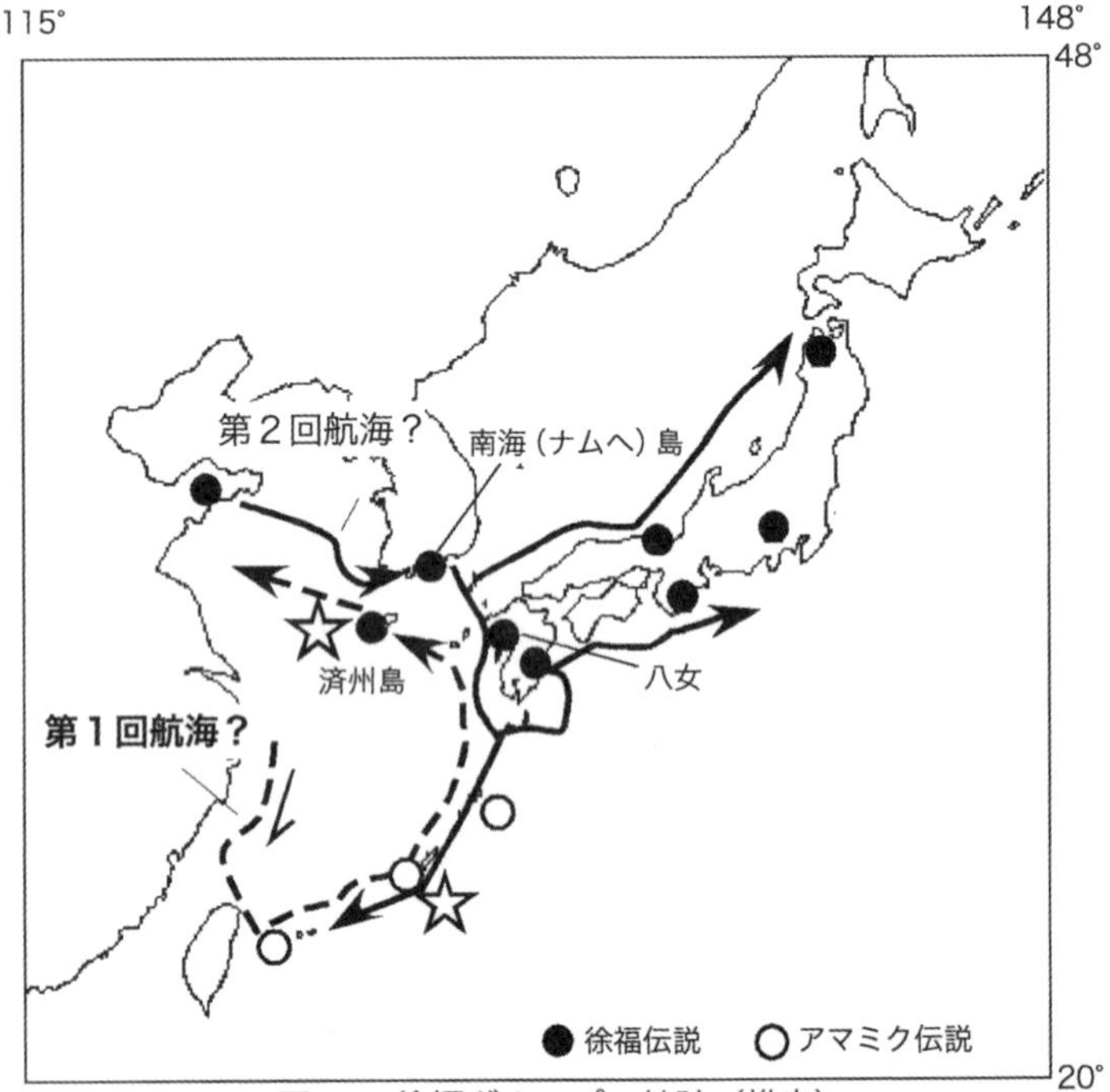

図 40　徐福グループの航跡（推定）

左／徐福伝説がある延岡市での「徐福まつり」の風景
右／アマミクの墓が残り、シニリクとの子をもうけた場所とされる浜比嘉島

しかし、徐福伝説と同時代の類似伝承はあった。ただし、すでに指摘したように、徐福は「シーフー」と伝わっていたらしい。そうとすれば「シニリク」は「シーフー」の音に近く、徐福もしくは徐市の中国音として当てはまる。

これは、南西諸島では中国音のまま伝承され、本州では日本語読みで伝わった、その差と思われる。ということは、南西諸島のほうには直接彼らが行き、本州のほうへ行ったときは、彼らが日本語読みを覚えて伝えたためと思われる。

ここで徐福の航海ルートをたどってみたい。ポイントは韓国・済州《チェジュ》島と同南海《ナムヘ》島である。済州島には、ここに徐福（徐市）はとどまらず西へ帰ったと伝えられ、西帰浦《ソギポ》と名づけられた地名がある。同地の正房瀑布《チョンバンボッポ》の岸壁に「徐市過之」（徐福がここを通り過ぎる）という句を刻んで西側へ回ったともいわれている。なお、この島からは明刀銭《めいとうせん》も出ている。そのようにして徐福らは、ここから西へ帰っていったとされる。おそらく南西諸島を北上して、済州島経由で戻ったのではあるまいか（前掲図40）。南西諸島で出る明刀銭は、このときのものであろう。

もう一つは、慶尚南道《キョンサンナムド》の南海島である。ここから八女《やめ》へ向かったという記録がある。すなわち、中国を発ってここに着いたグループは、九州へ向かったと思われる。また同時に、そのまま南下して南西諸島に住み着いたグループや本州へ向かったグループもいたであろう。南下グループは与那国へ行き、与那国海底遺跡を造ったのではないか。

この南下グループが、奄美大島から南下してきたと伝えられるアマミクのグループであったとの想像は容易にできる。

「倭人」の鍵を握る夷洲・亶洲

「倭人」の名はどこからきたのか、また倭人は、古代にどのようにしてあったのか？「倭国」の名が最初に出てくる中国の『山海経《せんがいきょう》』によると、倭国の位置を図41のように示すこともできる。三千年前にすでに、大陸の燕《えん》から南西諸島が〝倭国〟として認識されていた可能性を示唆しよう。また、『魏志倭人伝』以前の班固《はんこ》（三二〜九二年）による『漢（前漢）書』の「地理誌」〝燕地条〟にも「倭」が登場する。古代での倭・倭人や倭国については中国の文献にあたるしかないが、そうしたなかに正史に書かれた最初の文献が『漢書』である。

そして、『漢書』には《楽浪の海中倭人あり。分かれて百余国となる、歳時を以《もっ》て来たり献身すという》とある。一方で同じ『漢書』の〝呉地条〟では《会稽《かいけい》の海外に東鯷《とうてい》人あり、分かれて百余国となる。歳時を以て来り献身すという》とある。つまり、ここでは朝鮮半島の沖に倭人がいる一方、中国福州の沖に東鯷人がいるとされている。

ところが、『後漢書』の「倭伝」では『魏志倭人伝』同様に《大倭王は、邪馬台国にいる。

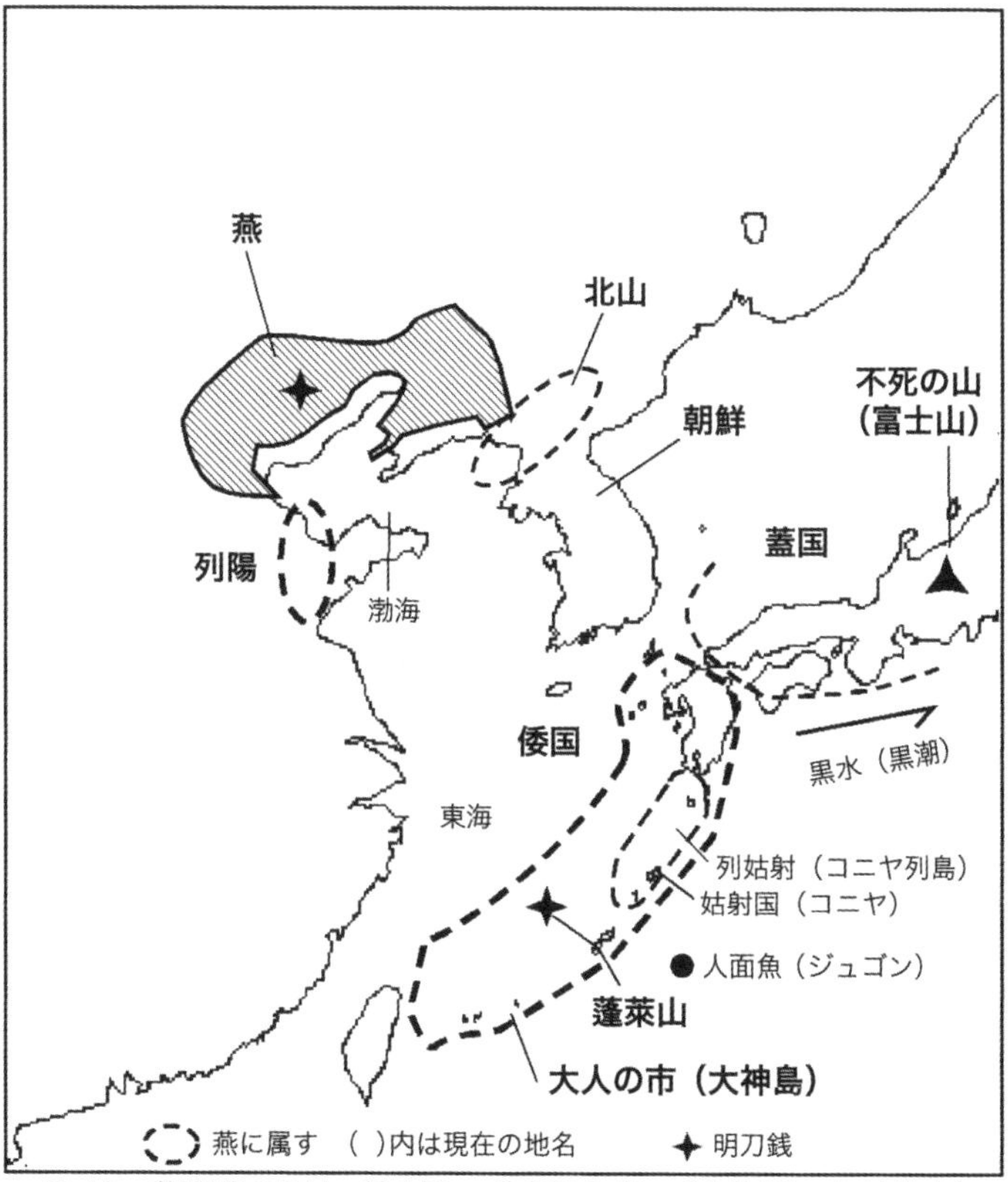

図41 燕時代の国々(3,100～2,222年前:『山海経』より推定)

紀元前7～前4世紀に用いられた明刀銭(刀幣〔日本銀行金融研究所貨幣博物館蔵〕)

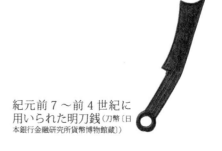

（中略）その地、おおむね会稽の東冶《とうや》の東にあり、朱崖《しゅがい》・儋耳《たんじ》と相近し》とするとともに、《会稽の海外に、東鯷人あり。分れて二十余国とある。また、夷洲《いしゅう》および澶洲《せんしゅう》あり》といわば倭に近づいてきて、ついには東鯷人は倭人であるとする記述も出てくる。

さらには《伝に言う「秦《しん》の始皇（帝）、方子徐福を遣わし、童男女数千人を将《ひき》いて海に入り、蓬萊の神仙を求めしむれども得ず。徐福、誅（殺）を畏《おそ》れ敢て還らず。ついに此の洲に止まる」と。……世々相承けて数万家あり。人民、時に会稽に至りて市す。会稽東冶の県人、海に入り行きて風に遭い、流移して澶洲に到る者あり。所在絶遠にして往来すべからず》と、徐福がここでかかわってくる。

ちなみに、中国の歴史時代は殷《いん》――商《しょう》とも称される（紀元前一四〇〇～前七七〇年）の後期に始まり、周《しゅう》（紀元前一〇二七～前七七一年）、春秋・戦国（紀元前七七〇～前二二一年）、秦（紀元前二二一～前二〇六年）、前漢（紀元前二〇一～後八年）、新《しん》（八～二三年）、後漢（二五～二二〇年）、三国――魏・呉・蜀（二二〇～二六五年）、晋《しん》――西晋（二六五～三一六年）……と続いていく。

そうしたなか、もう少々東鯷国に迫ると、中国でいちばん古い地理書ともいえる『書経』中の「禹貢《うこう》」篇に注釈を加えた、十七世紀（清朝）の地理学者・胡銘渓明経《こめいけいめいきょう》の『禹貢錐指《すいし》』では、《楽浪の東南海中に倭人あり。又東南海を度る、大奴王国と為る。即ち漢の東鯷人。今日本となる。其の地会稽東冶の東に遭う。経のいわゆる島夷帰服するものなり》と。ここでは、東鯷人・倭人・日本人とが一つになってしまっている。

ついでながら「倭」は「委（ゆだねる）」に人が加わった字形であり、その解字は「ゆだねしたがう」となる。日本列島に住む人々が倭・倭人と呼称されるに至った由来は不明だが、魏の官人・如淳が「人面に入れ墨する（委する）」習俗をもって倭の由来と論じたものは、後述するトウテツ文様などから注目される。いずれにしろ紀元前後ごろから七世紀末ごろにかけて、日本列島の政治勢力も倭もしくは倭国と自称し、七〇一年の前後に「日本」と国号が定められるまで用いられていた。

これについて『旧唐書《くとうじょ》』の「東夷伝」〝倭国条〟では《日本国は倭国の別種なり。その国日辺にあるを以て、故に日本を以て名とす。或いはいう、倭国自らその名の雅《みやび》ならざるを悪《にく》み、改めて日本となすと。或いはいう、日本は旧小国、倭国の地を併せたり、と》いうように記している。興味深いのは後半の部分で、次代に成立した『新唐書』においては《日本という小国を倭があわし（合併し）その号（日本の名）を冒す（名のる）》とする記述があり、このへんは何やら［第4章］に述べた〝東遷〟をうかがわせないでもない。

こうして各種資料を総合してみると、邪馬台国時代には倭国と東鯷国があり、前後の時代で重なり合うこともあったらしい。また、それ以前には、それらは夷洲および澶洲と呼ばれた時代があった。なお、文献により澶洲とともに「亶洲《たんしゅう》」の表現もあり、以下では亶洲の記載をとっていく。

〝重なり合う〟ことは、たとえば『魏志倭人伝』での〝邪馬台国の女王に属さない倭種〟との関係というよりも、人的・物的移動つまり前述の東アジアのネットワークの観点からすれば、むしろ当然となるかもしれない。先の『後漢書』での徐福の記述で、会稽に商いに来たり、会稽・東冶の人が流され到着する者がいるという通行の状況から、中国側が同一と認識することがあったとしうるからである。また、私は加えて数万戸の家があることなどから、明らかに南西諸島の人々を連想させると考えている。

そして、司馬遷《しばせん》（紀元前一四五～前八六年）が著した『史記』「淮南衡山列伝《わいなんこうざんれつでん》」には《徐市（徐福）は平原広沢《へいげんこうたく》を得、止まりて王となりて来《かえ》らざりき》とある。徐福が王となり、『後漢書』の時代には、そこは数万戸あったとされる〝夷洲と亶洲〟は、漢時代の〝東鯷国と倭国〟に対比されるのではないかと推定したい。

ここで、南西諸島では前述のように与那国島と沖縄本島の海底から、紀元前三世紀から後三世紀ころの王城と思われるものが発見・確認されたことが思い浮かぶ（［第3章］など参照）。したがって、与那国島のYonaguniなど、Y（い）音が入る場所を夷洲に比定したらどうか。周辺には西表島《いりおもて》・石垣島《いしがき》と〝い〟音の入る島が集まっている。また、沖縄本島の北谷《ちゃたん》など

Chatanとtan（たん）音が入る場所を亶州というように比定しうる。そして、夷洲・亶州の〝洲〟とは何かを考えていくとき、国の集まりととると、夷洲は東鯷人二十余国、亶州は倭人三十国に相当するとなってすっきりとまとまる。

こうしてみると、さかのぼって紀元前三世紀ごろの徐福の時代には、少なくとも会稽の沖の人々には「倭人（倭国）」という言い方はなかったかもしれない。すなわち、のちの〝倭〟方面（日本列島）は、蓬莱島で代表される「五神山」あるいは「三神山」という認識となるからである。

不老不死の薬草を蓬莱山に求めた始皇帝

徐福といえば、与那国海底遺跡の一角にあるスフィンクスのようなモニュメントの人面が、徐福を想像してもおかしくないこしらえに見えることはすでに指摘した（213ページ図39）。だとすれば、もしかしたら与那国の海底城郭は徐福の命で造られたのかもしれないと推測してもおかしくはない。

徐福についての最初の記述は、先の『史記』のうち「秦始皇本紀」〝二十八年（紀元前二一九年）条〟にある。ただし、前記でも示したように《斉人〝徐市〟》の名前で紹介され、始皇帝が仙薬を探させるために徐福を船出させたことが記されている。

始皇帝は国土を統一したあと、しきりと中国の東部地方を巡幸したという。この背景には、古代中国の〝東方ユートピア思想〟がかかわっていた。関連して秦帝国の成立を天下にアピールすることもあって、始皇帝は東方の神々へ捧げる〝封禅の儀〟を泰山で挙行したといわれる。この封禅の儀についてはあとに詳述するため、ここでは天子（皇帝）だけが執り行なえるものであり、大がかりな祭場施設が必要だったとだけ記しておこう。

さて、始皇帝が求めた仙薬とは、不老不死の効能をもたらす薬草であったという。洋の東西を問わず、最高権力者が最後に求めるものは、不老不死の妙薬である。中国歴代皇帝の多くは、水銀化合物とおぼしき不老長寿薬（丹薬）を服用し、逆に命を縮めている。稀代の専制君主・始皇帝もまた、あらゆる手だてを尽くして永遠の生命を得るための秘薬や秘術を、探し求めさせたようである。

人類史上、不老不死への思いが最初に登場したのはメソポタミアの地である。粘土板に書かれた『ギルガメシュ叙事詩』には、洪水伝説の「ノアの方舟《はこぶね》」のモデルとなったウトナピシュテムに教えられて不老不死を求めたギルガメシュ王の物語が、海の底にそれを求めたとして書かれている。この物語は広くウルク周辺の国、バビロニアやアッシリアに伝えられて、その内容は変容されながらも時を隔ててシルクロード西域の国々にも伝え残されたと考えていいだろう。たとえば西王母と不老不死薬の話がある。馬王堆《まおうたい》墓から「老子帛書《ろうしはくしょ》」とともに出土している棺にも、不老不死の薬草を盗んで月に飛んだ嫦娥《じょうが》の神話が描かれているといわれる。

つまり、始皇帝の念頭には、すでに不老不死の薬草は海の中の蓬萊山にあるという思いがインプットされていただろう。これは王充（二七―九七年）の書『論衡《ろんこう》』からもうかがえ、ここには《周の時は天下太平、越裳《えつも》は白雉《はくち》を献じ、倭人は鬯草《ちょうそう》を貢す。白雉を食し鬯草を服用するも、凶を除くあたわず》とある。この鬯（暢）草は酒に浸して用いる薬草とされていた。沖縄では自生する鬱金《うこん》であるとの説もある。

一方、徐福の〝方士〟という肩書は、呪術や各種の自然科学・文芸・医学などに通じた、博物学者と理解すればいい。時の権力者に、あらゆる方面にわたる知識を提供して生活を営んでいた人々である。さまざまな史書などの記述をまとめれば、〝仙薬〟を探すために東方海上への渡海計画を始皇帝に進言し、実行させたのが徐福であった。まさに、私の専門である海洋学の先駆者でもある。

『史記』「秦始皇本紀」の紀元前二一九年の項で、「徐市（徐福）と童男女数千人を海に出し、仙人を求めさせた」とある。しかし、同じ「本紀」紀元前二一〇年の項には、徐福はいったん中国に帰り、《常に大鮫《おおざめ》に苦しめられたために、目的地に着くことができませんでした。弩《いしゆみ》（ばねじかけで射る方式の弓、「弩《ど》」ともいう）の名手を供につけてください。もし大鮫《おおざめ》に襲われたら連弩《れんど》で射止めます》と始皇帝に訴えた。
この内容は「淮南衡山列伝《わいなんこうざん》」の別バージョンの訳によると、以下のようになる。
《徐福は帰ってきて始皇帝に嘘をついて言った。私は海中の大神に会うことができました。大神は、おまえは西皇（始皇帝）の使であるかとまず尋ねられました。私はそうですと答えました。すると、おまえは何を求めるのかと聞かれました。私は、どうぞ延年益寿の薬をいただきたいと願い出ました。神は、汝の秦王の礼が薄いので、観《み》ることはよろしいがそれを取ることは許されないと答えました。そこでただちに、家来を従えて東南の蓬莱山に行きました。そこには、芝《し》（サルノコシカケか？）で造られた宮殿があり、そこに使者がいました。使者は銅色をしていて龍のような形をしていました。光が上に射して天を照らしていました。そこで私は再拝して、何を献上したらよろしいでしょうかと伺いました。すると海神が、若い男子もしくは女子、それに百工を献上すれば仙薬を得ることができると言いました。これを聞いた秦の始皇帝は大いに喜んで、童男・童女三千人とこれに五穀の種と百工をつけて船出させた……》
すなわち、紀元前二一九年に童男・童女数千人と最初の船出を行ない、次いで九年後の前二一〇年に再び童男・童女三千人と百工を連れて船出し、渡海先で「平原広沢《へいげんこうたく》」を得て王となり、二度と再び中国へ帰ることはなかったという。また、その地はのちに「夷洲」と「亶洲」と言い伝えられたのである。

徐福は「三神山」を求めたのか、移住したのか!?

この徐福の渡海については諸説あり、徐福は九年間の航海準備を経て、紀元前二一〇年に初めて東海へ船出したという説もある。けれども、始皇帝の熱い期待を受けて承認された大航海計画の実行を、それほど長期間にわたって延期できたはずがない。やはり一度は大船団を率いて旅立ち、経過報告のために一時帰国をしたのだろう。ましてや、紀元前二一九年に徐福が始皇帝と会って約束した四年後、始皇帝は徐福を探させている。さらに、その二～三年後には、有名な始皇帝の〝焚書坑儒《ふんしょこうじゅ》〟事件が起こったのだ。徐福がどこかに隠れていたなら、のこのこ出てはいくまい。

始皇帝の前に出られたのは、彼が実際に蓬萊山へ行ったという確信があったからではないか。それまでに九年もかかったのは、たぶん与那国島で始皇帝に永遠の生命を与える儀式の場〝ミントン〟城を造っていたからではないか。その間、始皇帝は沖縄本島に上陸もし、彼らは沖縄の祖神アマミク（徐福夫人）・シニリク（徐福）として崇められていたのではないか。

そして、本人は何人かの者を連れて、太平洋岸を富士山のほうへまで行ったかもしれない。

その成果をもって始皇帝を蓬莱山に導くつもりで喜び勇んで戻ってみれば、焚書坑儒が始まっていた。そうしたなか、始皇帝の熱い願いがあって蓬莱へ再出発した直後の紀元前二一〇年、始皇帝は崩御した。その始皇帝の霊を蓬莱へと伴いたいとしたのだろうか、ともあれ彼らは船出し、新天地を切り拓いていったのではないだろうか。

網野善彦氏らの研究を参考にすると、『史記』「淮南衡山列伝」にも「秦始皇本紀」とはややニュアンスが異なる徐福に関しての次のような記述がある。漢の武帝の紀元前一二四年、淮南王の臣下の伍被《ごひ》（『淮南子《えなんじ》』の編纂に加わった）が、秦の暴政を例にとって諌めた際、徐福のことを次のように述べた。「昔、秦（始皇帝）は徐福をして海に入りて神異の物を求めしが、徐福は還りて偽辞を為して曰く……後、徐福は平原広沢を得、止まりて王となって来らざりき」

私はやはり、徐福が始皇帝から与えられた船団の規模に注目したい。もし二回の航海が実現していたら、船団には六千～七千人の童男女プラス百工を含めたさまざまな職業のオーソリティーたち多数が含まれている。彼らを警護する兵員まで含めると、トータル一万人規模の大船団が編成されたかもしれない。当然、大量の生活物資、家畜や農作物の苗や種子なども船積みされていた。童男女とは、将来的な人口増殖のために動員された未婚者たちと解釈できる。これはどうみても、結果的には大移民プロジェクトである。

実際、『列伝』には《方士徐福を船出させて仙薬を求めた。多くの珍宝を持たせ、童男女三千人、五種・百工を連れて行かせた》とある。さらに『廬山記《ろざんき》』という書物にも、《始皇帝は、一千人の童男女、五穀の種子、航海・天文・呪術・船大工・記録者・薬司官などの専門職を徐福に託し、五百艘の船に乗せて送り出した》と記されている。そのようなグループであれば、住民の協力が得られれば海底遺跡（当時は陸上建造物）を造ることは十分可能であろう。

中国では春秋・戦国時代にあたる今から三千年前〜二千年前ごろ、中国大陸から南西諸島への渡来者が激増したと思われる。それは四千年前〜三千年前にわたって縄文人が海で活躍していたことと、無関係ではないようだ。それら古代琉球を訪れた渡来者のうちの代表格が徐福の一行ではなかっただろうか？　まず、徐福らは本州から南西諸島、台湾までの陸域に、蓬莱島があると信じていたようだ。ちなみに、このころから南西諸島に石棺墓が現れ始める。

一方、始皇帝以前にも秦に滅ぼされた斉《せい》国の威王と宣王が〝蓬莱〟〝方丈《ほうじょう》〟〝瀛洲《えいしゅう》〟という東方海上にある「三神山」に仙薬が存在すると信じ、船団を派遣したと伝わっている。そして近年、日本と中国双方の交流が盛んになり、徐福は、かつて三神山に霊薬を求めた斉王朝にゆかり深い人物ではなかったかとされてきている。となれば、始皇帝が方士・徐福の進言を信じたということも現実味を帯びてくるし、その大移民プロジェクトのような行動もうなずけてくる。

ともあれ、『史記』「淮南衡山列伝」が《徐福は平原広沢を得、止まりて王となりて来らざりき》と記しているように、多数の童男女とともに出航した徐福の移住が成功したという話は、その渡海の直後から知られるようになり、なかでも卑弥呼の時代の江南では特に信じられていたようだ。それが次の「呉孫権伝」に見られるものともなるのである。

思い起こせば、徐福はかつて海路をインドまでたどって行った国際人ともいわれる。また、史上初の海洋探検家ともいえよう。ちなみに、彼らの航路を推定すると220ページに掲げた図40のようになる。決め手は明刀銭や韓国・済州島と同南海島に残された伝説であった。従来、徐福の第一次と第二次航海の間の九年間は何をしていたのかと問題になるが、第一次航海がこのようにがっちりしたものであれば、それにかかった時間もうなずけるものとなる。

孫権が求めた徐福の王国——夷洲・亶洲はどこか

さて、徐福たちの子孫が亶洲という土地に住み、数万戸に増えて〝江南の会稽地方〟へ交易にやって来ることもあるとされたのは、実際に徐福たちの子孫かどうかは別にして、三世紀ごろの現実の出来事として、当時の中国人、とりわけ江南の人たちがそのように信じていたのは確かだろう。

さらには、この夷洲・亶洲には「蓬萊伝説」も結びついている。いわゆる秦の蓬萊国探しは、のちにさらに加熱した夷洲・亶洲探しとなっていった。三国時代の呉王・孫権は、魏を滅ぼすのに必要な人材を集めるため、言い換えれば隣接する倭人を駆り集めるために、夷洲・亶洲を探して三回にもわたり万余の軍を派遣したほどである。そのめざした方向は、いわば日本だが三百年来の通説になっている邪馬台国＝九州や畿内ではなく、南西諸島南部から台湾付近であった。このことは、前章までに述べてきた邪馬台国＝沖縄説を支持するものでもある。

さて、孫権は海の彼方の亶洲にあるはずの、徐福らが渡った「平原広沢」の地を探して大捜索を開始した。その模様は、邪馬台国を記した『魏志倭人伝』を含む『三国史』中の『呉志』「孫権伝」の〝黄龍二年（二三〇年）条〟に示されており、そこには《甲士万人を率いて海に浮かび、亶洲夷洲を求む、両洲は海中にあり》とある。これは二三〇年ごろ卑弥呼が邪馬台国の女王になって、十年後ほどの出来事である。

そして《黄龍二年の正月、衛温将軍は諸葛直に命じて甲士万人を船出させ、夷洲および亶洲を探させた。長老が言うには「その昔、秦の始皇帝が童男童女数千人とともに方士・徐福を船出させて、蓬萊の神山と仙薬を求めさせた」ものである。捜索者は、亶洲は見つからなかったが夷洲は見つけたと報告したが、それは嘘だったようだ。その証拠に、夷洲といつわって〝高《こう》嶼《しょ》（台湾）〟から人質を連れてきたとして責任者二人が処刑された》というのである。

夷洲については『後漢書』「東夷伝」中の沈瑩《ちんけい》の『臨水土志《りんすいどし》』から引いた《夷洲は臨海（今の浙江省の台洲方面？）から東南の方向にある》とされ、現在の台湾だという説が根強くあるが、〝黄龍二年条〟の記述では、台湾は否定されるようである。そうすると、台湾の東南にある与那国をはじめとする八重山諸島はその候補地となろう。

そのほか、『呉志』の巻十三「陸遜《りくそん》伝」には《夷洲および朱崖を取らんと欲し、皆以て遜に図る》とある。また、同十五「全琮《ぜんそう》伝」では《権、将《まさ》に朱崖および夷洲を囲まんとし、皆先《ま》ず琮に問う》とある。加えて前掲書の「呉王伝」にも《亶洲の民は会稽東治に来て布を売り、会稽東治の人は亶洲に漂流する者がある》と記されている。これらの記述からみると、そこはいろいろな意味でよほど魅力的と思われていたのであろう。

私はこうした孫権らの動向から、城郭を含む海底遺跡のある与那国が〝夷洲〟の中心地で、北谷海底遺跡のある沖縄本島が亶洲の中心地である可能性が強いとの考えをとっていることはすでに述べた。日本の研究者の間では前記の『臨水土志』などに夷洲＝台湾、済洲島《チェジュ》が〝耽羅《たんら》国〟と『隋書』に記されたことから、亶洲＝済洲島と比定することが多いが、〝孫権らのめざした方向〟からは台湾を含めた南西諸島に絞っていくべきであるように思う。

その意味では近年、国分直一氏などの研究から亶洲イコール種子島の比定が重視されてきており、種子島の弥生時代の広田遺跡における中・下層での埋葬部からの出土には、後述するトウテツ文様の流れをくんでいるとみられる貝製装身具が伴っている。同遺跡下層は、弥生中期にあたる時期である。また、その中層の貝札の彫刻文によく似る貝製品が、沖縄の久米島の清水貝塚の下層から発見されている。なお、この下層には弥生中期の土器が含まれる。そして、広田上層の遺骨群に配布された貝札（貝符）のなかに、漢字の隷書体で「山」の字を彫刻したものが一例発見されている。広田上層も清水貝塚上層も、弥生後期ないし古墳時代初期に属するものと考えられている。

こうした遺物の背景には、越系の海人がかかわりをもっていたろうことは確実である。ただ、孫権が探索させたとき（今からおよそ一千八百年前）は、二千年前には水没が始まっていた与那国の海底遺跡はすでに陸上に存在していなかったかもしれない。そのため、孫権の派遣者たちはついに城を見つけることはなかった。だが、亶洲が沖縄本島（北谷）であれば、まだそこにはみごとな城塞《じょうさく》が陸上にあった時期なのだ。しかし、彼らはそこまで行き着けなかった。

三神山の存在と徐福の〝移民プロジェクト〟を探る

いわゆる「徐福伝説」が日本各地（青森県から鹿児島県に至るまで分布し、ゆかりの地としては佐賀県佐賀市、和歌山県新宮市、鹿児島県いちき串木野市、山梨県富士吉田市、宮崎県延岡市などが有名）に残っているように、中国の伝承から徐福が蓬萊山をめざしたことはまちがいない。蓬萊山は先に一部記したように中国伝説の「三神山」の一つで、東海中にあって仙人が住み、不老不死の地とされる霊山であるという。そして前述してきたように、三神山は琉球列島から台湾にかけてにあると中国人は推定してきたようだ。中国の考古・歴史学者を中心に、この意見に同意する人たちは増えてきているようにみえる。

ならば、はるか二千年前から存在した与那国島海底ピラミッドや南西諸島各地の海底遺跡が、三神山伝説など、さまざまな神秘伝承のベースとなったことは想像にかたくない。先の三世紀に南西諸島方向に帆を進めた呉の孫権軍は、夷洲を襲い住民たちを拉致連行したとある。与那国の陸上遺跡年代は、二千年ほど前から一千六百年前の間がとぎれる。その間の空白は、あるいは孫権軍に拉致されたためではないのか。また、それによってその後の海底遺跡の存在を伝えるものがいなくなったのではないだろうか。

蓬莱山探しを推し進めた始皇帝は、徐福以外にも数多くの方士と接触していたと伝えられ、神仙への関心はひときわ高かった。そして、徐福の経過報告を聞いて三神山の仙薬にいっそうの期待をふくらませたのもつかの間、五十歳の生涯を閉じた。始皇帝の死後、それを待ちかまえていたかのように各地で反乱の火の手が上がり、以後十年を経ずして、秦は漢（前漢）に滅ぼされた。このような時代背景からみて、始皇帝に忠誠を誓っていたかどうかには関係なく、徐福は中国へ再度帰還する必要性を感じなくなってしまったことだろう。

徐福が指揮した移民プロジェクトの全容を知ることは今となっては不可能かもしれない。しかし、ここで大切なことは、紀元前三世紀に、一万に及ぶ人員と物資を満載した中国の大船団が、東方海上のどこかをめざして旅立ったという事実だ。そしてそれらが遭難したという事実はない。これまでにも、徐福一行の渡航先を日本列島とする説が唱えられてきた。なかでも南西諸島が最有力な候補地だ、と私は考えているのである。

徐福は斉（現在の山東省）の出身とされ、そこから徐福船団の出港地を山東省沿岸とするものなど諸説あるが、今日の研究者たちは浙江省寧波《ニンポー》が有力だとしている。紀元前三～前二世紀の中国では、航海用ではないが、既述した「指南之勺《しなんのしゃく》」（磁石コンパス）が発明されており、出港後は、航路の決定に役立ったはずだ。仮に出港地が先の山東省の渤海《ぼっかい》付近なら、当初から南西諸島をめざしていたとはいえなくなるが、徐福船団がどのようなコースで行ったかは記されていない。また、九州・四国・山陰・紀州・東海など各地に、徐福渡来伝説が伝わっているが、それらは黒潮海流と関係しているとみられている。

黒潮海流から考える「夷洲」「亶洲」

黒潮は、太平洋で赤道の北側を東から西へ流れる北赤道海流がフィリピン東方で二分し、ルソン島沖を北上する暖流をいう。

この流れはルソン島北部沖から西側境界流として、幅の狭い強いものになり始める。流速は一・五〜二ノット程度である。ルソンと台湾の間には、南北に伸びる二列の海嶺《かいれい》（海底地形、幅狭く長く連なった海底の山脈）があるが、黒潮は東側の海嶺にまたがり、西側の海嶺が西縁となる。

台湾東方の黒潮は、二〜三ノットと流速を増し、典型的な強い流れに発達して台湾と与那国島との間から東シナ海に流入する。ほぼ、沖縄島北西方で流速一・五〜二・五ノット、厚さは六百メートルに達する。そして、屋久島の西で上層水が一つの分流をなして九州西方を北上し、対馬海流となって日本海へ入る。一方で本流は屋久島・種子島を洗って土佐沖に出、紀州沖から遠州灘を経て三宅島・八丈島付近に向かってまっすぐ北上する。房総半島沖で急に幅が広がって、本流は進路を東にとり、分流は北へと流れていく。

こうした黒潮の流路を考えていくなら、また徐福が寧波からの出港ならば、いわゆる「海上の道」も参考となるだろう。

「海上の道」は柳田国男氏が提唱した日本の文化の流入ルートで、著作としてまとめた『海上の道』の中では、日本民族の発祥地は宮古と主張した。それは、はからずも私のいう結論とも基層で一致するものなのだが、これまでにおいても少数ながら沖縄に注目していた人はいるのである。たとえば柳田氏によって、宝貝（方言でスビ）の豊富な池間島北方で干潮とともに浮かびあがる〝八重干瀬《やえびし》〟が注目を集めたのであった。

最近では観光ブームにも押されて、この〝幻の大陸〟は再び脚光を浴びている。宮古島北方の八重干瀬は方言で「ヤビジ」と呼ばれる。柳田氏は、初めて大陸から人が漂着したのはこの島(宮古)ではないかと問題を提起し、その理由として、池間島の北方にある八重干瀬で豊富にとれる宝貝〝スビ〟と季節風、黒潮を挙げている。

その昔、宝貝は大陸において貨幣の役割を果たした。たとえば、金、銀と同じようにその美しさと希少価値によってである。琉球でどれほど貨幣の役を果たしたのか、資料が残されていないため不明だが、この点からも、沖縄は再評価されてよいはずだ。

しかし、繰り返し述べてきたようにこれまでの沖縄での弥生遺跡・遺物、特に稲作に関するものの希薄さなどから、この説はいつしか取り上げられなくなっていった。だが、先の種子島・広田遺跡の発掘調査などから再び脚光を浴びてきている。江南、とりわけ会稽と南西諸島から九州へというつながりも重要だとなってきた。ちなみに、このルートを逆にとると遣唐使の南島路になる。

そもそも江南は中国での稲作地帯であり、弥生文化の有力な原郷の候補である。これに対して華北は原則的に麦作地帯であった。『魏志』には都の洛陽からほぼ時計回りで東夷の国々が記述され、朝鮮半島を南下し、最後が倭人社会になる。このルートは北方系の騎馬文化、たとえば馬具、金製や銀製の装身具などの入るルートで、おそらく魏の使者の来たルートでもあり、その逆のルートをとって卑弥呼の使者が洛陽に行ったであろうし、ずっとのちには遣唐使の北路になる。

高句麗《こうくり》や鮮卑《せんぴ》系などの地帯からの影響は別にして、こと漢民族に限ると、このルートは公式の往来ルートであるため記録には残りやすい。しかし、大集団の来るルートではないようである。

〝徐福の移民〟が注目されるわけもここにあり、さらに私は移民という観点からは、むしろ種子島よりも沖縄本島がふさわしいとして北谷を提示した。というのは徐福が「平原広沢」(水の豊富な平野)を得て王となったとされるからであり、種子島の規模にそぐわない。

沖縄で発見相次ぐ弥生の遺物

仮に沖縄本島を蓬萊の地とするなら、「平原広沢」はどこにあたるのだろう。そういえば宜《ぎ》野湾《のわん》からは、今からおよそ二千年以上も前の住人と推定される六十体もの弥生時代初期の遺体が出土した。そのなかに渡来人と混血したと思われる人骨が確認されている。そこは、沖縄中部から南部にかけての平野部である。西海岸周辺は、いつも地下水が枯れることのないかっこ

う の稲作地帯だ。ここが徐福の渡来地だということの補強材料になる。さらに当時は、ケラマ諸島は本島と陸でつながっていた可能性が強い。

もちろん、日本列島への人々や文化の伝播において先の〝公式ルート〟を否定するものではない。朝鮮半島から玄界灘を船で南下し九州へ至るものは、さらに屋久島を経て沖縄本島に達している。だが、外間守善氏が集成(『南島歌謡大成』)した沖縄の〝神歌〟のなかに「ソウルから下る赤碗《あかわん》の世直し、大和から下る黒碗《くろわん》の世直し」といった内容の一節があり、想像以上に南西諸島と大陸との交通は密なものがあったのである。ここでのソウルは現代のソウルではないが朝鮮半島の都を指し、それが大和と並置してあるのは、考古学での南下ルートに対応するものとみてよいだろう。あるいは、既述したスサノオの曾尸茂梨《そしもり》(190ページ参照)なのかもしれない。

そうしたなかで近年、ことに注目されてきているのが「明刀銭《めいとうせん》」である。これは春秋・戦国時代の「七雄」の一つ燕国の通貨であり、一面では〝最古〟の貨幣ともいえる。中国では遼寧省の遺跡から、朝鮮半島では北部の古い段階の遺跡から出土している。対して、これまで日本から発見されずにいたため、中国古代の神話と地理の書『山海経《せんがいきょう》』における《蓋《がい》国は鉅燕《きょえん》の南、倭の北にあり。倭は燕に属す》の記述は解釈されえないままにきていた。そこに、沖縄本島の城岳《ぐすくだけ》貝塚から出土したのだ。

また、アマミク上陸地点の四キロ南西の海岸に具志頭城がある。この城の正門が海崖にあることから、与那国のようすに似ている。現在のそれは後退していても、本来はアマミクすなわち徐福らが造ったのではなかろうか？

明刀銭は長さ十数センチの鉈《なた》のようなかっこうの青銅鋳造の貨幣で、南西諸島以外では発見されていないため、中国本土との直接交渉でもたらされたとされる。

ついでながら、前述の〝スビー〟にかかわるものなのか、沖縄には大陸の貨幣の出土が多い。一九六二年に竹富島で二千二百年前と推定される「貨布」が見つかり、一九九二年には久米島で「五銖銭《ごしゅせん》」が大量に出ている。

中国の貨幣は、始皇帝によって統一が図られ「半両銭《はんりょうせん》」が鋳造された。これは径三・四センチ、重さ八グラム、厚さ二ミリと持ち運びしやすいものであったがあまり流通しなかった。しかし、後代の貨幣の基本となって漢（前漢）の武帝により五銖銭が造られるのである。図42はそうした遺物をプロットするなかに、ここまでに記した弥生中～後期の「倭国」の推定域を考えたものである。それは189ページほかの〝東遷〟にもかかわってくる。

ここで想像を加えてみよう。徐福が渡航したのが紀元前二一九年、秦の半両銭が造られたのが紀元前二二一年ころで徐福が出発する二年前ころとなる。したがって、国外に出るにあたり半両銭を所持したとは思えない。一方、以前の貨幣は贈答品としての役割が多かったこと、ま

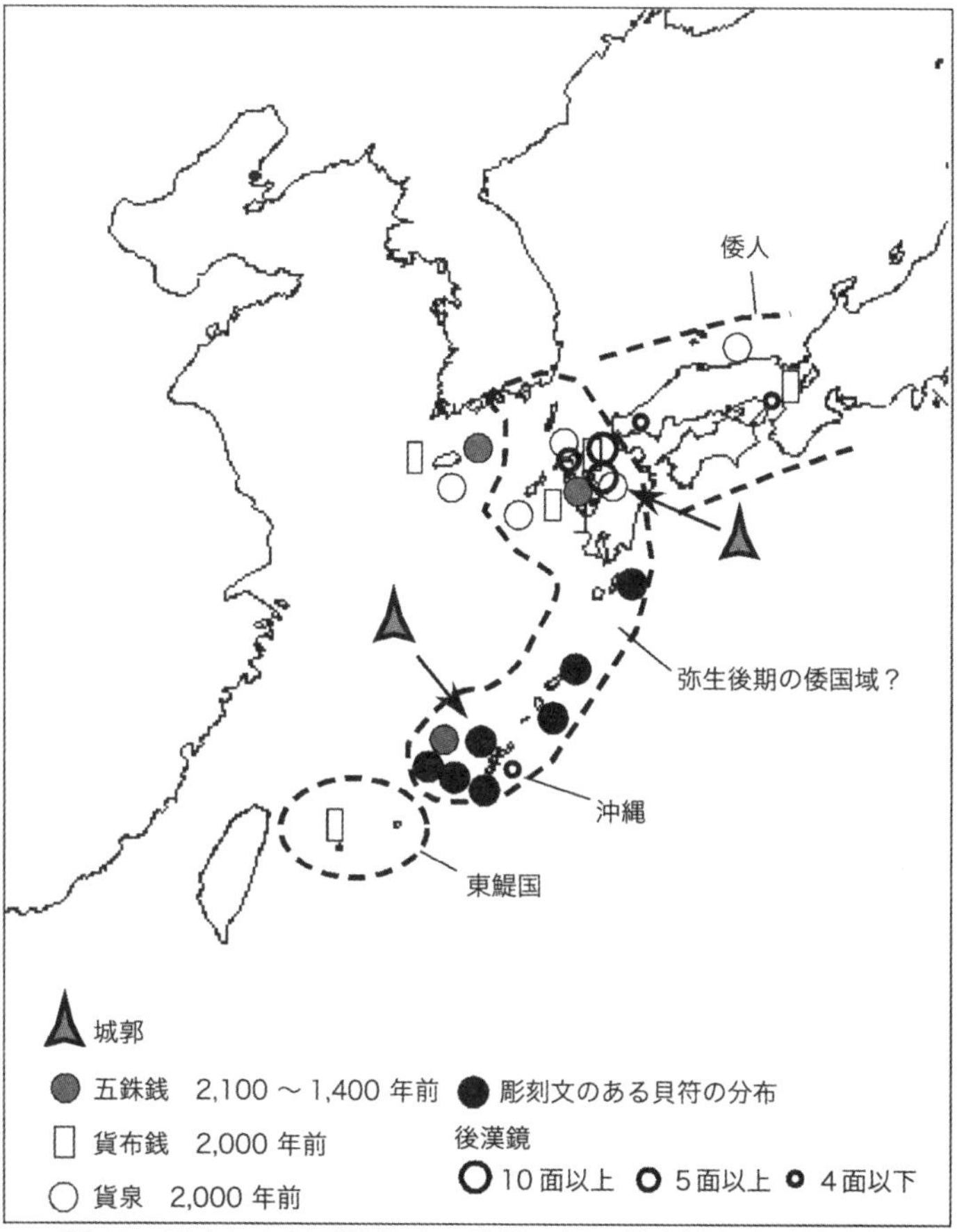

図 42　日本における弥生中～後期の倭国推定域と大陸性遺物

五銖銭（日本銀行金融研究所貨幣博物館蔵）

たもし本当に亡命するつもりなら、秦の貨幣を持ち歩いていれば始皇帝に発覚するおそれがある。そこで明刀銭を持って出た可能性がある。

また、沖縄の弥生期の遺物は貨幣に限らない。宇堅《うけん》貝塚から後漢鏡の〝方格規矩四神鏡《ほうかくきくしじんきょう》〟が出土し、さらに同遺跡からは後漢鏡に伴って全国的にもまれな漢式三角翼鏃《さんかくよくぞく》も出ている。この青銅鏃は台湾北部の海峡に面した大坌坑《だいふんこう》遺跡からの出土と対応し、その時期は少なくとも春秋・戦国時代より下がることはなかろうという。ほかに、国分直一氏は中国東南沿岸地区に濃厚に分布のみられる印文硬陶系の土器の出土が八重山諸島の一部に及んでいることも、越系水人の動きを示唆しているとみてよいであろうと、指摘している。

琉球列島で発見された日本最古の漢字〝山〟

このように現在、次々と弥生遺跡・遺物の発掘が続いている。そして国分氏が華南水域を通してそれらがもたらされた可能性を示唆しているように、沖縄独自の大陸との交流もあったのだ。なぜなら、春秋・戦国から漢、三国の時代にかけて江南から東海・南海地区における軍事的な動きが考えられるからだ。前述した呉の孫権の派兵は、海南島からインドシナの一部、夷洲に及ぶ遠大な行動であった。夷洲が国分氏らの考えるように台湾で、亶洲が種子島としても、その間にある沖縄の島々は当然彼らの視野に入っているはずである。先の漢式三角翼鏃など青銅の武器が、軍事的行動とのかかわりにおいて夷洲に近接した南島の一角に登場する可能性は決して小さいものではなかった。

しかし、より重要なものは〝トウテツ文様〟ではないかと私は考える。種子島からトウテツ文様を彫り込んだ貝や石製品、骨製品が数多く発掘されてきたことはすでに述べたが、じつはそれらは種子島に限られていない。

一部前述したように、先島諸島を除く沖縄本島およびその周辺の諸島では、縄文後期の約三千五百年前〜二千四百年前ごろの遺跡から、本州では見られない蝶形や龍形などの獣形装身具類といわれるものが多数出土する。これらは、古代中国の殷・周時代のトウテツ文様に似た彫り込みがあり、〝貝符〟が数多い。また、このうち種子島の広田遺跡から出土した貝符には、すでに述べたように中国の隷書体らしき形態で〝山〟という字が彫られていて、これが日本国内では最初の漢字といわれている。

殷・周代のトウテツ文は、青銅器などに鋳込まれた魔よけ文様といえる。この性質は南西諸島でも同様であろう。いずれにせよ徐福船団ほどの規模ではないにしても、南西諸島では海底遺跡（当時は、陸上で建設された城郭）の建造以前から、大陸との交流が確実に始まっていたのである。

さらには、この延長に四川省三星堆《さんせいたい》遺跡出土の「縦目仮面」があり、それは目の位置とか、縦目の瞳が突出しているところが、与那国島の海底で発見された人面像（モアイ像）に酷似している。

徐福が表そうとした三神山

ここで徐福に話を戻し、再び徐福一行が移住したとされる〝亶洲〟の地名について考えてみよう。〝洲〟とは、水に取り囲まれた中洲の地形を示す。タンは中国の古音で〝tiog〟または〝tsiau〟と発音され、〝ちゃ〟と読める。「封禅の儀」との関係からは、亶洲は〝たんちゃ〟という古発音になるかもしれない。

驚くべきことに沖縄本島には、恩納村から本部町にかけて〝谷茶《たんちゃ》〟という地名が残っている。また〝読谷《よみたん》〟もある。隣接する〝北谷《ちゃたん》〟も、亶洲と深い関係がありそうだ。北谷の砂辺海岸沖には前述したように、与那国島海底ピラミッドよりも規模の大きい巨大なグスク状の海底城郭が眠っているのだ。

一方、百名《ひゃくな》海岸のある玉城《たまぐすく》にも広い平坦地、つまり「平原広沢」がある。ここはもともと沖縄の稲の発祥地といわれており、それが何よりも徐福との関係性を物語っているようにみえる。

この「タマ」と「タン」とも、音に共通性がありそうにみえる。

移民について再々繰り返すが、二世紀後半に漢王朝は衰退し、中国本土は大混乱期に突入した。一八四年に全国規模の農民一揆＝「黄巾《こうきん》の乱」が勃発《ぼっぱつ》し、のちの魏王・曹操によって徹底的に鎮圧される。こうした戦乱で、当時の中国で五千万人の人口が一挙に十分の一にまで激減したという説もある。

つまり多くの難民や亡命者集団が国外へ逃れ、そのとき一部が日本国内へ渡来したとしても不思議ではない。邪馬台国の卑弥呼も、その時代の渡来人ではないかという憶測まである。おそらく古代中国の難民集団は、徐福伝説を頼りに東方海上に新天地を求めたのだ。そのため、日本列島各地に、多くの徐福渡来伝説が定着したのだろう。後世、たとえ徐福ゆかりの者でなくとも、徐福の係累といえばあがめられた可能性はある。

一方、北谷沖の海底城郭の建造が二千年前～一千年前の間のいつかという時代設定が正しいとすれば、これは、徐福以後の時代である。与那国島が水没したので、そこから引き揚げてきた本隊の子孫が、本島にもともといた仲間や地元住民とが力を合わせて一大戦争を意識した城塞を造り上げた可能性は否定できない。大陸は戦国時代であり、日本列島でも倭国大乱などのあった時代であった。大陸では黄巾族の乱ののち、海へ大量の避難民が出ていったといわれる。のちの三国時代にも合致する。

こうしてみると、与那国海底ピラミッドは西側からの侵略者に対する備えであろうか。それならば東の外敵に対する備えの城は九州にあってよい。それはもしかしたら九州の〝奴〟国かもしれない。奴は邪馬台国の影武者のような国と考えられてつけられたのではないか。そのため、邪馬台国時代の倭国に奴が二つあるのかもしれない。いや、三つかもしれない。夷洲・与那国の〝ナ〟、また亶洲・奴国の〝ナ〟、そして九州・奴国の〝ナ〟である（図43）。

もしかしたら、徐福はこの三つで三神山を表そうとしたのかもしれない。そうすると、夷洲（与那国ほかの東鯷国）が三神山中の〝瀛洲〟、沖縄以北の南西諸島が〝蓬萊〟、九州以東が〝方丈〟に対比できるかもしれない。であるならば、後述する「万国津梁之鐘《ばんこくしんりょうのかね》」に彫られた琉球が〝蓬萊島〟と比定するのは的を射ていよう。

「五神山」と南西諸島

ここで、海底遺跡について述べたとしか思えない古文書の記述を示そう。今から二千年前に書かれたといわれている『列子』「湯問篇第五」に記述された蓬萊山の姿は、まさにチャーチワードのムー大陸級のイメージを持っている。

その著述年が正しいとすると、これは徐福らが仙薬を求めて渡航したころか、そのすこしあ

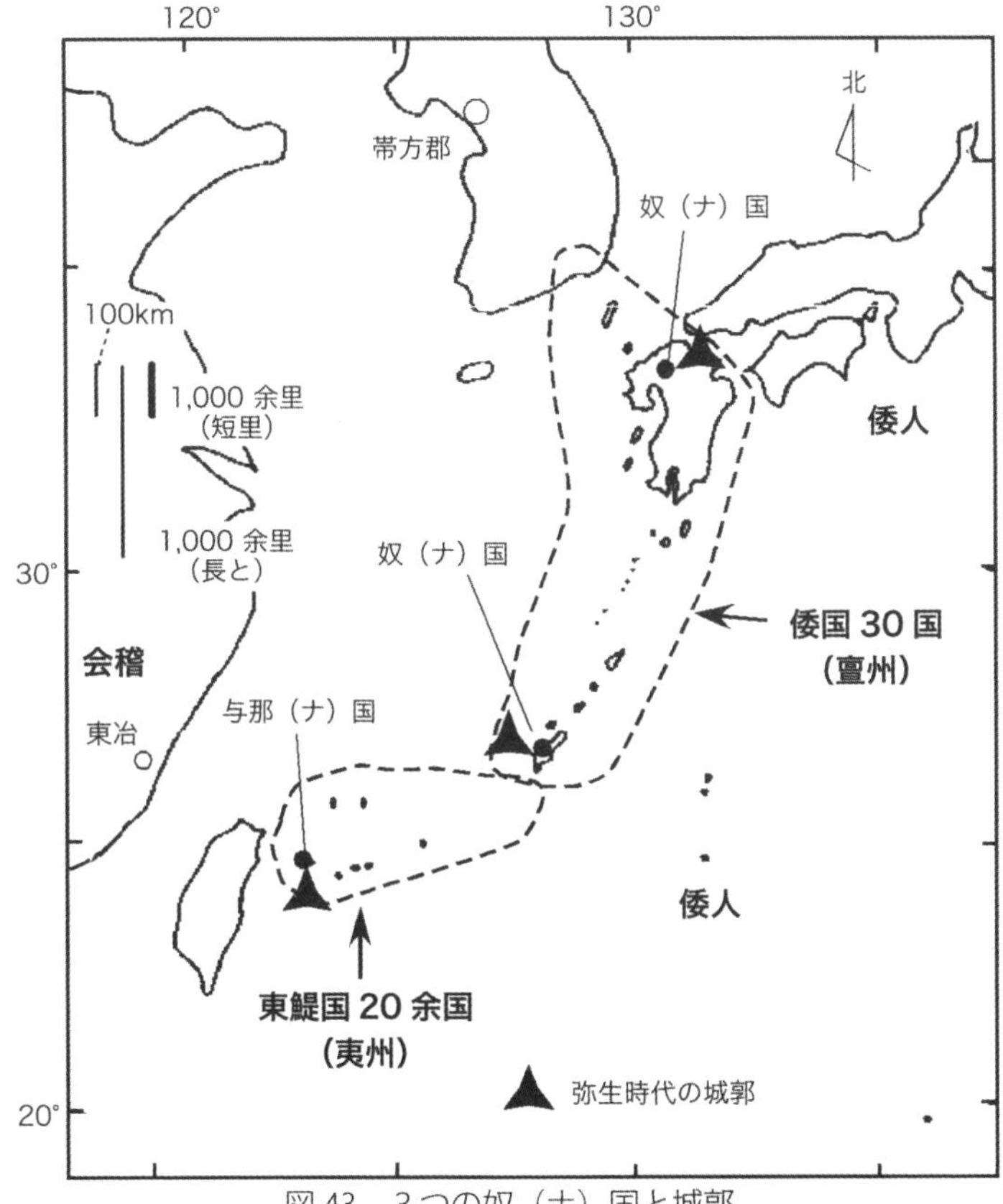

図 43　３つの奴（ナ）国と城郭

弥生時代を代表する吉野ケ里の城郭のうち、半円形に突き出た濠の内側に設けられた物見櫓（復元）

とで書かれた話であろうが、徐福以前の聖地の話と受け止めてよいように思う。その個所を次に取り上げてみたい。以下の引用は、二千年以上前の中国東方はるか沖合の風景のことである。

《渤海の東方、幾億万里の彼方に大きな海の谷がある。その谷の中に五つの山〝岱輿《たいよ》〟〝員《えん》嶠《きょう》〟〝方壺《ほうこ》〟〝瀛洲《えいしゅう》〟〝蓬莱〟がある。周囲は三万里もあり、山の高殿には数え切れぬ仙聖が飛来している》

ここで周囲三万里というのはどのくらいの大きさになるのか検討してみた。漢代の標準里程の一里は四百～四百五十メートルであることは前述したが、神仙についていう場合、スケールが変わってきて、その一里は四～四・五キロメートルとされるので、それを現在の数値に換算すると約十二万～十四万キロとなる。これを半径二千三百キロの円としてプロットしてみると、なんと、チャーチワードが太平洋に描いたムー大陸に迫る大きさになった。

最初は、読者もそうであると思われるが、私もこれは想像の産物でまるっきりあてにならない話と思っていた。しかし、中国はるか沖合の五山についてみてみると、大海原のかなりの範囲に点在する五つの島ということになる。

それは、岱輿が台湾、員嶠が奄美大島、方壺が本州、瀛洲が与那国島を含む八重山を、蓬莱を沖縄本島を模して表現したとしか思えない。

このうち、岱輿と員嶠の二山は消えてしまったという。台湾は領土外になり、員嶠の奄美付近はトカラ火山列島にかけて三千年前以降の琉球列島の火山活動や地殻変動で多くの陸地が水没してしまったことを示しているともとれる。それらはのち三神山で代表されることになり、さらにその代表が蓬萊島となる。そして、それがかつての亶洲で、徐福が都したところとなろう。

そのうちの瀛洲、蓬萊にあたる与那国と北谷（沖縄本島）に日本最古級の城郭をいただく海底遺跡が実在することは、不思議としか言いようがない。

〝五神山から三神山へ〟は地殻変動を示す!?

この五山の動向についてもうすこし詳しく見てみよう。五山のうち、二山は世界の北の果てに流れ去って沈んでしまい、遠くに流浪する神仙たちが何億という数にのぼった。ただし、方壺・瀛洲・蓬萊の三山は残ったとある。

そして『列子』より三百年後に司馬遷が記した『史記』「封禅書」に、この三山が現れるのだ。そしてまた、これは徐福ののちの時代に書かれたものであることに注目願いたい。徐福グループの子孫あるいは後世の方士たちの目撃談を基にして、書かれたのかもしれない。こう記されている。

《言い伝えでは三神山は渤海の中にあり、さほど人界から離れてはいないが、目の前まで行くと風が吹いて船が遠ざけられてしまう。しかし行き着いた者もある。そこには多くの人が住み、不老不死薬がある。鳥や獣まですべての物は純白で、黄金や白銀造りの宮殿が建っている。遠くから眺めると雲のように見えるが、近づくと水中に沈んでいる。なおも覗き込もうとすると、風が船を引き離してしまう。昔から諸侯たちは、この話に心ひかれ、幾度も三神山を探し求めさせた》

この記述によれば三神山には、どうやら水没しつつある北谷沖の海底遺跡のイメージがある。「大きな海の谷」などは、大津波を思い起こさせる。とすれば、水没しつつある琉球弧からのイメージかもしれない。黄金や白銀は、サンゴ石灰岩を削って造った城郭等の構造物を思い起こさせる。

中国の東方海中にある数個の相当な大きさの島々というと、琉球列島が最もふさわしいことは指摘した。もし、琉球列島が三神山だとすると『史記』「封禅書」には、黄金や白銀色の建物があると記載されているが、これはどういうことだろうか。千数百年前というと、北谷沖の海底城郭の建設された時期と一致する。

もし、そうだとすると、北谷沖海底城郭の城壁のように白色の石灰岩を加工した遺構は、訪問者の目には白銀に見えたのかもしれない。また、白色の石灰岩城塞のなかに黄色の石灰岩や砂岩の建造物、木造の建造物があれば、「ジパング」の旅行記と同様、これが黄金に見えたのかもしれない。

しかも注目すべきは、近づくと水中に沈んでいるという記述である。このころすでに海底に沈みかけている宮殿の情景が目に浮かぶ。このレポーターたちは、北谷海底遺跡が一部沈んでいるような時代にそれを目撃したのかもしれない。

そして、ここで非常に重要な事実を指摘しておこう。三山は三つの島（山）であるが、まさに三つの陸なのである。すなわち、蓬萊山もムー大陸もまさに漢字で書けば、〝山〟となるのである。

山は現在では、大きなダシ（山車）の呼称としてもある。本州では、南北いずれでもこの山（ダシ）がお祭りに活躍している。北谷沖海底城郭の階段状の海底ピラミッドは、まさに山の様相を呈している。また、海底遺跡が多数認められる沖縄本島中南部には、山の字のつく地名が集中する。大山洞人の見つかった大〝山〟、山下町人の〝山〟下、グスクのある〝山〟田など、数多くの例がある。

さらには、統一された琉球王国の成立前を「三山時代」という。三つの山、すなわち三国が鼎立《ていりつ》していたからである。邪馬台国の時代も国が〝山〟で表現されていたことも考えられる。

どうやら、沖縄での邪馬＝山の謎が見えてきた。となれば、それをさらに見つめていかねばなるまい。

　つまり、アマミクはミントングスクを造り玉城城を造ったといわれるが、考古学の常識では、沖縄の大型グスクは十三世紀より新しいとされて、いずれにしても徐福らより千年以上ののちの話で、時間的に大きな差がある。これは王朝時代から伝わる伝説と合わない。この時間的ギャップを埋める〝ミッシングリンク（失われた連鎖）〟があるのだろうか。次の［終章］では、この謎を考えてみよう。

終章　〝徐福〟は〝太伯〟の跡をたどった⁉

徐福以前の渡来人――太伯

〝ミッシングリンク〟を解くためには、そもそもなぜ徐福は〝倭〟の方向に三神山を求めたのかを考える必要があるだろう。まず最初に、その「情報の発信者」がいた可能性がある。――その謎を解く鍵を握る人物がいたに違いない。

そこで浮かび上がってくるのが、〝太伯《たいはく》〟である。彼は、殷の時代とも周の時代の人物ともいわれるが、いずれにせよ徐福より前の王家の長男であった。一説によれば、今から二千五百年あるいは三千六百年ほど前に活躍した、財力プラス王家の系列をもった人物だという。

しかし、王家の跡を継ぐのを嫌い、南方の島に行き、倭人の風習に染まり、入れ墨までした。どうやら、ウミンチュウ（海人）の生活にはまった男のようにみえる。しかも、宮古島のタカラガイ（宝貝）の商売で裕福になったともいわれる。

各種百科事典などによると、太伯は〝泰伯〟とも記され、中国・周王朝の古公亶父《ここうたんぽ》の長男で、春秋・戦国時代の呉の祖とされている。紀元前十二～十一世紀ごろ、父が「我が家を興すのは昌《しょう》（三男・季歴《きれき》の子）であろうか」と言っていたので、太伯と二男の虞仲《ぐちゅう》は、季歴に跡を継がせるために荊蛮《けいばん》の地へと自ら出奔した。

のちに周の者が二人を迎えに来たが、二人ともに髪を切り、全身に入れ墨をして中華へと帰るにふさわしくない人物としてこれを断った。

太伯は、句呉《こうご》と号して国を興し、荊蛮の人々の多くがこれに従った。死んだときに子がいなかったので、弟の子孫・寿夢《じゅむ》が呉を建国することになる。中国や日本そして李朝までの朝鮮韓半島において、倭人はこの太伯の子孫であるとする説がある。それは、中国や日本の複数の書に記されているものだ。

たとえば［第2章］冒頭に一部を記したが通常、次のようにある。ここでは82ページに述べたことをふまえて、関連する『魏志倭人伝』中の同節の全文を掲げよう。

《男子は大小と無く、皆黥面文身《げいめんぶんしん》（顔から体に至るまでの刺青《いれずみ》）す。古《いにしえ》より以来、その使、中国に詣《まい》るや、皆自ら大夫《たいふ》と称す。夏后少康《かこうしょうこう》（夏の第六代の中興の王）の子、会稽《かいけい》（現在の浙江省《せっこうしょう》ほか）に封ぜられ、断髪文身（髪を切り全身に刺青）、以《もっ》て蛟竜《こうりゅう》（まだ龍とならない〝みずち〟――水中にひそみ、雷雨に会して天に上るという）の害を避く。今、倭の水人、好んで沈没して魚蛤《ぎょこう》を捕え、文身しまた以て大魚・水禽《すいきん》を厭《はら》う。後やや以て飾りとなす。諸国の文身各々異り、あるいは左にし、或は右にし、あるいは大に、あるいは小に、尊卑差有り。其の道理を計るに、当《まさ》に会稽の東治《とうち》（東冶《とうや》――現在の福建省閩侯《びんこう》）の東に在るべし。》

文意は、古田武彦氏の説に基づいて記せば、次のようになる。

「(三世紀の)今、倭人は大人となく子供となく全身に刺青をしている。はるか昔より中国に使いする倭人は、昔の中国の爵位〝卿・大夫・士〟のうち倭王の臣であることを示す〝大夫〟を名乗っている。中国では廃れたが、はるかな倭国では生きていたのだなあ。それはそうと、いにしえに、夏后の少康の子が会稽に封じられて統治した。そしてその民が蛟竜の害に悩まされているのを見て、断髪文身して害を避ける方法を教えた。今の倭人の黥面文身の風習は、その教えが伝わったものであろう。また、倭人のそれは、やや身分・所属を表すものとなっているようだ。さて会稽は、夏王朝の始祖・禹帝《うてい》が諸侯を集めて『五服の制』を定めたところだ。会稽は夏の都より見て東の地ゆえに、『会稽の東治』という。かつまた、夏后の少康の子が統治した地でもある。倭人のいるところは、まさに中国にとって由緒ある会稽郡東治県の東にあるのだ」

かくして大宜見《おおぎみ》猛氏は、太伯が沖縄はじめ九州北部や朝鮮南部に周の姉妹国建設を目的として、大量の周人たちを投入したと指摘する。ここから、倭人というのは、中国から沖縄と九州北部に渡来した人々のことかと推定している。

太伯の子孫が呉の国を建てたが、さらに海を渡って日本人の祖先になったと伝えられているわけだ。しかし、本居宣長はこれを否定している。他方、伊波普猶氏は否定したうえで南進説を立てた。

殷と倭の関係のなかに浮かび上がる沖縄

二十世紀初めに三千三百年前の殷墟《いんきょ》が発見されて、その実在が確認されている。中国の歴史書の多くが正しいことが定説となった。ちなみに、殷の時代（紀元前一六〇〇～前一〇四六年）は今からおよそ四千年前で、日本の縄文時代にあたる。その当時の日本の人口は、考古資料からは約十万人。先島で二千～三千人とされている。殷の活動期は六百年間ほどで、最盛時には青銅器文明がピークに達し、武器としても使用し、盾《たて》や兜《かぶと》も出現した。

そして、太伯が殷の時代の人ともいわれることから私が思うことは、先の倭人の祖となった太伯は周によって滅亡した殷の難民たちを、太伯の手により沖縄・九州北部・朝鮮南部の開拓に大量投入したのではないかということである。

太伯は長子だったが、三男・昌への父の期待から「虞仲と荊蛮の地に行って句呉を建国したあと弟に譲り、その子孫が呉を建国した」という話には、もう一つ、弟に国を譲ってのちいずこともなく去ったといわれる話がある。また、〝幻の大陸〟に渡ったともされる。

この幻の大陸は、八重干瀬《やびじ》を代表とする失われた古陸であったのではないか。同地は東アジア地域で唯一最大のタカラガイの生息地であり、インドへ輸出される際の供給地にもなっていた。そして、殷の巨大帝国構築の最大の要因が、タカラガイといわれる。殷墟からは十万枚に及ぶ甲骨片（甲骨文字の記録）と一緒に、大量のタカラガイの炭化物が発見されているからだ。タカラガイは西域との交易の最高の原資でもある。青銅器原料は西域からもたらされていたのだ。当然、殷のタカラガイ採取は宮古島が中心だったろう。宮古島から発掘された〝広口大瓶〟は、その関係をうかがわせる。また〝宮古〟は「宮処」——殷帝国の行宮《あんぐう》からきているのではないか。

さらにこれも前述したように、黥面文身となり迎えに来た者に帰国を断ったことも、太伯が日本に渡った一つの証拠となるだろう。『魏志倭人伝』に記されたその風習は当時、南方系日本人のみだったことだろうからだ。図44のトウテツ文が黥面にも見える。

事実、彼が王位を退いたのち、宮古島に移住したという文献もある。さらにはおそらく沖縄本島にまで進出したのではないか。殷に由来するトウテツ文様が、沖縄本島にも貝器としてたくさん現れている。当然、与那国にも行った可能性がある。トゥグル浜にも住み着いた可能性がある。二千年より以前のトゥグル浜の遺構やサンニヌ台の階段状ピラミッドの一部は、太伯のグループが造っていたかもしれない。また、私は宮古島の遺跡の年代を測定したことがある。それによると、「ムー山」と呼ばれる山中のドルメン状の墓の炭素年代は、今から三千年ほど前と出された。ここからはトウテツ文的な貝細工が出土している（図44）。また、宮古の大神

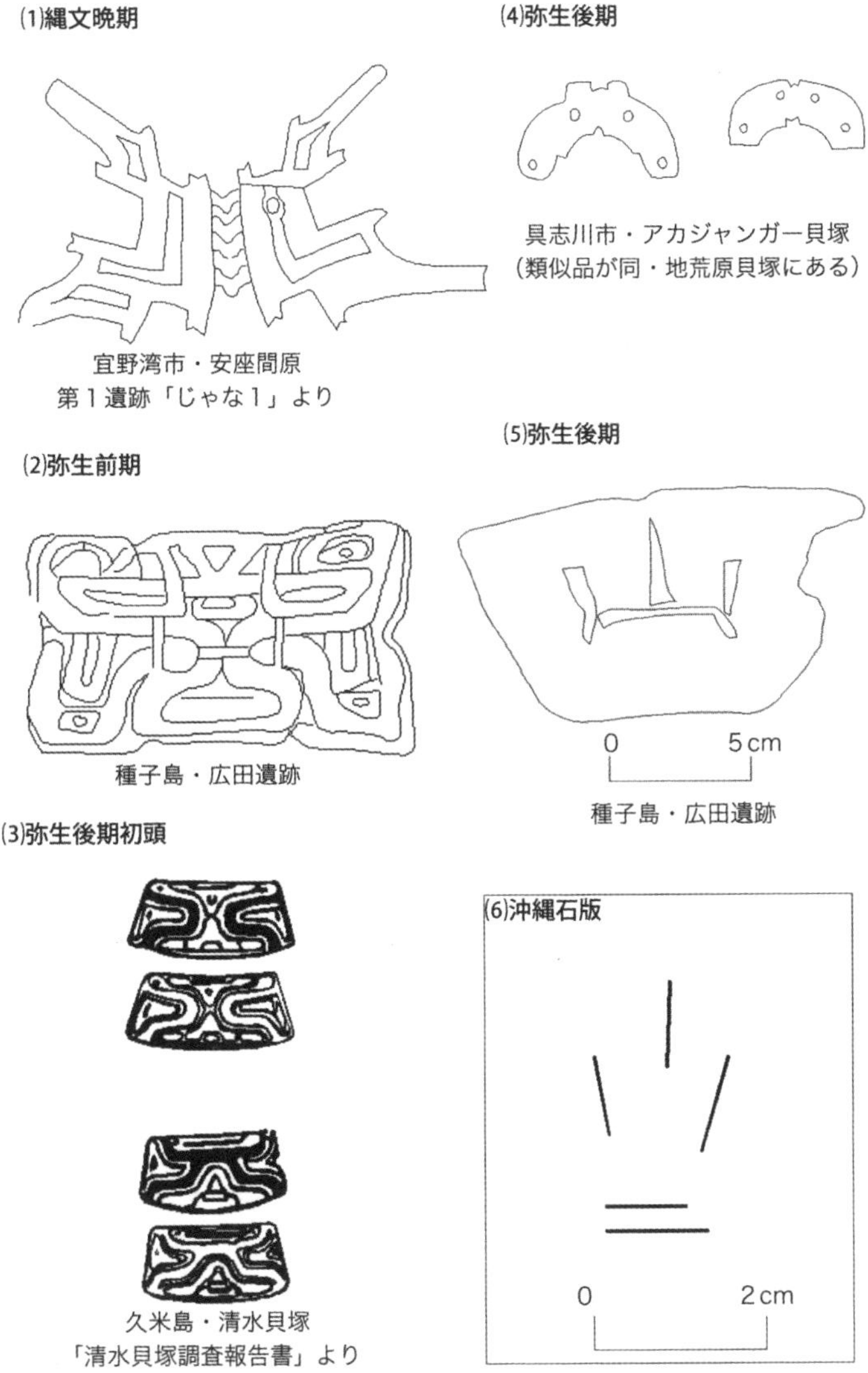

図44　渡来系骨・貝製品（トウテツ文様）

島の貝塚は二千五百年ほど前を示している。これらの遺構こそ、太伯やその子孫たちに関連するものではなかったのか。

また、徐福は太伯の子孫を訪ねてきたのではないか。陸上部のサンニヌ台の拝壇が三千年前から造られ始められた可能性がある。それを徐福らが見て、その土台（現在は海底にある）部分や海底神殿（明堂？）および周辺の遺跡を造ったのかもしれない。そして、渡来人どうしのほか地元住民の倭人たちとも友好的であったことから、噂は大陸へまで広まった。八重山での中国貨幣の出土もそれを裏づけるものと思われる。

一方、台湾では旧石器人がいたとされているし、三千年前からの土器も出土し、二千年前ごろといわれる卑南《ペーナン》文化も存在した。とりわけ卑南文化の巨石遺構は、与那国の巨石遺構との関連を思い出させる。イシダレー（石盥《いしだらい》）の類は無数に出土している。これに対して八重山にも三千年前〜一千年前の文化があり、巨石文化としても共通したものが認められる。しかし、与那国より以東は倭人の国であると、区別されていたようだ。

澎湖《ほうこ》諸島づたいに船は容易に台湾に行き着いたと思われ、特に台湾の西海岸は早くから発達していて良港もあったはずだ。おそらく太伯は、大陸―台湾―八重山のルートを確保していたのではないか。また、徐福もこのルートをたどって南西諸島へ直行したのではなかろうか（220ページ掲載の図40）。

与那国島沖の海底遺跡の建造年がもし二千年以前ということであれば、それは徐福らの前に手がけられていた可能性もあろう。それ以前に、四千年前からトゥグル浜遺跡があったわけで、おそらく文化はすでにあっていい時代である。そのようだとすると、これらを基盤として、その後の渡来人の影響があって築かれたことになる。その意味では、海底遺跡こそがその遺産といってよいと思われる。

沖縄の弥生文化――稲作の考察

［第5章］にこのころの沖縄の縄文期を記し、［第6章］ではさらに弥生期についても記したが、さらに角度を変えての弥生文化にふれておこう。

これまでは、弥生文化が沖縄にあると聞くと不思議に思えるのではなかっただろうか。私なども当然初めはそう思っていた。その理由は、ある面で邪馬台国は弥生時代の日本を象徴する国ととらえられ、それならば弥生時代を代表する文化がなければならないと考えるからである。特に沖縄と東北・北海道は当時、稲作が行なわれていなかったとされ、これらの地方は「続縄文時代」として区別されることが従来の定説であった。

しかし、沖縄県南部の伝説によると沖縄には二千年ほど前から稲作が行なわれていたことがうかがわれる。そこは「ミーフ田」といって、現在でも稲作の伝統が続いている。私はそこでの稲作は考古学的に時代が確認されているか関係者にうかがったところ、まだだという答えが返ってきた。なぜなら、「神の田であるから手をつけられない」とのことだった。

このときはなるほどと思い、ある意味で感動もした。沖縄では生活のうちに信仰が息づいていることがうかがえたからであった。しかし、沖縄＝邪馬台国説を追っていくためにもそのままでは困る。そうしたなか、沖縄における稲作の発掘も徐々にではあるが進められている。

二〇〇九年のマスコミ報道によると、名護市教育委員会は米軍普天間基地の代替施設建設に伴うキャンプシュワブ内で、二〇〇八年に埋蔵文化財調査を行ない一部を公表した。調査はシュワブ内の海岸に近い思原地区で実施され、水田を東西に区切るような畦が発見された。ここで、沖縄貝塚時代後期（約二千年前～八百年前）のものとみられる土器片三点を採集。これらは磨耗していることから、過去のものが混入したものと考えられているとの報道がされている。しかし、事実を重んじるならば、まず二千年前～八百年前説をとり、次に過去のものの混入の可能性を指摘するべきだろう。

南からの「稲の道」

私がこれらの遺跡に注目するのは、沖縄における稲作とのかかわりが想起されるからだ。すでに述べたが、弥生文化はそのまま稲作文化であるともされている。また、日本への稲作の渡来についてはこれまでさまざまにいわれてきたが、次の六つのルートにまとめられてきている。

①北回りコース:華中から華北へ抜け、朝鮮半島を経て九州北部へ来たとする説(浜田耕作氏ほか)。

②黄海コース:華北から山東半島まで行き、そこから黄海を渡って朝鮮半島の南西海岸に伝播し、九州北部まで南下したとする説。

③東シナ海コースⅠ:淮河以南の江蘇・浙江・福建あたりのどこかの海岸から、東シナ海を朝鮮南部に渡り、九州北部まで南下(安藤広太郎氏ほか)。

④東シナ海コースⅡ:華南の揚子江下流域から東シナ海を渡り、直接、朝鮮半島の南部と九州北部に同時に渡来したとする説(佐々木高明氏ほか)。

⑤東シナ海コースⅢ:華南から中国沿岸に沿って北上し、揚子江下流域から直接、九州北部へ渡来したとする説。

⑥南回りコース:華南から台湾を経て、南西諸島を島伝いに北上し、南九州へ渡来したとする説(柳田国男氏ほか)。

そして、これまで①の北回りが有力とされてきた。邪馬台国=沖縄説を考えるうえでは、柳田国男氏などがいう⑥のルートが最も都合がいいが、これまで前述の沖縄からの弥生遺跡・遺物の少なさから否定的にとらえられていた。

しかし近年、改めて⑥が脚光を浴びてきた。もともと農学・植物学・生態学の分野では米の伝来ルートについては、中国南部から直接に来たとするものが定説だったが、考古学・歴史学の分野では朝鮮半島経由という考え方が有力だったのである。

これが七~八年前からまず考古学の分野から変化が起き、しだいに農学ほかの分野の定説が受け入れられるようになって、現在ではほぼすべての学界でそれが認められるとともに、中国の稲作研究所などではむしろ水稲種は日本から朝鮮半島に伝播したとされるようにさえなってきている。

こうした流れが加速したのはおもに二つの理由があり、遺伝子工学の分野からの研究の成果と中国政府機関が二十年以上かけて行なった品種の調査だった。

米には品種特性を決定づける遺伝子が七種類あるが、このうち古代から現代に至るまで日本で発見されたものは温帯ジャポニカと熱帯ジャポニカという特有遺伝子である。そして、稲作の発祥地である中国に七種類の米の遺伝子すべてがそろっているのはもちろんだが、一方で朝鮮半島のそれには熱帯ジャポニカは存在していないのだ。

さらに、加速器質量分析による炭素年代測定の結果、九州北部の水田稲作遺跡は定説より一気に五百年以上も早まり、紀元前一〇〇〇年前後のものだという結果が出た。

ところで、水田稲作にはかなり面倒なプロセスがつきものだ。灌漑《かんがい》農耕といわれるこの稲作には、なかなか手の込んだプロセスがある。八十八回も手を入れなければならないことから「米」の字は「八十八」と書かれるといわれているが、それだけ計画性と忍耐が必要な知的労働なのである。たとえば、苗を育てることから始まって、種をまく時期、田植えの時期、刈り取りの時期を読まなければならない。すべては農耕を、カレンダーどおりに進めることから始まる。そのほか、定期的な雑草の駆除だけでなく、水田の水位の調節、虫の駆除や鳥の追い払いも必要となってくる。

この紀元前一〇〇〇年という昔に、灌漑や水位の調節など多くのことができる集団がいたことになる。こうした調査の結果わかったのは、朝鮮半島の百済で確認されている最古の水田稲作遺跡は、日本列島とほぼ同時期だということだ。となれば、水田稲作は同じ時期に日本列島と朝鮮半島に伝わったことになる。

つまり、最近の学説は中国南部から海を渡ってダイレクトに倭国（日本）に渡ってきたのだと主張しているのだ。とすれば、少なくとも先の④、⑤、⑥説が該当することになる。

また、小田静夫氏らのプラント・オパールによる最近の研究によると、長江中・下流域から琉球列島を経由し、本州に入ってきたことが明らかになりつつある。

ではここで、なぜ朝鮮半島抜きのルートになったのだろうか？　朝鮮半島に向かうのに立ちはだかったのは、遼東半島などの山岳地帯だけではない。年間を通じて降雨量が少なく、しかも大陸性気候なため、冬は厳寒で、水田稲作にはまったく適さない不毛地帯が、華中から華北にかけて広がっている。水田稲作は、そういった不毛の地に阻まれて、北上できなかったというわけである。

そこで一転、海路を採ることになったと推察できる。たどり着いたのが、南西諸島か、あるいは温暖な九州、出雲エリアということになる。

こうしたなかでは、次の伊勢神宮の伝承も着目される。「米は斉の御田から天照大神が持ってきた」――このアマテラスが邪馬台国の卑弥呼と符合することは前述した。ならば、柳田氏が唱えた⑥のコース＝「南海の道」が再び注目されるのも当然のこととなるだろう。

もちろん、弥生時代は稲作ばかりではなく、その文化の定義によってさまざまに検証しうる。むしろ弥生文化をいうのに、稲作のみをキーワード（決め手）とすることに固執しては危ういものがあるだろう。また、現在では稲作は縄文時代から日本に入ってきていることが明らかとなっている状況の変化もある。

弥生期の稲作はなかったと言われ続けてきた沖縄でも、最近は沖縄南部の糸数城跡から炭化米が出土している。それは一千百年ほど前のもので、今のところ沖縄最古の稲と報じられている。

「アマミク伝説」と徐福を結ぶ琉球王朝

一四五八年に造られた首里城の「万国津梁之鐘《ばんこくしんりょうのかね》」は、琉球王によるものであり、その銘文には《琉球は〝蓬莱島〟である》と宣言されている。たしかに、前章での夷洲・亶洲の比定からもこれはうなずける。徐福がめざしたのは琉球列島を中心とした地域とみられ、琉球に到着したとみておかしくないからである。

南西諸島に広く伝わる「ニライカナイ伝説」は、まさにこのことを示していると思われる。ニライカナイは海の彼方にあり、そこからアマミク・シニリクという琉球の祖が渡来したとするものだからだ。

ここで再びアマミクにふれよう。琉球王朝の正史『中山世鑑《ちゅうざんせいかん》』の巻一の冒頭にある「琉球開《かい》闢《びゃく》之事」のくだりには、こうある。

《昔、天城に、阿摩美久《あまみく》と云《いう》神、御座《おわしま》しけり。天帝是《これ》を召し、宣《のたまい》けるは、此下に、神の可住《すむべき》霊拠有り。去れども、未だ島と不成事《ならずこと》こそ、くやしけれ。爾《なんじ》降りて、島を可作《つくるべし》とぞ。下知《げち》し給いける。阿摩美久畏《かしこま》り、降りて見るに、霊地とは見えけれども、東海の浪は、西海に打越え、海の浪は、東海に打越して、未だ島と不成り。

去程《さるほど》に、阿摩美久、天へ上り、土石草木を給はれば……阿摩美久、土石草木を持下り、島の数をば作りてけり。……》

つまり、阿摩美久という創世神が、琉球の島づくり国づくりを手がけたというのだ。アマミクは「アーマンチュー」とも呼ばれる女神で、もう一柱にシニリクという男神もいた。『琉球神道記』では「アマミキョ」と「シニリキョ」と呼ばれ、この二神が天界から琉球へ降りてきて樹木を植え、国づくりをしたのち、二男一女をもうけた。

佐喜真興英氏が著した『南東説話』によると、アマミク・シニリクは古い時代の渡来集団の総称であって、琉球列島を次々と南下してきたのではないかともされている。ただし、アマミク神話の北限は奄美大島であり、ここでの〝南下〟はたとえば九州からの南下といったものではなく、北方（大陸）からの南下であるかもしれない。

外間氏らは、アマミクらは九州の豊後水道方面の海女だろうとしているが、たしかに九州からの南下もあったろうことはまちがいない。先に〝中間存在〟としたのは、太伯と徐福とを結ぶ存在という意味とともに、佐喜真氏のいう〝古い時代の渡来集団の総称〟であるなかに、両者間にある時間的なものを埋める存在も必ずやいたはずだと考えるからである。そうしたなかに、ミッシングリンクを担う海底遺跡があって、それらは海底に眠り、発見されるのを待っているのだと想定している。

そして、このアマミク伝説を詳細に見ていったとき、昔から渡来人が島の人々に温かく迎え入れられ、また渡来人もそれに応えてきたところから、来訪人の故郷を理想郷〝ニライカナイ〟と考えたのではないだろうか。さらにいえば、この関係は〝三神山探しの渡来人〟たちが、琉球をユートピアと信じてやって来たからこそ成り立ってきたのではないか。

「徐福伝説」の再検討

アマミクは女性とされ、シニリクが男性とされること。そして、従来の渡来人の多くが漁民や兵士であり、女性連れとされるのはアマミク・グループのみであること。その意味では移民、つまり〝徐福〟グループと重なってくる。徐福の夫人である福子や、たくさんの童女が一緒に乗船しているからだ。しかも彼らは、広く古代アジア地域に浸透していた〝西王母信仰〟を奉じていたので、きらびやかな装束をまとった女性たちを表に立てて来航したはずである。そのなかの中心的地位を占め、のちにアマミクとなったのが、徐福の妻や娘たちだったかもしれない。

また徐福船団は、大勢の人員を運べる大型二階建て構造の〝楼船〟で編成されていたとする説が有力である。船体の装飾も派手で、カラフルな幟《のぼり》や旗などが立てられていたであろう。その度肝を抜くような絢爛たる光景は、島々の先住民たちに大きなカルチャーショックを与え、たちまちアマミク女神のイメージが生まれてくることになる。

そして実際、徐福たちは神の仕業とも見えるような大陸の先端文化を携え、古代琉球に上陸してきた。徐福の来訪地がアマミク・シニリク神話のベースになったとすれば、まちがいなく沖縄本島が寄港地の一つだった。しかし最初の主目的が南西諸島各地の偵察だったとしたら、一時帰国までの九年間、徐福はいったいどこで何をしていたのだろうか。

徐福らは日本の伝承にも出てくるが、その実在はいっこうに明らかになっていない。そこで、渡航の船団の一部は黒潮本流に乗りトカラ海峡を横切って和歌山や富士へ漂着した可能性も十分に考えられる。だが遠隔地なので、簡単に始皇帝のもとへ中間報告に帰ることができたかどうかは疑問だ。そしてこれが可能なのは、地理的にみてもやはり南西諸島であろう。つまり、日本各地の伝承で実在が明らかにならないのは、本隊は琉球に来たからではないか。

「万国津梁之鐘」に謳われる蓬莱＝沖縄

ところで、徐福の来航コースは、一説には沿岸航法で朝鮮半島から九州の佐賀などを経て南下し、最初に前記の北限である奄美大島に上陸したとする。これは［第6章］で述べた第二次航海のルートにあたる。ここから同島北端の笠利半島の東海岸に面した笠利町大刈山中腹の奄美岳にある石碑には《阿摩美姑、天神最初天降地》と刻まれている。つまり、奄美大島という国づくりをした創世神アマミクの天降りの地というわけだ。

そしてこれは、前章で記した山東省からの出港をもとにしたものだろう。やはり、最初期に浙江省から出港してケラマ諸島に達したと思う。海底遺跡関係でみると、この投錨によって後世に見るケラマ諸島での神殿のような階段ピラミッド状の構造物(それが『隋書』に出てくる低没檀洞と想像しうることは前述した)に結実したかと考える。その建設には相当な指揮者が必要とされるからである。

いずれにしても三神山の一角にたどりついた徐福らは、現地の長老らと会見したが、目的の仙薬が見つからなかったために、さらに東南へ進んで沖縄本島間近の久高島へ錨を下ろした。出迎えの使者が《銅色にして龍形》というは、肌の色が赤銅色で〝龍の入れ墨〟をしていたのであろう。

足がかりにした久高島には、アマミクが麦・粟《あわ》の種子をまいたという話が伝わっている。稲は対岸の玉城の受水走水《うきんじゅはしり》にまいたという。なお、この島は琉球王朝時代までには聖域化されている。それは太陽の昇る東方の海の彼方(ニライ信仰にかかわる)に位置した島であったからであろうが、琉球王朝時代の「聞得大君《きこえおおぎみ》」の制度と合わせ、特筆すべきものがある。

聞得大君は代々の王族の女性が務め、神と交信して吉凶を占い、それを王に伝える。王はそれをもとに政治を執るというものだが、何やら『魏志倭人伝』の記載が浮かんでこないだろうか。

こうしてみると、徐福らが三神山へ着いた可能性は大いにあるようだ。〝三神山伝説〟という見方からは、沖縄こそが邪馬台国ともなる。

ついでながら、前述したように日本には非常にたくさんの徐福伝説があるが、卑弥呼と同様に不思議と日本の正式な記録である『古事記』や『日本書紀』には出てこない。驚くべきことである。数千人以上の大集団が居着いたのであれば、当然にふれられるべき出来事であろう。同じことが邪馬台国と卑弥呼にもいえそうである。これはまた、大地殻変動のあった「空白の四世紀」とも関連している。そして、これは私の想像であるが、それらは本州外での話だったので本州には伝わってこなかったのではないか。したがって、これからしても徐福らがめざした蓬萊が琉球であった可能性は大いにありうるということになる。

前述の万国津梁之鐘の銘文にも記されたように、**琉球王朝は自らの国土を蓬萊島だと宣言していた**。また、尚貞王時代の一六八三年、冊封使《さくほうし》・王楫《おうしゅう》の副使として来島した林麟焻《りんれんしょう》は「琉球には、徐福が採薬にきて子孫を残しているという。始皇帝が焚《た》かなかった古書が残っているに違いないから、そのことを僧侶に聞いて手に入れたいものだ」と詠じている。ついでながら、徐福は儒者でなく焚書には関係していなかろうが、方士として、風水を基本にして構築されている大型グスクのありようを見るにつけ、彼らの影響を思わせるものがあるし、林麟焻の詠じた一端にうなずかせるものがある。

＊　　＊　　＊

とうとうゴールに到達したようだ。綴《つづ》れ織りのような記述から、読者の方には唐突に思われる部分や納得しがたいものもあったかと思う。しかし、私の思いは単に邪馬台国＝沖縄説を検討し、邪馬台国＝沖縄を確定することがゴールとするものではなかった。語りたかったものは、古代から現代への照射であり、この意味では邪馬台国＝沖縄説も沖縄のムー大陸考察もいわば、素材でしかない。

執筆を終えた今、かつての〝東方のユートピア〟はどう再構築できるのかに想いは至っている。大和政権以来の権謀術数が渦巻く現代、もう一度あのユートピアをと望むのは私一人だけなのだろうか。だが、どうやらそのきざしもなくはないようだ。たとえば女性たちはかつてとは比べようもない確かな歩みを見せ、あたかも聞得大君のように静かにそして正しく世の中に思いを発信し始めている。

また、ＯＤＡ（政府開発援助）などに伴いアジア各国からの青年が日本に来ているが、そうした技術研修生たちに話を聞くと、彼らの最も心に残る地は沖縄なのだという。縦社会に埋没し、時間に追われる本土にはない、ゆったりした時間の流れが沖縄にはあるのだというのである。外国人を特別視しない態度も、彼らを心地よくさせるようだ。しかし、ふと思えば、これらはみな、あの邪馬台国＝沖縄のものでなかったか。そう考えたとき、初めて未来につながる意味が、沖縄文化圏を再構成する意味が出てくるのである。邪馬台国などの古代を考えることは、究極的に未来へと至るのである。

おわりに――〝南海の邪馬台国〟再び

「大きな神様アマミクが玉城城を造った」とされる伝承は、さらにアマミクが二千年ほど前の沖縄の祖であり王という伝説となっていった。しかし、伝説・伝承を検討していくなかで、アマミクが大陸からの渡来人と考えられ史実と化す。実際、沖縄にはアマミクの骨といわれるものも残っているぐらいなのだ。

このように、地殻変動の激しさなどから〈一千年史〉あるいは〈六百年史〉といわれるまでに史料の少ない沖縄だが、一つひとつベールがはがされるにつれ往時の状況が明らかになって、「邪馬台国＝沖縄説」が姿を現した。

卑弥呼が《親魏倭王》の金印を授与されたことは、邪馬台国（倭国）は中国と冊封関係を結んだということである。この関係から沖縄＝邪馬台国を考えるとき、十五世紀の察渡王以来の情景が思い浮かぶ。察渡王の時代に冊封国が中国で一堂に会した際、琉球のほうが日本（室町幕府）より上座に遇されていたという事実である。現在の日本での比重で当時のものをみるべきでないことがわかる。

「空白の四世紀」を経て、このあと五世紀に大和朝廷が中国と冊封関係に入るが、琉球は邪馬台国としてこれに先行していたと私は考えている。中国が本州を差し置いて琉球を倭国と認めるなんてばかなことはないと反論の向きもあろうが、それは必ずしも的を射ていない。これも、現在の比重から当時をみるという、とらわれた発想だろう。

今でこそ、海で泳げない者が多かったり、大型船も少なく、とても海洋大国とはみられないかもしれない。しかし、当時は大和と比べてまちがいなく海洋交易に関する先進地帯であった。なんといっても船の構造が違うのである。十七世紀以降の日本の朱印船は、中国の外航船と同じスクーナー型であったようだが、それ以前の遣唐使船や遣明船は、和船特有の帆の正中に柱が立った、いわゆる帆掛け船であった。しかし、琉球ではその時代からスクーナー型であったと推定されている。

この型の船はヨットと同じで、風上にも行け、操作性がよい。船は、いわば現在の飛行機にも相当する。その船を使ってかなり自由に中国大陸ほかへと航洋し交易をしていた海洋民族であったという一点は見逃すべきではない。邪馬台国の時代、同じようにして九州を含めた島々を統治していたのではないか。

『魏志倭人伝』において、中国の使者は水行して来たにもかかわらず、特に倭の船についての記述はない。ということは、中国船に比べて大きく見劣りせず、彼らの印象に残らなかったのだろう。『魏志倭人伝』では風土や器具、習俗などが自分たちより見劣りのする場合や珍しいものの場合に記述していることが多いことからそれがうかがえる。

他方、アマミクによる創設が由来とされるグスクといわれるものには、多くは弥生遺跡が伴う。また、稲作の渡来が遅いとして「続縄文」とされている従来の知見は、最近、その遺跡・遺物が発見されて変わってきた。ここでもまた、新たにベールがはがされたのである。

そして、もう一つの伝説としてあるニライカナイは、水平と垂直を表すといわれるその内包する意味が今、水平は陸を、垂直は水中を含む意味で使われているとされる。後者は言うまでもなく、海底遺跡の存在を想像させる。私は近年、次々と発見され新たな知見をもたらしているこれらに合わせ、邪馬台国＝沖縄説を「浮上する邪馬台国」だと受け止めた。〝南海の邪馬台国〟は、今後ますます確かなものとなっていくことだろう。

謝辞

本書に関連する調査研究において、ずいぶんといろいろな方々にお世話になった。海底の調査の際には新嵩喜八郎、和泉用八郎、青川博敏、平城徳浩氏をはじめとして、玉城欣也、長田勇、広部俊明氏らプロフェッショナルなダイバーの方々のご協力がたいへん役に立った。また、琉球大学海底調査団の協力は欠かせないものであった。ほか、世界各地の古代遺跡についてグラハム・ハンコック、ロバート・ショックおよびアイリス・ディマウロ諸氏との議論は有益であった。

特定非営利活動（ＮＰＯ）法人・海底遺跡研究会のメンバーにはフィールド調査や試・資料採取および画像解析でご協力いただいた。シーバットおよび水中ロボット調査に関しては日本科学未来館、東陽テクニカ、芙蓉海洋開発にたいへんお世話になった。加えて、与那国町および北谷町には海底調査に関して便宜をいただいた。沖縄電力と南西産業活性化センターにご協力をいただいたことも記しておきたい。

また、海底遺跡や海底鍾乳洞の年代測定に関して、名古屋大学年代測定総合研究センターの中村俊夫氏および地球科学研究所の松島澄久氏にお世話いただいた。東京大学原子力総合研究センターにはベリリウム10年代測定を行なっていただいた。琉球大学大型機器センターには、炭酸塩鉱物の結晶構造解析でお世話になった。また、大城逸郎・呉屋義勝・加藤晋平・安里嗣淳・小田静夫氏には海底より得られたサンプル鑑定を行なっていただいた。

そして、地殻変動に関しては奈須紀幸氏、石造構造物に関しては真座孝太郎・大城弘美氏および周進氏、アマミク伝説等に関しては名護博氏や上地長栄氏にご教示をいただき、外間守善氏と亀島靖氏のこれまでの研究が参考になった。

また、沖縄県文化課および小田静夫・喜舎場一隆・国分直一・高宮広衛・嵩元政秀・當真嗣一氏、そして安本美典氏、また小山修二・土肥直美・馬場悠男・片山一道・藤田祐樹・松本剛氏に史・試料について専門的なご教示をいただいた。さらに地元の仲本勝男氏には諸サンプル提供をいただいた。

以上、紙面をもって謝意を表したい。

木村政昭

主要参考文献

安里進『考古学からみた琉球史 下』ひるぎ社
石原道博『新訂 魏志倭人伝 他三篇——中国正史日本伝(1)』岩波書店
上村俊雄『沖縄出土の五銖銭』鹿大史学、40
宇治谷孟（校注）『日本書紀』講談社
大宜見猛『この国の夜明け 沖縄の光芒』新風社
小田静夫『日本人の源流——幻のルーツをたどる』青春出版社
沖縄観光事業協同組合、上地長栄、亀島靖
『ゴッド・ライン・アイランズ：アーヂ島物語』沖縄県観光事業協同組合
沖縄県北谷町教育委員会/編・刊『伊礼原C遺跡の語るもの——伊礼原B遺跡ほか出土遺物保存処理事業』
門田誠『朝鮮半島と琉球諸島における銭貨流通と出土銭』http://hmseum.doshisha.ac.jp/
木崎甲子郎『琉球弧の地質誌』沖縄タイムス社
木下尚子『南島貝文化の研究——貝の道の考古学』法政大学出版局
木下尚子『銭貨からみた奄美・沖縄地域の交流史』古代文化52-3
木村政昭『邪馬台国の位置に関する一考察——海洋学的視点をベースとして』南島史学、第39号
木村政昭『南海の邪馬台国——検証された〝開城の道〟』徳間書店

木村政昭、古川雅英、中村俊夫、上里里香、市川逸土『沖縄県北谷沖の海底構造物の年代測定と与那国海底遺跡年代の再検討』名古屋大学加速器質量分析計業績報告書（XⅧ）
国分直一『北の道　南の道――日本文化と海上の道』第一書房
佐喜真興英『佐喜真興英全集』新泉社
島尻勝太郎『よしのずいから――歴史随想』那覇出版社
孫栄健『邪馬台国の全解釈』六興出版
高馬三良（訳）『山海経――中国古代の神話世界』平凡社
当真嗣一『具志頭村の「具志頭城」北東崖下洞穴内で発見された明刀銭について』沖縄県立博物館紀要、23長
澤和俊『海のシルクロード史――四千年の東西交流』中公新書
名護博『邪馬台国総合説　赤碗の世直し』ゆい出版
奈須紀幸（監修）『「海底遺跡」超古代文明の謎』講談社
羽田武栄、広岡純『真説「徐福伝説」』三五館
フランク・ジョセフ（宇佐和通訳）『アトランティスの崩壊の謎――紀元前1198年』日本文芸社
古田武彦『邪馬台国はなかった――解読された倭人伝の謎』朝日新聞社
外間守善『沖縄の言葉と歴史』中公文庫
真喜志きさ子『琉球天女考』沖縄タイムス社
安本美典『卑弥呼は日本語を話したか』ＰＨＰ研究所

※本書は二〇一〇年に株式会社第三文明社より
発行されたものを、装丁を新たに復刻したものです。

木村 政昭〈きむら まさあき〉

1940年、神奈川県横浜市に生まれる。東京大学大学院理学系研究科博士課程修了。理学博士。通産省工業技術院地質調査所、米コロンビア大学ラモント・ドハティ地球科学研究所留学、琉球大学教授を経て同大学名誉教授。

日本国政府刊行の海洋地質図第1号の作成を担当。琉球列島の古地理復元、潜水調査船「しんかい 2000」などによる沖縄トラフの研究では1982年度朝日学術奨励賞、1986年度沖縄研究奨励賞を受賞。噴火と地震に関する独自の理論と実績が注目されている。

著書に『噴火と大地震』(東京大学出版会)、『ムー大陸は琉球にあった!』(徳間書店)、『太平洋に沈んだ大陸』(第三文明社)、『なぜ起こる?巨大地震のメカニズム』(技術評論社)など多数。

邪《や》馬《ま》台《たい》国《こく》は沖《おき》縄《なわ》だった!
—卑弥呼と海底遺跡の謎を解く—

2018年12月25日/初版第1刷発行

著　　者　木村政昭

発行・印刷　新星出版株式会社
〒900-0001　沖縄県那覇市港町2-16-1
TEL.098-866-0741 FAX.098-863-4850

ISBN 978-4-909366-20-7 C0021